2023年第4辑
总第106辑

判解研究

中国人民大学民商事法律科学研究中心　主办

王利明·主编

人民法院出版社

图书在版编目（CIP）数据
判解研究. 总第106辑 / 王利明主编. -- 北京 : 人民法院出版社, 2024. 11. -- ISBN 978-7-5109-4317-1
Ⅰ. D920.5-55
中国国家版本馆CIP数据核字第2024S4T765号

判解研究

总第 106 辑（2023 年第 4 辑）

中国人民大学民商事法律科学研究中心　主办

王利明　主编

策划编辑　兰丽专
责任编辑　路建华　杨晓燕　杨　洁
出版发行　人民法院出版社
地　　址　北京市东城区东交民巷 27 号　邮编　100745
电　　话　（010）67550682（责任编辑）　67550558（发行部查询）
　　　　　65223667（读者服务部）
客服 QQ　2092078039
网　　址　http://www.courtbook.com.cn
E - mail　courtpress@sohu.com
印　　刷　三河市国英印务有限公司
经　　销　新华书店
开　　本　787 毫米×1092 毫米　1/16
字　　数　228 千字
印　　张　15.5
版　　次　2024 年 11 月第 1 版　2024 年 11 月第 1 次印刷
书　　号　ISBN 978-7-5109-4317-1
定　　价　68.00 元

《判解研究》丛书编委会

目录 CONTENTS

【法学专论】

遗赠扶养协议司法适用的省察：性质、形式与识别

房绍坤* 毛俊龙**

遗赠扶养协议是扶养人与受扶养人之间签订的由扶养人承担受扶养人的生养死葬义务，受扶养人死后将遗产遗赠给扶养人的协议。继承法第31条首次对遗赠扶养协议作了规定。与继承法相比，民法典用两个条文（第1123条和第1158条）对其予以规定，并着重扩张了遗赠扶养协议的扶养人范围。在司法方面，最高人民法院至今未出台遗赠扶养协议的指导性案例。本文以研读和分析司法案例为基础，归纳与探讨遗赠扶养协议实践中存在的三个环环相扣之关键问题：第一，遗赠扶养协议究竟是身份行为还是财产行为？第二，民法典对遗赠扶养协议的形式要件未作规定，司法实践亦聚讼纷纭，究竟应当为遗赠扶养协议设置何种形式要件标准方为合

* 吉林大学理论法学研究中心、法学院教授、博士生导师，吉林大学农业农村法治研究院研究员，教育部“长江学者奖励计划”特聘教授。

** 吉林大学法学院博士研究生。

理？第三，司法实践中出现的诸多当事人协议（如《接养子分家析产协议书》①《家庭和谐书》② 等）并未冠以“遗赠扶养协议”之“名”，但在内容上有“遗赠扶养协议”之“实”，对此应当如何识别？

一、遗赠扶养协议司法适用存在的问题及其成因

（一）司法案例的检视

笔者以“遗赠扶养协议”为案由，在北大法宝数据库中展开检索，截至2024年9月12日，得到民事案件共计5281件。为了呈现案件裁判逻辑的变化且保证样本的有效性，筛除上诉案件的原审判决，得到裁判文书1171份。为了进一步保证案件的关联程度，探查遗赠扶养协议的实然司法逻辑，笔者以“遗赠扶养协议”为关键词，在1171份裁判文书的“本院认为”部分进行复次检索，得到551份裁判文书。为了直观呈现案例争议的分布情况，笔者以争议问题的关键词为依据，进行组合式案例检索。以“解除”为关键词，在这551份裁判文书的“本院认为”部分进行检索，得到关联案例236份，占比43%。类似地，以“遗赠扶养协议”和“效力”或“无效”为关键词在551份裁判文书中进行组合式检索，得到有效案例240份，占比44%；以“性质”“身份”“合同”“身份行为”“财产行为”“人身性”为关键词在551份裁判文书中进行组合式检索，得到有效案例210份，占比38%；以“形式”“书面形式”“口头形式”“形式瑕疵”为关键词在551份裁判文书中进行组合式检索，得到有效案例74份，占比13%。

依据案例检索的数据分析，虽然遗赠扶养协议之“解除”与“效力”的相关问题争议频发，但是，从各地法院的审判逻辑来看，由于有关合同解除的一般性原理已被各级法院熟练掌握，《最高人民法院关于适用〈中

① 参见陈某甲、何某等与陈某乙遗赠扶养协议纠纷案，广西壮族自治区贺州市中级人民法院（2016）桂11民终21号民事判决书。

② 参见王某荣与毛某华、刘某利遗赠扶养协议纠纷案，陕西省西安市中级人民法院（2021）陕01民终7323号民事判决书。

华人民共和国民法典〉继承编的解释（一）》第40条也规定了遗赠扶养协议解除的一般条件，故不同案例之间的遗赠扶养协议解除条件差异并不大。相反，虽然遗赠扶养协议的性质、形式与识别的相关争议在关键词词频数据中占比不大，但是法院的裁判逻辑与审理理念大相径庭，引致司法实践聚讼纷纭。有鉴于此，笔者将对其予以探讨。

（二）遗赠扶养协议性质的研判分歧

不同法院对遗赠扶养协议的性质判断标准多有歧见，大体可分为身份行为说与财产行为说。身份行为说的基本审判立场是，遗赠扶养协议是带有人身性或身份性的协议，与一般的合同有明显不同，不能径行适用合同相关规范。身份行为说又可以分为“强身份性”与“弱身份性”两类，即不同法院对于遗赠扶养协议人身性的程度认识不一。① 采财产行为说的法院则明确运用合同订立、合同解除、合同履行等相关规范与理论学说展开论证。② 部分法院虽然未对遗赠扶养协议的性质表达明确立场，但在司法论证时采用了合同法的相关条款作为裁判依据，③ 故亦可被纳入财产行为说立场。

不同的性质立场对司法逻辑的影响是至关重要的。从实践中观察，在民法典颁行以前，采身份行为说的法院认为，依据合同法第2条的规定，婚姻、收养、监护等有关身份关系的协议，应当适用其他法律的规定。遗赠扶养协议具有一定或明显的身份性，故在法律适用时应当排除或不能完

---

① 参见江苏省靖江市人民法院（2018）苏1282民初5351号民事判决书、江苏省泰州市中级人民法院（2019）苏12民终190号民事判决书。相似案件可参见郑某与汪某、陈某遗赠扶养协议纠纷案，陕西省咸阳市中级人民法院（2017）陕04民终1784号民事判决书。

② 参见钟某、梁某遗赠扶养协议纠纷案，广西壮族自治区柳州市中级人民法院（2017）桂02民终278号民事判决书；张某1与张某2、张某3遗赠扶养协议纠纷案，江苏省泰州市中级人民法院（2017）苏12民终1518号民事判决书。

③ 参见余某1、余某2遗赠扶养协议纠纷案，贵州省铜仁市中级人民法院（2017）黔06民终330号民事判决书。

全适用合同法的相关规范。①

民法典实施后，学界大多认为民法典第464条第2款构建了有关身份关系的协议准用合同编规定的参照条款，因而搭建起沟通财产法与身份法的桥梁。② 依据现代汉语语法与文义同类解释规则，“婚姻、收养、监护”之后的“等”字，应当发挥表达其他“同范畴”的事物列举未尽之功能。③ 遗赠扶养协议的生前扶养是当事人约定之意定扶养，并不涉及身份因素，安葬义务与遗产遗赠则更不以身份因素为要。故遗赠扶养协议能否与婚姻、收养、监护等典型身份行为并列，进而依据其性质参照适用民法典合同编的规定，颇值怀疑。概言之，从微观来看，身份行为说与财产行为说的关键差异在于裁判依据不同。从宏观来看，身份行为说与财产行为说会最终指向相同案件的不同法源界域。

法源界域之不同，除了极易引致裁判结果互相背离之外，还关系案件的程序议题。例如，遗赠扶养协议性质判断标准，直接关联案件的管辖权确定④与当事人之间的程序选项。比如，根据民事诉讼法第166条规定，涉及人身关系的案件不适用小额诉讼程序。如采身份行为说，即便陌生之当事人订立遗产遗赠数额较小之遗赠扶养协议，亦无适用小额诉讼程序之可能。同样地，民事诉讼法第225条规定，债权人可以在满足特定情形时向法院申请请求债务人给付金钱的支付令。若采身份行为说，支付令制度亦无适用余地。

（三）协议形式的认定繁芜

民法典对同属继承编的遗嘱进行了较为严格的形式要件规范，遗赠扶

---

① 参见林某与郝某遗赠扶养协议纠纷案，天津市武清区人民法院（2019）津0114民初5857号民事判决书。

② 参见冉克平：《“身份关系协议”准用〈民法典〉合同编的体系化释论》，载《法制与社会发展》2021年第4期。

③ 参见何伟、潘晓迪：《现代汉语虚词“等”的功能视角研究》，载《外语学刊》2015年第3期。

④ 参见郝某与刘某遗赠扶养协议纠纷案，上海市第二中级人民法院（2021）沪02民辖终1138号民事裁定书。

养协议是否可以参照适用？申言之，遗赠扶养协议是否必须具备特定的形式要件？不同法院对此认识大相径庭，大体可分为书面形式说、原则书面说与形式自由说三类。书面形式说认为，遗赠扶养协议应当以书面形式签订，口头约定的内容无效。① 原则书面说缓和了书面形式说对协议形式的严格书面要求，认为遗赠扶养协议原则上应采书面形式，但同时并未否定口头协议的效力。② 形式自由说遵循合同形式的一般原理，认为无须对遗赠扶养协议作出特殊形式要求。③

遗赠扶养协议究竟采何种特定形式，关涉协议的订立、效力、履行等重要问题。并且，此类问题本应由立法论层面的利益衡量与政策抉择决定，但因立法之未尽周延，不得不移步至解释论层面加以续造。

（四）协议识别的进路分化

从司法实践的情况观察，当事人订立实质上的遗赠扶养协议时，其行为往往并非“自治性”的，而是在发生纠纷时具有高度依赖法律的“他治性”。质言之，当事人未必会严格依循遗赠扶养协议的权义构造订立协议，而通常仅在争议发生时诉请裁判。是故，恰当解释当事人订立协议时的意思表示，正确识别形式上庞杂紊乱的遗赠扶养协议，成为法院依法裁判的重要维度。司法实践中常见的案型是遗赠扶养协议“名不符实”或相似规则“交织不清”。例如，在毛某清、龙某臣诉梅某仙遗赠扶养协议纠纷案④中，当事人立下“代书遗嘱”所欲达到的目的是梅某仙负责毛某清、龙某臣的生养死葬，但是在该“代书遗嘱”中又出现“自我立字据之日起这一屋三间的主权属梅某仙所有，任何人不得侵犯干涉”等生前赠与的内容。

---

① 参见刘某1、刘某2遗赠扶养协议纠纷案，河北省保定市中级人民法院（2019）冀06民终2547号民事判决书。

② 参见叶某1、陈某遗赠扶养协议纠纷案，四川省成都市中级人民法院（2020）川01民终10737号民事判决书。

③ 参见云南省大理白族自治州中级人民法院（2019）云29民终1572号民事判决书。相似案例可参见张某、王某1遗赠扶养协议纠纷案，河北省邯郸市中级人民法院（2018）冀04民终3142号民事判决书。

④ 参见贵州省高级人民法院（1998）黔民再字第25号民事判决书。

在对该“代书遗嘱”进行公证时，公证机关将其认定为“赠与书”，并在公证文书中记载“从赠与书生效之日起，产权即归梅某仙所有”。这既割裂了当事人订立遗赠扶养协议的目的，也对法院后续审理此案造成了严重障碍。

总体而言，在司法实务中，遗赠扶养协议往往与遗嘱、附义务遗赠以及其他协议难以区分。因此，如何鉴别形式各异的协议就成为类似案件审理的关键。

二、遗赠扶养协议的法律性质研判

不同法院对遗赠扶养协议的性质认知产生歧见，是司法推理中概念不清的后果。为此，有必要首先对身份行为的概念范畴予以厘定。

（一）身份行为的范畴祛魅

一般而言，身份行为可以作狭义与广义两种解释。狭义身份行为即纯粹身份行为，是以亲属关系之发生、变更或消灭为目的之行为。例如，结婚、离婚以及收养和解除收养等。① 此种纯粹身份行为是民法视域下构建个人生活秩序的基础人伦行为，有浓厚的道德色彩。② 在此意义上，身份行为的“身份”，意指亲属关系中的身份，而非广义上个人的法律地位与资格。③ 广义身份行为不仅包含纯粹身份行为，还应当容纳附随性身份行为和支配性身份行为。附随性身份行为以纯粹身份行为为前提，附随此等行为而为之，如夫妻财产契约、协议离婚时关于子女监护之约定。支配性身份行为也称作身份的监护行为，其建立在一定身份关系基础上，在他人之身上为某种身份之支配行为，如亲权行为。④

在广义身份行为视野下，身份行为会与财产行为“相互渗透”：身份

---

① 参见史尚宽：《亲属法论》，中国政法大学出版社2000年版，第8-9页。

② 参见冉克平：《“身份关系协议”准用〈民法典〉合同编的体系化释论》，载《法制与社会发展》2021年第4期。

③ 参见郭明瑞：《身份法之立法原则》，载《北方法学》2013年第1期。

④ 参见史尚宽：《亲属法论》，中国政法大学出版社2000年版，第9页。

行为会产生财产效果，如结婚带来夫妻共同财产、离婚带来夫妻财产分割；财产行为具有身份色彩，如租赁契约等具有人身信任性质的持续性债务关系；而继承法上，“最具身份色彩的”当属遗赠扶养协议。① 但是，从遗赠、放弃继承、遗产处理等继承法上的法律行为或准法律行为来看，遗赠扶养协议的法律效果主要是财产性法律效果。因此，因遗赠扶养协议含有“扶养遗赠人的义务”进而主张遗赠扶养协议的身份行为性质似值商榷。

首先，民法典中的法律行为规范为身份行为提供了一个宏观的理论框架，但总则编有关民事法律行为的规范能否或如何适用于身份行为仍未能明晰。从法律概念继受的角度看，法律行为以学说汇纂体系为基础，其规范的典范首先是债权合同，特别是买卖合同。② 身份行为虽然在概念种属层面包含在法律行为范畴下，但身份行为强调人伦的基本特质使其迥异于以财产行为为基础而建构的法律行为理论。③

其次，身份行为的标识性特征应当是事实先在性，即法律事实先于法律规范之规制而存在。事实先在性理论认为，身份法与身份行为不过是对既已存在之事实予以追认、宣示与确认。④ 身份行为具有“宣言已发生的结合关系之事实之确认的性格”⑤，例如，结婚不过是对自然意义层面的婚姻关系事实加以法律规范上的追认、宣示和确认。相比之下，财产行为则具有明显的创设性，如债之关系的存在完全是当事人之间意思表示创设的结果，而非先于当事人意思或债法规范而存在的事实。并且，身份行为遵循类型法定原则，当事人无法通过意思自治创设法律规定之外的行为类型。

---

① 参见朱庆育：《民法总论》，北京大学出版社2016年版，第138页。

② 参见［德］维尔纳·弗卢梅：《法律行为论》，迟颖译，米健校，法律出版社2013年版，第37页。

③ 参见田韶华：《民法典编纂中身份行为的体系化建构》，载《法学》2018年第5期。

④ 参见张作华：《亲属身份行为性质的民法解析》，载《武汉大学学报（哲学社会科学版）》2012年第1期。

⑤ 史尚宽：《亲属法论》，中国政法大学出版社2000年版，第10页。

还需说明的是，身份行为的事实先在性意味着身份行为与财产行为的差异是逻辑性（或规范性）的，而非程度性（或经验性）的。质言之，即便身份行为中包含了或多或少的财产性因素，但也只是社会学层面的定量判断和经验提炼，而非规范层面的逻辑判断。身份行为与财产行为可以存在现象层面的交织、支配与强弱，但是在逻辑层面二者存在根本不同。①

按照广义身份行为的观点，身份行为与财产行为相互渗透，虽然使得身份行为与财产行为视域交义，但并不能衍生逻辑上独立的“身份财产行为”。所谓的介于身份行为与财产行为之间的“身份财产行为”，是身份行为中财产因素达到特定程度时的一种描述性表达，而非建构性概念。例如，租赁契约与雇佣契约等持续性债务关系，虽然需要当事人双方的高度人身信赖，但二者的法律关系完全是基于当事人双方的意思表示而创设，租赁关系或雇佣关系并非对既已存在的租赁事实或雇佣事实的确认、宣示或追认。类似地，夫妻财产契约虽然包含诸多身份色彩与身份因素，但本质上是财产行为，② 只不过此项财产行为“嵌入”而非“融入”身份行为或亲属关系当中。

综上所述，在以事实先在性为理论基础的情况下，身份行为与财产行为有着逻辑上的差异。遗赠扶养协议虽然包含了双方当事人的人身信赖、长期照料与精神慰藉等财产外因素，但遗赠扶养协议与身份行为并非同质，遗赠扶养协议具有“一定的身份性”的说法在逻辑上或规范上均无法成立，仅能作为事实或经验层面的一种描述性表达。

（二）遗赠扶养协议的权义结构

第一，基于扶养人的生养死葬义务的分析。一般而言，扶养可以分为广义与狭义两种。广义扶养基本包含近亲属之间的狭义扶养、抚养与赡养，民法典还规定了由道德义务产生的事实扶养。③ 遗赠扶养协议中扶养

---

① Joseph Raz, *Practical Reason and Norms*, Oxford University Press, 1999, p. 25–26.

② 参见田韶华：《民法典编纂中身份行为的体系化建构》，载《法学》2018年第5期。

③ 参见房绍坤、肖鹏恺：《论〈民法典〉中的事实扶养》，载《甘肃社会科学》2022年第6期。

人的扶养义务完全由当事人约定，并非基于近亲属身份而产生。一方面，狭义扶养义务均为法定义务。例如，民法典第1059条规定了夫妻的相互扶养义务。另一方面，遗赠扶养协议中扶养义务的标准与扶养内容不同于法定扶养义务。例如，在衡某1、刘某遗赠扶养协议纠纷案中，一审法院认为，在遗赠扶养协议对扶养义务没有约定或约定不明时，扶养标准应当不低于当地的最低生活标准。① 反言之，一般情况下，遗赠扶养协议可以约定高于法定扶养义务的扶养标准。这也是遗赠扶养协议满足不同层次扶养义务需要的立法目的之所在。在司法实践中，扶养内容既可以包括照顾起居生活，也可以拓展至辅助申请专利、建造房屋、日常探望与精神慰藉等多领域事务处理。② 至此，遗赠扶养协议中的扶养义务不同于近亲属之间基于身份关系而负有的法定扶养义务，也不同于基于道德义务而产生的事实扶养，而是基于当事人意思自治而形成的意定扶养义务。

第二，基于受扶养人的遗产遗赠义务的分析。依据民法典第1133条第3款的规定，继承法视域下的遗赠是自然人以遗嘱方式将其个人财产赠与国家、集体或法定继承人以外的自然人或组织。在遗赠扶养协议中，扶养人需先履行扶养义务，于受扶养人死亡后才能享有对继承人或遗产管理人针对全部或特定遗产的请求权。由此可见，虽然遗赠扶养协议在构词上包含“遗赠”，但协议中并不发生遗赠这一单方法律行为。质言之，遗赠扶养协议中的“遗赠”，仅仅是措辞上的习惯，并不能准确反映遗赠扶养协议的内容实质。遗赠扶养协议作为遗产处理方式之一，与民法典继承编的其他含有身份因素的遗产处理方式有本质区别。在实践中，遗赠扶养协议可能会与遗嘱并存于同一意思表示文书之中，但二者的性质与构成完全不同。

在实践中，遗赠扶养协议的扶养人与受扶养人之间可能存在一定的亲

---

① 参见河南省新乡市中级人民法院（2020）豫07民终5077号民事判决书。

② 参见崖某、尹某1等遗赠扶养协议纠纷案，广西壮族自治区河池市中级人民法院（2022）桂12民终1046号民事判决书。

属关系，例如，侄子（女）、外甥（女）与受扶养人订立遗赠扶养协议。①但从遗赠扶养协议所容纳的权利义务来看，亲属身份关系并不是协议的构成性要素。实际上，民法典第1158条也否认有法定扶养义务近亲属之间订立协议的合法性。除此之外，扶养人与受扶养人之间的扶养关系是基于当事人之间的设权行为产生的，遗赠扶养协议并非对既已存在的扶养事实进行追认、宣告和确认，故不符合身份行为事实先在性的理论要求，也不符合民法典视域下身份行为的类型强制。

概言之，遗赠扶养协议的性质并非身份行为，而应归属于财产行为。身份行为遵循类型法定与事实先在性，而财产行为强调交易安全与理性秩序，二者在理念上存在较大差异。性质的错误认定容易导致审判理念偏颇，而裁判理念又直接关系裁判结果的说服效果与理性构造。在身份行为说下，个人被置身于亲属与婚姻家庭的伦理秩序当中，需要在个人主义与团体主义中进行利益衡量。在现有的司法逻辑中，不少法院错误地认为遗赠扶养协议具有较强的身份属性，因而在裁决时过多斟酌了合同之外的因素。② 实际上，这是对遗赠扶养协议性质的误读。虽然遗赠扶养协议在事实上需要当事人双方的信任，但这种信任并没有超出合同法视域下委托合同的信任基础。③

（三）遗赠扶养协议的民法典继承编有名合同性质及其规范影响

学界大体上肯定遗赠扶养协议作为民事合同的性质，但对于其究竟为何种性质的合同，却难有共识。有观点认为，虽然遗赠扶养协议是一种财产合同，但无须因其债的效果而规定在合同法中，而应当依据“生活事实

---

① 参见张某1与张某2、张某3遗赠扶养协议纠纷案，江苏省泰州市中级人民法院（2017）苏12民终1518号民事判决书；张某晖与张某莲遗赠扶养协议纠纷案，黑龙江省鸡西市中级人民法院（2017）黑03民终944号民事判决书。

② 参见刘某1与胡某、刘某2遗赠扶养协议纠纷案，江苏省徐州市中级人民法院（2017）苏03民终5364号民事判决书。

③ 参见黄薇主编：《中华人民共和国民法典合同编解读》，中国法制出版社2020年版，第1321页。

类似原则”① 的要求，认定为继承法上的有名合同，配合其他制度共同处理死者生前权利义务的重新安排。② 另有观点主张，遗赠扶养协议中扶养人的扶养内容与委托合同内容相近，而受扶养人的遗赠与扶养人的生养死葬之间又具有“交换关系”，故遗赠扶养协议应当界定为有偿合同。③

上述观点各有道理，但也存在可供继续思考的空间。从继承法的立法背景与立法理念来看，遗赠扶养协议在入法的时候，立法机关秉持实用主义单行立法理念，对于遗赠扶养协议的体系安置与逻辑定位可能未曾有过详细缜密的技术思考与制度论证。在民法典编纂过程中，囿于立法惯性，遗赠扶养协议仍然被安置在继承编的“遗产的处理”章，形式上成为继承编中的有名合同，但其实质上之法律适用仍然应当依照民法典合同编，而非“继承编→合同编”的渐次补充适用。据此，前一观点虽然准确地将遗赠扶养协议定位为民法典继承编中的有名合同，但未能从内部视角，即遗赠扶养协议的权义内容出发展开本质性论述。后一观点认为遗赠扶养协议中包含着委托合同特征与“交换关系”，但未进一步对遗赠扶养协议的合同类型与法律适用予以阐明。

笔者认为，从遗赠扶养协议的扶养义务、安葬义务与遗赠义务所形塑的综合性给付义务以及当事人客观缔约目的来看，应当将遗赠扶养协议厘定为民法典继承编中的有名合同。详言之，对遗赠扶养协议的性质判断可以从给付义务的整体观察和斟酌当事人缔约目的两个方面展开。

第一，从遗赠扶养协议的给付义务整体观察。在遗赠扶养协议中，扶养人承担对受扶养人日常生活照料、精神慰藉、支付扶养费、死后安葬以及概括处理其他事务等义务，这与委托合同中受托人的给付义务近似，其意在委托的合同框架下，概括处理特定事宜。与委托合同略有不同的是，

---

① 参见［德］迪特尔·梅迪库斯：《德国民法总论》，邵建东译，法律出版社 2013 年版，第 21 页。

② 参见张平华、刘耀东：《继承法原理》，中国法制出版社 2009 年版，第 380 页。

③ 参见缪宇：《遗赠扶养协议中的利益失衡及其矫治》，载《环球法律评论》2020 年第 5 期。

受扶养人一般无须预付处理委托事务的费用。除委托外，受扶养人生前作出的遗产遗赠的意思表示大体可以理解为“受扶养人与扶养人达成的、使受扶养人死后其继承人或遗产管理人负有无偿给予遗产义务的赠与合同”。在给付义务的总体样态上，遗赠扶养协议兼具委托与赠与的部分特征，但将其单独厘定为委托合同、赠与合同或委托与赠与的混合合同都有悖遗赠扶养协议作为民法典继承编中有名合同的体系定位与综合性给付内容。遗赠扶养协议的综合性给付义务，类似于物业服务合同。在内容上，物业服务合同具有复合性之特点，其囊括了财产与环境的管理、生活秩序的维护等。① 与之类似，遗赠扶养协议的合同内容同样具有复合性，复合性给付义务意味着对单个典型合同给付义务单一特征的重塑。在遗赠扶养协议的权义结构中，扶养人须先行履行生养死葬义务，嗣后才能主张遗产遗赠，但这并不意味着在遗赠扶养协议中存在生养死葬义务与遗产遗赠义务相互吸收或衍生关系。而应当将遗赠扶养协议存在的生养死葬、遗产遗赠义务与其他约定给付义务视作一个均质的整体，委托与赠与等给付义务之间不存在主从给付义务关系或附属给付义务关系，任何一方并非完全依附于另外一方，这样才能概览遗赠扶养协议的总体给付义务特征。

第二，斟酌遗赠扶养协议当事人之缔约目的。当事人订立遗赠扶养协议之目的通常在于满足其综合性、整体性需求。在我国居家养老的基本背景下，受扶养人往往在没有继承人或不信任继承人时才作出订立遗赠扶养协议的意思表示。实践中，受扶养人订立遗赠扶养协议的本意往往在于借助协议权利和义务的错位性构造与综合性内容，满足其复合性扶养需求，并通过赠与实现财产合意流转。因此，将遗赠扶养协议单独定性为委托或赠与中的任何一种有名合同，都无法完全负载遗赠扶养协议的制度功能，难以满足遗赠扶养协议受扶养人老有颐养之综合缔约目的。因此，在对遗赠扶养协议进行给付义务类型观察的基础上，还应当斟酌当事人之缔约目

---

① 参见王利明：《物业服务合同立法若干问题探讨》，载《财经法学》2018年第3期。

的，“注意缔约目的在当事人之真意的探求上所具有之功能”[1]。

综上所述，依据遗赠扶养协议的生养死葬与遗产遗赠的法权构造，其可类型化为包括委托与赠与在内的多元且综合的给付义务。其中，扶养人对受扶养人的生养死葬义务，既包括生前的长期扶养、生活照护、精神慰藉与其他事务处理，也涵盖表征高度信赖关系的安葬事宜，符合概括委托的基本特征。受扶养人生前作出的遗产遗赠的意思表示，应当被视为受扶养人与扶养人达成的、使受扶养人死后其继承人或遗产管理人负有无偿给予遗产义务的赠与合同，进而更好保持遗赠扶养协议作为继承法上有名合同的整体性。申言之，遗赠扶养协议本身应当作为最小概念认知单元，将其还原或定性为其他一种或若干种有名合同都将贬损遗赠扶养协议的特殊权义构造与功能价值。作为负有复合性合同内容与综合性缔约目的的遗赠扶养协议，在实践中的表现可以分化为不同给付义务的组合，但其内容基础应当是综合性给付义务，而非被割裂的单项给付义务之拼凑。

将遗赠扶养协议厘定为继承编中的有名合同，并着重阐述其综合性给付，意在构造遗赠扶养协议的规范适用体系。遗赠扶养协议之所以被立法者归入民法典继承编中的有名合同，更多是出于其重要性因素与功能性考虑。[2] 至于遗赠扶养协议在体系结构上非与其他典型合同共栖一编，以及遗赠扶养协议在继承编内的体系安置，则处于待考虑因素的劣后顺位。申言之，遗赠扶养协议虽然已被纳入民法典，但由于其特殊的体例安排和功能考量，其主要规范体系应当由合同编通则有关章节与继承编中遗赠扶养协议的专门规范构成。其应然规范适用顺位，应当是“遗赠扶养协议专门规范→合同编通则有关规定”。但囿于继承编对遗赠扶养协议的规范供给严重不足，有关遗赠扶养协议的订立、解除与履行等关键规则缺失，故其实然适用顺位并不严格依循上述顺位，而是应当在继承编相关规则缺位时，先行适用合同编通则有关规定，突破特别法至一般法的适用原则。与

---

① 黄茂荣：《买卖法》（增订版），中国政法大学出版社 2002 年版，第 10 页。

② 参见最高人民法院民法典贯彻实施工作领导小组主编：《中华人民共和国民法典婚姻家庭编继承编理解与适用》，人民法院出版社 2020 年版，第 688 页。

物业服务合同所形塑的规范构造类似，遗赠扶养协议的规范是由继承编特定规则与合同编通则有关规定构成的微观规范体系，并在解释适用上，更多地依循体系解释规则与法律续造方法，保障遗赠扶养协议的法源供给与规则适配。

三、遗赠扶养协议的形式标准

一般认为，身份行为具有严格的形式要求。① 鉴于遗赠扶养协议不符合身份行为的法律构造，故不采严格的形式要件说。但是，接踵而至的问题是，遗赠扶养协议应当采何种程度的形式标准为妥？实务中以欠缺书面形式为由否定遗赠扶养协议效力的论证是否具有正当性？

（一）遗赠扶养协议形式标准的学说述评

学界对于遗赠扶养协议是否为要式行为多持肯定说，且集中于肯定应采书面形式。理由在于：遗赠扶养协议是关涉双方当事人的重大事项，存续期间较长，采书面形式可以有效起到警告作用，且便于保存证据，减少协议纠纷。② 立法机关的同志亦对协议的书面形式持肯定意见。③ 此外，对于协议是否需要公证或是否需要有无利害关系的见证人在场见证，学界通说持否定说，认为遗赠扶养协议无须采取如同遗嘱般严格的法定形式。④ 遗赠扶养协议包含扶养人生养死葬和受扶养人遗产遗赠等重大事项，以书面形式警示缔约当事人，避免草率决定，有明显正当性。并且，遗赠扶养协议具有优先于遗嘱继承和遗赠的效力，采书面形式使遗赠扶养协议具备

---

① 参见［德］赫尔穆特·科勒：《德国民法总论》，刘洋译，北京大学出版社2022年版，第63页。

② 参见郭明瑞、房绍坤、关涛：《继承法研究》，中国人民大学出版社2003年版，第313-314页；杨立新、杨震：《〈中华人民共和国继承法〉修正草案建议稿》，载《河南财经政法大学学报》2012年第5期。

③ 参见黄薇主编：《中华人民共和国民法典继承编释义》，法律出版社2020年版，第147页。

④ 参见张平华、刘耀东：《继承法原理》，中国法制出版社2009年版，第392页。

一定公开性,[①] 可以平衡其他利害关系人之利益。上述观点充分考虑了遗赠扶养协议的内容特征，可以作为当事人约定采用书面形式的必要理由。

但是，从现行实证法的规定来看，民法典中的合同若涉及第三人或者社会公共利益，往往被认为需要采取书面形式法定主义。[②] 这一点与域外比较法经验相同，如法国民法典第 1172 条、德国民法典第 550 条第 1 句和第 578 条第 1 款等。我国民法典第 1123 条与第 1158 条均未明确规定遗赠扶养协议的具体形式要求，且从条文规范中无法简单推知其是否当然涉及第三人或社会公共利益，这是否意味着民法典对遗赠扶养协议采形式自由主义？笔者认为，民法典对遗赠扶养协议采何种程度的形式标准，应当在文义解释的基础上，平衡书面形式法定主义与遗赠扶养协议的综合缔约目的，从体系视角展开论证。

（二）民法典第 1158 条中“自然人可以与继承人以外的组织或者个人签订遗赠扶养协议”应为倡导性规范

如前所述，遗赠扶养协议本质为继承法上具有综合性给付义务的有名合同。民法典既没有对遗赠扶养协议的形式要件作出任何规定，也没有对委托合同与赠与合同作任何形式要件的限定，但这并不意味着可以类推遗赠扶养协议就无须形式要件。遗赠扶养协议具有综合性或复合性给付义务，并非赠与和委托的给付义务简单拼凑，而是给付义务的综合与嵌入。故仅类推遗赠扶养协议给付义务群中某一典型合同的规定，有悖遗赠扶养协议的缔约目的与体系逻辑。笔者认为，应当对民法典第 1158 条第 1 句“自然人可以与继承人以外的组织或者个人签订遗赠扶养协议”中的“签订”一词展开体系解释，并参酌遗赠扶养协议的整体缔约目的予以解释。

民法典在不同的规范情境中使用了不同的汉语动词表述合同的成立。例如，与“签订”合同在语义功能上类似的是“订立”合同。但是，依据

---

① 参见张平华、刘耀东：《继承法原理》，中国法制出版社 2009 年版，第 392-393 页。

② 民法典第 33 条、第 348 条、第 354 条、第 367 条、第 373 条、第 400 条、第 427 条、第 668 条、第 707 条、第 736 条、第 762 条、第 789 条、第 796 条、第 851 条、第 863 条、第 938 条对需要采取书面形式的合同均予以明文规定。

民法典第469条第1款的规定，订立合同可以采取书面形式、口头形式或其他形式。因此，“订立”合同在语词的脉络意义上已被固定化，既可以昭示要式合同，也可以传达非要式合同之意。在汉语语法上，“签订”作为动词，是指订立条约或合同并签字。① 而“签字”又意味着需要存在书面形式的文件。从文义解释的角度看，“法律上所了解之‘文义’是该用语或词在一般的语言习惯上被了解的意涵”②。因此，如果法律对“签订”一词没有特殊的情境规定，则应当遵循一般语言规则所昭示的语词意涵。

但是，仅仅基于此还不足以证成遗赠扶养协议的要式性。法律的概念应当遵循体系的安排。民法典第1158条第1句的主语是“自然人”，而助动词是“可以”。从法律语言的角度看，“可以”意味着当事人享有从事特定事务的权利与自由。因此，“自然人可以与继承人以外的组织或者个人签订遗赠扶养协议”应当有两种解释选项：一是自然人可以与继承人以外的组织或者个人订立书面形式的遗赠扶养协议；二是自然人可以与继承人以外的组织或者个人订立口头形式或其他形式的遗赠扶养协议。在此，文义解释的结果是多元的，无法确定遗赠扶养协议的具体形式标准。

文义解释结果的多义性是体系解释运用的前提。梳理民法典中“签订”合同的意义脉络可知，民法典在第221条第1款、第491条第1款、第1076条第1款、第1105条第3款、第1109条第2款、第1158条六个条文中使用“签订”一词表达合同成立的过程或结果。分别对这些条文予以检视可知：第221条第1款中“签订”的是“买卖房屋的协议”或“其他不动产物权的协议”，而依据城市房地产管理法第15条、第41条以及民法典第348条、第354条、第367条、第373条、第400条等规定，此类合同都需要以书面形式订立。第491条第1款涉及的签订合同确认书亦为书面形式，第1076条第1款则明确规定了被“签订”的“离婚协议”应当是书面的。而第1105条第3款涉及的是签订收养协议，在民法典出台前的

---

① 参见中国社会科学院语言研究所词典编辑室编：《现代汉语词典》，商务印书馆2016年版，第1040页。

② 黄茂荣：《法学方法与现代民法》，法律出版社2007年版，第335页。

最后一次修改中，立法者将收养法等既往法律所使用的“订立收养协议”修改为“签订收养协议”，进而“明确昭示收养协议应具书面形式这一要求”①，第1109条第2款同样规定外国人应当与送养人签订书面协议。

从上述条文的分析中可知，民法典中“签订”一词有着一致的意义脉络，即被“签订”的“协议”一般应当为“以书面形式为要件的协议”。民法典虽然没有对遗赠扶养协议的形式作出任何规定，但在协议订立的表述上采用了“签订”这一昭示协议为书面形式的用词。虽然继承法第31条亦使用了“签订”表述协议当事人形成遗赠扶养协议意思表示一致的过程或结果，但是，民法典并非法律的汇编，而是体系化的编订纂修。法律解释应当从整体性出发，避免同法不同解，因此，对民法典的解释应当在语词的脉络和意涵上尽量保持统一。

当然，遗赠扶养协议的形式标准还需要遵循民法典所采书面形式法定主义的立法模式，即不应采纳“民法典第1158条第1句为有关遗赠扶养协议书面形式要件的强制性规范”的解释结论。笔者认为，结合遗赠扶养协议的整体缔约目的与“签订”的体系脉络，民法典第1158条第1句应当是遗赠扶养协议形式的倡导性规范。

首先，“自然人可以与继承人以外的组织或者个人签订遗赠扶养协议”的模态词“可以”意味着该条不属于关于协议形式的强制性规范，而应当将其归入任意性规范或倡导性规范。

其次，依据体系解释，被“签订”的协议应当是以书面形式达成的协议。据此，“自然人可以与继承人以外的组织或者个人签订遗赠扶养协议”意味着“自然人可以与特定主体订立遗赠扶养协议，但是该协议应当采用书面形式”。根据法律规范原理，任意性规范的功能在于补充当事人意思表示之漏洞或厘定意思表示之含义，并可在纠纷产生时充当裁判规范。②可是，从民法典第1158条第1句的规范内容来看，其要点在于提供一种行

---

① 薛宁兰、谢鸿飞主编：《民法典评注·婚姻家庭编》，中国法制出版社2020年版，第551页。

② 参见黄茂荣：《法学方法与现代民法》，法律出版社2007年版，第278-279页。

为模式，即自然人与继承人以外的组织或个人就生养死葬与遗产遗赠事宜达成意思表示合意。该句为单纯的行为模式的陈列，既没有对遗赠扶养协议当事人意思表示缺漏时作出补充性规定，也没有进一步说明协议当事人所主张或期待的法律效果，故难以将其视为任意性规范。从民法规范的功能与脉络来看，民法典第1158条第1句侧重于通过“可以”与“签订”的语词含义，为当事人提供一种订立遗赠扶养协议的行为指导或范本，进而提倡和诱导协议当事人在作出意思表示时采用书面形式，其目的在于降低协议长期履行的风险，最大限度保障双方利益。因此，“自然人可以与特定主体订立遗赠扶养协议，但是该协议应当采用书面形式”中模态词“应当”的含义是指“最好”，即立法者认为当事人在订立遗赠扶养协议时最好采用书面形式。民法典第1158条第1句作为倡导性规范，“犹如陡峭山路上的指示牌，目的在于提醒路人注意自身安全”①，其功能要旨在于警示与鼓励协议双方当事人最好采用书面形式构建合同行为模式。

最后，将民法典第1158条第1句界定为倡导性规范存在行为与裁判的双重作用。在行为方面，该句意在昭示书面形式要求，提倡和诱导当事人双方在订立遗赠扶养协议时最好采用书面形式，借此降低协议履行风险，最大限度实现扶养人与受扶养人利益；在裁判方面，该句无法充当协议形式的裁判规范或裁判依据，裁判者应当避免将未采用书面形式的协议确认为无效。实践中，法院在肯定口头订立遗赠扶养协议效力的前提下，通常依据《最高人民法院关于适用〈中华人民共和国民事诉讼法〉的解释》第91条与第108条所确立的举证责任规则，根据负有举证证明责任的遗赠扶养协议当事人提供的证据，结合相关事实，秉持“高度可能性”标准，对双方当事人是否存在经由口头形式确立的遗赠扶养关系等待证事实予以审查和认定。② 因此，如果当事人采用口头形式订立遗赠扶养协议，法院应

---

① 王轶：《论倡导性规范——以合同法为背景的分析》，载《清华法学》2007年第1期。

② 参见叶某1、陈某遗赠扶养协议纠纷案，四川省成都市中级人民法院（2020）川01民终10737号民事判决书；薛某某与周某某遗赠扶养协议纠纷案，辽宁省抚顺市中级人民法院（2019）辽04民终606号民事裁定书。

首先查证当事人是否就生养死葬与遗产遗赠等遗赠扶养协议的主要给付义务达成意思表示一致，或扶养人是否已经履行主要扶养义务，从证据审查与事实认定维度，先判断双方是否形成遗赠扶养关系，嗣后认定口头遗赠扶养协议的效力。此外，依据民法典第 490 条第 2 款的规定，当双方当事人约定遗赠扶养协议应当采用书面形式订立，但出于各种原因，当事人未采用书面形式而一方已经履行主要义务、对方接受时，应当从履行治愈角度，认定遗赠扶养协议成立。

在口头遗赠扶养协议成立且有效的前提下，如果当事人双方就扶养义务和遗赠财产范围约定不清，嗣后存在争议，应当如何处理？就扶养义务而言，遗赠扶养协议作为继承编中的财产性民事合同，在继承编未对遗赠扶养协议之履行予以规定时，应当适用民法典合同编通则中的第 510 条和第 511 条关于合同内容约定不清时的确定与履行规则进行确定。具体而言，当遗赠扶养协议约定的给付内容不明确时，应当先行进行协商补充。协议补充后还未能确定的，应当参酌遗赠扶养协议的交易习惯或当事人口头约定的其他内容。依据上述方法仍无法确定的，应当参照民法典第 511 条第 1 项的履行规则，明确当事人就扶养义务约定不清时，扶养义务应当不低于法定扶养标准。就遗赠遗产范围而言，当扶养人履行了扶养义务，但双方就遗赠遗产范围约定不清时，除适用民法典第 510 条和第 511 条规定的合同内容约定不清时的确定与履行规则之外，还应当遵循民法典第 6 条确定的公平原则，合理确定遗赠财产，促使双方权利义务达到平衡。

四、遗赠扶养协议的动态识别

作为满足当事人多元缔约目的的遗赠扶养协议，其性质判断与规范适用并非不证自明。为保持遗赠扶养协议独有的制度功能，迫切需要提炼遗赠扶养协议的基本要素与识别进路。有鉴于此，本文试图从方法论的角度，引入私法中的动态系统论（也称动态体系论），通过各要素数量和强度的协同，改造“要件—效果”之“全有或全无”思维，回应现实需求，对遗赠扶养协议的性质判断与内容鉴别予以审慎思考。采取动态系统论的思维模式，主要有以下思维步骤：首先是要素检视，即审查哪些要素是识别和建构遗赠扶养协议的评价因素；其次是判断选取的要素之间的权重与关联，即哪些要素在识别中更为基础和关键；再次是分析要素之间的相互关联如何；最后是要素之间在个案中的系统化与个案比照。在具体分析中可以合并第一步与第二步、第三步与第四步，即呈现“要素检视及其权重→要素关联及其个案认定”的论证思路。

（一）要素检视及其权重

整理分析所采集的裁判文书样本与学界的现有研究，可以筛选出权义错位、高度信赖、意定标准以及主体限定四项要素来形成遗赠扶养协议的识别进路。

第一，权义错位。遗赠扶养协议中扶养人的扶养义务与其受遗赠权应当是错位的。与之相对，受扶养人的遗赠义务与其受扶养权也应当是错位的。遗赠扶养协议权义错位的原因在于在受扶养人个人财产不多的情况下，权衡受扶养人生前的正常生活需要与扶养对价支付。实践中，法院通常将遗赠扶养协议的权义错位转化为附条件性，将约定扶养义务的先行履行作为遗赠的条件。① 当事人是否形成遗赠扶养关系，② 关键在于协议是否约定遗产遗赠与先行扶养的对价。部分法院明确主张，在遗赠扶养协议关系中，扶养人的受遗赠权应当在遗赠人死后才能实现。③ 实践中面临的现实问题是：权义错位是否意味着“受遗赠”应当发生在受扶养人死后？换言之，扶养与遗赠财产同步给付的协议能否纳入遗赠扶养协议的法律关系？笔者认为，遗赠扶养协议中扶养人对受扶养人生前的扶养照顾与事务

---

① 参见陈某1、陈某2遗赠扶养协议纠纷案，浙江省金华市中级人民法院（2017）浙07民终6398号民事判决书；李某某与张某、王某某遗赠扶养协议纠纷案，辽宁省沈阳市中级人民法院（2018）辽01民终6965号民事判决书。

② 参见余某、张某遗赠扶养协议纠纷案，贵州省铜仁市中级人民法院（2017）黔06民终1524号民事判决书。

③ 参见李某某与张某、王某某遗赠扶养协议纠纷案，辽宁省沈阳市中级人民法院（2018）辽01民终6965号民事判决书。

处理，可以被纳入委托合同的法律关系之中，因此，扶养人预付一定的扶养费用，但主要的扶养费用为遗赠财产的，并不影响当事人之间存在遗赠扶养协议之法律关系。

第二，高度信赖。遗赠扶养协议所涉及的事务处理均关系当事人重大利益，双方具有高度信赖关系。遗赠扶养协议的扶养人不仅需要负责受扶养人生前日常起居的一切事务，还要负责处理具有重要意义的丧葬事务。在中国文化背景下，离开当事人之间的高度信任，是无法委托处理类似事宜的。对受扶养人生前的长期稳定扶养乃至终身扶养，性质上也接近于概括委托，这需要遗赠扶养协议双方当事人存在深入互信和坚实情感基础。遗赠扶养协议通常被看作应对老龄社会的有效制度工具，其基本理由或许在于扶养人与受扶养人的高度互信与终身陪伴。在司法实践中，不少法院一致认为，遗赠扶养协议中包含的长期稳定的信任因素，应当是判断协议法律适用的重要因素。① 但如前文所述，遗赠扶养协议的订立需要双方当事人的高度信赖而非身份行为。高度信赖可以与财产法律行为相关联，也可以与身份法律行为互相嵌入。故双方当事人订立合同时存在高度信赖乃至人身依附关系的，不意味着当事人双方的行为为身份行为。

第三，意定标准。意定标准应当成为满足扶养人订立遗赠扶养协议综合性缔约目的的关键因素。相较于法定扶养，遗赠扶养协议的扶养标准是由当事人意定的。一般情况下，该意定标准应当高于法定扶养标准。当然，遗赠扶养协议不仅包括物质保障，还应当囊括精神慰藉。② 在司法实践中，扶养人为受扶养人处理的事务更加多元，而多元化的扶养内容也成为遗赠扶养协议区别于其他扶养协议的重要因素。在不采继承扶养协议的

---

① 参见陈某1与刘某遗赠扶养协议纠纷案，江苏省泰州市中级人民法院（2019）苏12民终190号民事判决书；金某、唐某遗赠扶养协议纠纷案，浙江省绍兴市中级人民法院（2017）浙06民终3052号民事判决书；张某、宁波市鄞州区梅墟街道某某股份经济合作社遗赠扶养协议纠纷案，浙江省宁波市中级人民法院（2022）浙02民终2874号民事判决书。

② 参见郑某与汪某、陈某遗赠扶养协议纠纷案，陕西省咸阳市中级人民法院（2017）陕04民终1784号民事判决书。

立法例中，为了发挥遗赠扶养协议对继承扶养协议的功能补充作用，应当认可扶养人对受扶养人的扶养标准高于法定扶养义务。①

第四，主体限定。继承法规定公民可以与扶养人或集体所有制组织签订遗赠扶养协议，其中，扶养人特指没有法定扶养义务的人。在民法典编纂过程中，有观点认为，针对我国进入老龄化社会以及家庭微型化、“失独”现象多发等社会问题，应当鼓励被继承人通过订立遗赠扶养协议解决养老问题，引导社会养老机构与被继承人签订遗赠扶养协议，使遗赠扶养更加普遍化、社会化、市场化。② 但是，在司法实践中，对于具有法定扶养义务的当事人之间签订遗赠扶养协议的处理较为保守。通常有两种处理方式：一是认定协议主体不适格，进而认定协议无效；二是认定协议不属于遗赠扶养协议，进而转化适用其他规范。实际上，认定无效的裁判立场制约了遗赠扶养协议的适用场域。

在动态系统的思维中确定要素的权重，需要厘定由基本价值所决定的衡量权重的标准。③ 在遗赠扶养协议的要素体系中，确定各个要素之间的权重，应当以遗赠扶养协议所负载的赡养老人、保障基本生存权利的基本价值作为衡量标准。遗赠扶养协议的权义错位性意在置换受扶养人的给付时间，使得受扶养人在整个生存期间能够得到照护，而无须因给付的迟延履行或给付不能而被中止扶养，故其权重最大。高度信赖是协议得以切实履行的必要条件，也是保障受扶养人得到精心照料和妥善安置的保障，故应处于第二位。意定标准是促进受扶养人老有颐养的关键因素，也是维系遗赠扶养协议基本价值的操作性标准，故在遗赠扶养协议的识别要素中次于权义错位和高度信赖。主体限定是遗赠扶养协议场域扩展的限制性要

---

① 参见杨立新、杨震：《〈中华人民共和国继承法〉修正草案建议稿》，载《河南财经政法大学学报》2012年第5期。

② 参见《民法典立法背景与观点全集》编写组编：《民法典立法背景与观点全集》，法律出版社2020年版，第728页。

③ 参见［奥地利］海尔穆特·库齐奥：《动态系统论导论》，张玉东译，载《甘肃政法学院学报》2013年第4期。

素，也是民法典予以明确规定的要件，故在动态系统识别中权重最小。综上所述，在遗赠扶养协议的动态系统论识别进路中，应当综合考虑权义错位、高度信赖、意定标准与主体限定四项要素，且权重逐次减小。

（二）要素关联及其个案认定

在动态系统论中，要素之间的协动作用通常可以通过“比较命题”予以呈现，即“一方要素的满足度越高，其他要素的满足度低一些也足够”或“前者的满足度越低，后者的满足度就必须足够高”①。申言之，动态系统论的“动态系统性格”集中反映在不同要素会根据其各自的强度和数量形成相互补充或可交换的价值序列。例如，如果双方当事人高度信赖，但其扶养标准低于法定扶养义务，此时权义错位要素越突出或越明显，就越容易被识别为遗赠扶养协议。在此，意定标准要素与其他要素呈现逆向关系，满足度较低，此时，靠前位阶的权义错位要素与高度信赖要素满足度越高，要素之间的正向协动作用就越明显，也就越容易被识别为遗赠扶养协议。在个案中，权义错位、高度信赖、意定标准以及主体限定并非均要满足，也不要求每一个要素均要达到特定而非绝对量化的程度，而是应当进行个案的具体比照，在同一案件中假设出权义错位、高度信赖、意定标准与主体限定的临界程度，并将实际程度与之比较，进而得出相对性结论。

在真实的司法裁判当中，部分法院已经察觉到遗赠扶养协议识别判断的动态系统思想，并在法律推理与说明中予以一定阐释。例如，在张某甲、张某乙法定继承纠纷案中，江苏省宿迁市中级人民法院以协议双方当事人“互享权利、互负义务”、扶养人的扶养条件、扶养人的履行情况以及协议双方当事人的信赖与照料情况为基本论证要素，参酌“孝老爱亲、扶弱助残”的基本价值与遗赠扶养协议减轻国家养老负担的社会功能，将村委会、社会福利中心、供养人和被供养人四方签订的“特困供养协议”

---

① ［日］山本敬三：《民法中的动态系统论》，解亘译，载梁慧星主编：《民商法论丛》总第23卷，金桥文化出版（香港）有限公司2003年版，第230页。

认定为遗赠扶养协议。生效裁判认为，“特困供养协议”中的“处置权”应当是“相应遗产的财产性权利”归扶养人所有的财产遗赠权，而非扶养人对房屋、承包地、供养经费等代为管理的权利，进而强调协议双方形成的财产遗赠与生养死葬的权义关系为构成遗赠扶养协议的核心要素。① 在此，各个要素之间的联动关系以及权重虽然未能清晰呈现，但法院的论证思路中已经明显摒弃了各要素平等的构成要件论，而是根据遗赠扶养协议的要素体系化思维予以个案的具体比照。②

概言之，借鉴动态系统论思想的实质，是将当事人之间所形成的遗赠扶养协议关系拆解为个案中的动态要素，并依据其权重和关联形成协议判断标准的弹性规范，不再坚持“要件—效果”的硬性识别标准，构建起遗赠扶养协议规范识别的动态模式。

五、结论

梳理遗赠扶养协议司法实践中的裁决结果与论证理据，提炼不同个案之间的共通性规律，进而反哺司法实践、矫正司法理念是本文意图实现的客观目的。通过直面真实的、本土的遗赠扶养协议司法案例，本文的研究结论如下。

第一，身份行为以事实先在性为标识性特征，强调身份行为的理论倾力在于对既已存在之事实予以追认、宣示与确认。身份行为与财产行为的差异是逻辑性的，而非经验性的。逻辑上独立的身份财产行为概念并不存在。因此，虽然遗赠扶养协议包含了诸多财产外因素，甚至还存在第二顺序继承人作为扶养人的特定情形，但从遗赠扶养协议生养死葬与遗产遗赠两项构成性要素来看，其应当被界定为财产合同，且为民法典继承编中具

① 参见江苏省宿迁市中级人民法院（2021）苏13民终3018号民事判决书。

② 类似案件参见吴某1、吴某2等与无锡市梁溪区某街道某社区居民委员会遗赠扶养协议纠纷案，江苏省无锡市中级人民法院（2021）苏02民终1331号民事判决书；崖某、尹某1等遗赠扶养协议纠纷案，广西壮族自治区河池市中级人民法院（2022）桂12民终1046号民事判决书。

有综合性给付义务的有名合同。

第二，结合遗赠扶养协议的整体缔约目的与“签订”的体系脉络，可以将民法典第1158条中的“自然人可以与继承人以外的组织或者个人签订遗赠扶养协议”理解为关于遗赠扶养协议形式要件的倡导性规范，即提倡和诱导当事人双方在订立遗赠扶养协议时最好采用书面形式，借此降低协议履行风险，最大限度保障扶养人与受扶养人利益。因此，裁判者应当避免将未采用书面形式的协议确认为无效。

第三，整理分析所采集的裁判文书样本与学界的现有研究，可以筛选出权义错位、高度信赖、意定标准以及主体限定四项要素。其中，权义错位是遗赠扶养协议的标识性特征，权重最大，其他要素的权重依次为高度信赖、意定标准、主体限定。在遗赠扶养协议识别的个案比照中，四项要素并非均要满足，也不要求每一个要素均要达到特定而非绝对量化的程度，而应当在同一案件中假设出四项要素的临界程度，并将实际程度与之比较，进而得出相对性结论。判

（本文仅代表作者个人观点）

违反安全保障义务按份责任司法现象之审视与展开
——基于生效判决的分析*

屈茂辉** 桂颖琦***

民法典第1198条第2款规定，第三人行为造成他人损害，经营者、管理者或组织者未尽安全保障义务（以下简称安保义务）需承担侵权补充责任。在研读违反安保义务侵权相关裁判文书的过程中，笔者发现第三人直接侵权与安保义务人未尽义务结合造成他人损害的案件，却存在两种不同责任判决结果，部分案件判决安保义务人承担了补充责任，还有部分案件判决安保义务人与直接侵权人共同对损害承担按份责任。依民法典第1172条的规定，数人无意思联络共同侵权应承担按份责任，但由于民法典第1198条第2款已特别规定第三人侵权与违反安保义务侵权结合时，对安保义务人适用补充责任，因而依据法律适用的规则，此处应排除按份责任的适用。很显然，司法实践中的按份责任判决与民法典

* 本文为湖南省普通高等学校哲学社会科学重点研究基地项目“中国民法前沿重大疑难问题研究”（SKH2024008）的中期成果。

** 湖南大学法学院教授。

*** 浙江省杭州市公安局余杭区分局见习民警，法学硕士。

第 1172 条、第 1198 条的规定均有矛盾。虽然在侵权责任法颁行后即存在这一现象,[①] 但在民法典将侵权责任法纳入并进行法典化编纂后还继续存在这种司法现象，就不得不令人高度重视并予以深入研讨。

一、违反安保义务按份责任的司法实态

（一）按份责任判决的数量与分布

以北大法宝作为来源数据库，通过分层随机抽样，从案由为“违反安全保障义务责任纠纷”、全文含“第三人”的民事判决书中得到第三人与安保义务人同时侵权的案例 366 个。[②] 在 366 个有效样本中，判决安保义务人承担补充责任的 315 个，承担按份责任的 51 个，补充责任判决与按份责任判决数量之比接近 6∶1，按份责任判决占比约为 14%。可见，在此类侵权案件中，依照民法典第 1198 条第 2 款适用补充责任的判决占大多数，但确实存在少量的按份责任判决。由于抽样调查的局限性，“推断与总体的实际之间总是存在偏差”[③]，6∶1 的这一结果比例显然无法直接代表我国所有相关案件的全样本总体，但不可否认违反安保义务领域的按份责任判决已具有一定规模，民法典第 1198 条的适用极有可能存在混乱，有必要深入探究以明晰司法实践中补充责任与按份责任的具体适用情况，发现并解决其中存在的问题。

---

① 参见黎晓道：《补充责任按份化的实证分析》，载《管理观察》2017 年第 18 期。

② 在北大法宝数据库高级检索项下，选择案由为“违反安全保障义务责任纠纷”，全文含“第三人”，文书类型为“判决书”，审结日期截至“2023 年 12 月 31 日”，检索出符合条件的结果 5698 个。从中随机抽取 100 份判决进行预调查以确定抽样数据量，仅有 26 份判决的案例属于“有第三人侵权+违反安保义务”情形，有效率为 26%。为得到近 500 份有效样本，根据预调查结果确定抽样数量为 1923 份。以省级行政区划与判决年份为要素进行分层与系统抽样，得到 1923 份判决并进行阅读筛选，人工去除不符合研究主题的样本，即“无第三人介入”以及“未违反安保义务”的案例，筛选后得到符合条件的即“有第三人介入”且“违反安保义务”的案例 366 个。

③ 风笑天主编：《社会调查方法》，中国人民大学出版社 2016 年版，第 51 页。

在样本的空间分布方面，由于本研究案例数据是以省级行政区划要素进行分层抽样，根据各省级行政区的判决数量比例分别从各地区全部判决中抽取对应比例的样本数，因此抽样样本中各地区占比数据与全样本数据差距不会过大。从地区上看，如图1所示，全国东、中、西、东北部地区均存在补充责任判决与按份责任判决。即便是经济相对发达的东部地区也出现不少按份责任判决，占样本总量的9.72%，低于14%的总比例，而其他三个地区的占比都在16%或17%，明显高于东部地区。这在一定程度上似乎说明经济发达地区法院对法律条文的理解和适用更加准确，出现法律条文规定之外判决结果的情形更少。

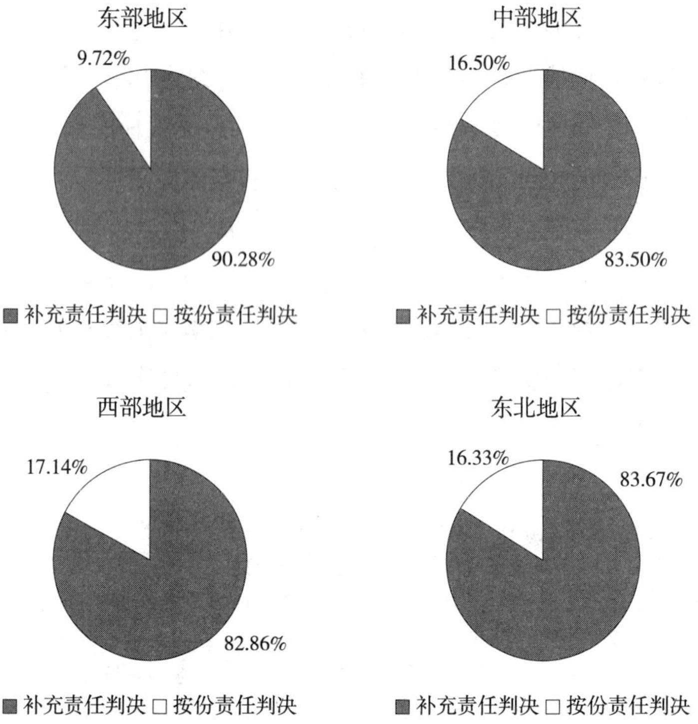

图1 四大地区两种责任形态判决比例

在样本的时间分布方面，由于案例样本来源首先是按地区比例分层，将各地区判决按年份顺序排序后分别进行系统抽样,① 因此判决时间虽具有一定随机性，但也可在一定程度上反映样本的时间分布情况。如图 2 所示，2013 年至 2023 年，每年都有第三人介入情况下违反安保义务的按份责任判决，且从 2019 年开始该类判决数量出现小幅增长。2019 年至 2023 年正好是民法典颁布前后，2020 年颁布的民法典完善了违反安保义务侵权责任制度，明确了补充责任追偿权，未规定按份责任，但此后相关按份责任判决数量仍未减少，尤其是民法典施行后的三年，按份判决数量亦不减反增。

图 2　两种责任形态判决时间分布

在样本的审理程序方面，如表 1 所示，366 个样本案例中有 24 个一审案件、26 个二审案件和 1 个再审案件判决了按份责任。在样本的审理法院层级方面，如表 2 所示，366 个样本案例中有 24 个基层法院、26 个中级法院、1 个高级法院判决了按份责任。二审判决中，如表 3 所示，有 20 个是二审维持了原审的按份责任判决，还有 6 个虽变更一审判决但仅就当事人

① 检索结果为每页 10 条，每页抽取固定数量的结果。

之间的责任份额分担问题作出变更，并没有改变按份责任的责任形态。我国法院审理案件原则上实行两审终审制，二审与再审都有一定的审判监督功能，若在具有审判监督功能的审判程序中按份责任判决的比例并未较一审更低，办案能力和对法律规范的理解程度应远高于基层法院的中级法院和高级法院仍频繁出现不依法裁判的问题，便很可能增加上级法院工作量，损害当事人合法权益，影响司法效率与司法公正，这也更加体现了违反安保义务案件法律适用问题的普遍性与广泛性以及待研究的迫切性。①

表1　两种责任形态判决审理程序

审理程序	第三人介入情况下违反安保义务案例总量（件）	补充责任判决数量（件）、占比（%）	按份责任判决数量（件）、占比（%）
一审	193	169，87.56%	24，12.44%
二审	170	144，84.71%	26，15.29%
再审	3	2，66.67%	1，33.33%

表2　两种责任形态判决审理法院层级

法院层级	第三人介入情况下违反安保义务案例总量（件）	补充责任判决数量（件）、占比（%）	按份责任判决数量（件）、占比（%）
基层法院	188	164，87.23%	24，12.77%
中级法院	177	151，85.31%	26，14.69%
高级法院	1	0	1，100.00%

① 前述唯一1个再审按份判决系一审、二审皆判决承担补充责任，省高院再审改判为按份责任，该案虽满足“第三人介入+违反安保义务”且判决按份责任，但笔者认为这一判决并无不当之处，是基于对补充责任适用条件的深刻理解与细致考量作出的合法合理的准确裁判。参见湖南省高级人民法院（2020）湘民再38号民事判决书。

表 3 按份责任判决裁判结果

裁判结果	一审判决按份责任	二审维持按份责任	二审维持按份责任，改判责任份额	再审改判为按份责任（原判为补充责任）
判决数量（件）	24	20	6	1

（二）按份责任判决的裁判结果表现

第三人介入情况下违反安保义务侵权纠纷的按份责任判决结果就是将损害赔偿责任在第三人、安保义务人和有过错的受害人之间按照各自的责任份额分摊，是明显区别于具有顺位性、非全额性和可追偿性特征的补充责任之法律效果的。

如表 4 对裁判结果的统计所示，51 份判决的具体按份责任承担主体有多种责任分配结果，只有安保义务人这一主体确定被判决承担责任份额，第三人在少量案件中未被判决承担责任。51 份判决大部分都是在两个侵权人间，或有过错的受害人三者间分摊责任。这样的判决有 40 份，判决内容通常表述为“应由××承担×%的赔偿责任，由××承担×%的赔偿责任，××对于其自身损失的产生亦负有×%的责任”，这是标准的基于三方各自责任大小分别承担侵权按份责任的模式。

还有 11 份判决未判决第三人承担责任，根据案件具体特殊情形可以分为四类：第一类是有 2 案判定第三人无过错或无故意及重大过失①；第二类是有 1 案受害人基于与第三人的特殊关系而放弃追究其责任②；第三类

① 参见湖南省高级人民法院（2020）湘民再 38 号民事判决书、吉林省延吉市人民法院（2021）吉 2401 民初 1322 号民事判决书。

② 参见黑龙江省大庆市萨尔图区人民法院（2018）黑 0602 民初 918 号民事判决书。

是有6案第三人下落不明或无法确认而未起诉①；第四类是有2案未起诉第三人且判决书中未说明情形②。笔者认为，第一类中的2案因第三人被判定不满足过错要件而未被判决承担责任，理由充分、裁判无误，但其他三类的9份判决未判决有过错的第三人承担侵权责任，似乎欠缺依据，该观点及理由将在本文第三部分详述。

表4　按份责任承担主体

按份责任承担主体	特殊情形	按份责任判决数量（件）
第三人、安保义务人	无	11
	第三人下落不明	1
第三人、安保义务人、有过错的受害人	无	28
安保义务人	第三人无故意和重大过失	1
	受害人放弃追究第三人责任	1
安保义务人、有过错的受害人	第三人下落不明或无法确认	6
	未起诉第三人且未说明情况	2
	第三人无过错	1

（三）按份责任判决的案情事实特征

在违反安保义务侵权规则并未规定按份责任的前提下法院作出了按份责任判决，则有必要反向总结提炼这些判决中的案件事实是否存在可以作

① 参见辽宁省大连市中级人民法院（2020）辽02民终1833号民事判决书、新疆维吾尔自治区乌鲁木齐市中级人民法院（2018）新01民终1232号民事判决书、上海市普陀区人民法院（2017）沪0107民初9339号民事判决书、天津市南开区人民法院（2017）津0104民初6887号民事判决书、湖南省邵阳市中级人民法院（2017）湘05民终254号民事判决书、江西省上高县人民法院（2015）上民一初字第99号民事判决书。

② 参见江苏省徐州市中级人民法院（2020）苏03民终149号民事判决书、广西壮族自治区桂林市雁山区人民法院（2017）桂0311民初24号民事判决书。

为按份责任构成要件的共同特性，从而为制度完善提出建议，又或是总结发现这些案件实则合乎现行制度规定的其他法律效果（如构成补充责任而非构成按份责任），从而证明法院判决有误。笔者欲结合第三人介入情况下违反安保义务侵权案件之特性，选取第三人行为与过错样态、违反安保义务类型、侵权客体几个方面进行分析。

在第三人行为样态方面，笔者认为除了作为与不作为的区分，行为后损害发生的即时性与延时性的区别是更易于区分的第三人侵权行为类型化标准。在相关案例中，造成损害发生的第三人行为都可以两个简单模式概括：一是第三人借助或不借助他物，其作为行为突发、即时造成他人损害；二是在第三人抛弃、滞留物件的不作为行为后，其物件延时造成他人损害。经统计，如表 5 所示，51 份按份责任判决中，第三人作为行为即时侵权的案例有 35 个，不作为行为情况下的延时物件侵权案例有 16 个。其中，作为行为即时侵权的具象形态又可依是否持有物件而类型化为两类：一是无物地以身体致他人伤残；二是有物地以持有物致他人伤残。前者如在蹦床、滑梯中撞倒他人，在超市、医院撞倒、绊倒他人，此类案例有 26 个；后者如开车撞伤他人，搬运货物或使用推车误撞他人，以及使用刀、棍等器械伤害他人，此类案例共 9 个。在 16 个第三人不作为行为情况下的延时物件侵权案中，均是第三人抛弃、滞留物件的行为过失地引起危险源的产生，第三人对该危险源负有消除危险或防止危险转化为实害结果的积极作为义务，即基于先行行为的作为义务，第三人未尽作为义务导致损害发生，具体的情形如带滑板进室内绊倒他人、随地丢垃圾致他人滑倒、在小区停车场乱接充电线绊倒他人等。不难发现，虽然持物侵权与不作为物件侵权两类情形都有物件的存在，但后者存在人与物件之分离、放置或抛弃行为与物件导致他人损害之间的时差或延时，而前者第三人对物件为持有状态，并未如后者一样人与物分离、人失去对物的即时控制。区分损害发生与第三人行为之即时与延时的意义在于，这可能影响安保义务人对危险控制的难度、行为类型及其与损害因果关系的判断。

表5　第三人行为样态

第三人行为样态		案件数量（件）
作为即时侵权	身体致害	26
	持有物致害	9
不作为延时物件侵权		16

在第三人过错样态方面，51份按份责任判决中，50个案例均为第三人过失致人损伤，只有1个案例是第三人冲进宾馆房间故意砍伤他人。如前文对第三人行为样态所作的相关描述，第三人过失的具体内容有如下几种：以其身体过失地撞倒、踩踏他人致伤，对其持有物控制不当而过失砸伤、撞伤他人，抛弃、滞留物件的行为过失地产生危险源并造成他人损害。这些过失侵权人都没有主观恶性。在本研究抽样所得的全部366份第三人介入情况下违反安保义务侵权判决中，第三人故意侵权的案例共有152个，过失侵权的案例共有214个。而在152个第三人故意侵权的案件中有151个都是依法判决安保义务人承担补充责任，只有1个判决为安保义务人承担按份责任，可见第三人故意侵权的情形下出现司法歧见的概率远低于第三人过失侵权的情形。第三人过错样态与责任形态如表6所示。

表6　第三人过错样态与责任形态

第三人过错样态	案件数量（件）	判决责任形态	判决数量（件）
过失	214	补充责任	164
		按份责任	50
故意	152	补充责任	151
		按份责任	1

在安保义务人行为样态方面，不同的违反安保义务行为可能会对责任形态的认定产生影响。51份按份责任判决中，安保义务人违反第三人侵害

防止型安保义务的有 48 个，违反自己侵害防止型安保义务的有 3 个。后者的 3 个案例案情分别为受害人在水库钓鱼被高压线电亡①，第三人在儿童游乐场帮朋友抱孩子被设备绊倒致孩童摔亡②，水上滑梯工作人员过早推下后一位游客致前一位游客被撞伤③。此 3 案中安保义务人自己的行为或物件对损害的发生都产生了直接影响，从而承担了按份责任。

在侵权客体类型方面，51 份按份责任判决中，侵权人所侵害的客体都是受害人的人身权，尤其是物质性人格权，如生命权、身体权、健康权。其中，造成受害人死亡的案件有 6 个，构成受害人伤残的有 28 个，有半数以上案件造成了受害人伤残以上的较为严重的后果。这对相关司法活动中法院准确裁判提出了更为严格、紧迫的要求，而偏离法律轨道、有失公正的判决将给当事人带来莫大伤害。同时，这些判决中法院认定的实际总损失数额都不小，直接关联双方当事人的重大经济利益与合法权益，也体现了该类纠纷判决的重要性。

二、违反安保义务按份责任裁判理由之审视

只有明晰裁判时的理由与逻辑，才能洞察违反安保义务的案件中判决义务人承担按份责任司法现象背后的根本成因。判决书作为法院对案件审理结果的正式表述，详细阐述法院对案件事实的认定、对法律条文的解释和适用、所作判决的理由和依据，从中可直接了解法院所考虑的因素、所持的观点和逻辑。判决书的裁判说理与法律依据部分清晰呈现法院的裁判理由，有助于深入理解司法现象背后的法律逻辑和价值取向。

在法律依据方面，法院在查明案件事实后需从现行法律体系中“找法”，筛选出与当前案件最为契合的法律条款，进行准确的规范援引。本

---

① 参见辽宁省大连市中级人民法院（2021）辽 02 民终 3381 号民事判决书。电网公司的侵权不考虑是否存在过错，承担高度危险责任、严格责任。

② 参见新疆维吾尔自治区高级人民法院伊犁哈萨克自治州分院（2019）新 40 民终 124 号民事判决书。

③ 参见湖南省高级人民法院（2020）湘民再 38 号民事判决书。

文研究的 51 个案例同属于第三人介入情况下违反安保义务侵权，且都判决承担按份责任，按照三段论的裁判逻辑推理过程，其所援引的规范与法律适用过程应该相同，但这 51 份按份责任判决的规范援引与法律适用存在多种“答案”。如表 7 所示，这 51 份判决援引和适用法律的路径共有三种：一是适用侵权责任法第 37 条或民法典第 1198 条规范全文；二是只适用上述条文规范第 1 款；三是只适用上述条文规范第 2 款。前述三种判决分别有 32 个、11 个、8 个。其中，第一种适用规范全文的还有写明了“承担相应的补充责任”与未写明补充责任的两种具体情况，分别有 10 个、22 个。这足以表明第三人介入情况下违反安保义务的按份责任判决存在规范援引混乱的问题。

表 7　按份责任判决法律依据

法律依据	是否写明承担补充责任	按份责任判决数量（件）
侵权责任法第 37 条/民法典第 1198 条	是	10
	否	22
侵权责任法第 37 条第 1 款/民法典第 1198 条第 1 款	否	11
侵权责任法第 37 条第 2 款/民法典第 1198 条第 2 款	是	8

在裁判说理方面，这 51 份判决“本院认为”部分的结构大致相似：首先都以案件纠纷类型或争议焦点开头，接法律规定内容，其次对案件中直接侵权人的行为、过错、因果，以及经营者和管理者负有安保义务且存在义务违反行为进行描述，由此分别证明需承担赔偿责任，最后将损害责任在二者间进行完全分配。也就是说，这些判决在责任类型与责任份额的推导认定中，基于第三人侵权时违反安保义务即直接得出义务人应承担何种责任，并未论证为何需承担此种责任。51 份判决中，分别适用民法典第 1198 条（或侵权责任法第 37 条）第 1 款与第 2 款的，都是以前述逻辑展

开说理，并无具体理由差异，除了规范援引区别外，仅在责任承担的表述上存在区别：适用第1款的表述通常为“应承担相应的侵权责任”“应承担相应的赔偿责任”“应承担一定责任”“应负有主要责任”，① 适用第2款的表述通常为“应承担相应的补充责任”“应承担相应的补充赔偿责任”，② 而后都直接得出“应由××承担××%的赔偿责任，由××承担××%的赔偿责任”。51份按份责任判决样本之外准确解释适用上述条文第2款补充责任的，在说理上也并未论证为何第三人介入情况下违反安保义务行为对应的是第2款的补充责任，也是在违反义务行为的描述后直接表明应承担补充责任，通常会表述为“上述赔偿款项到期未付时，由义务人承担××%的补充赔偿责任，并在承担补充赔偿责任后，可以向第三人追偿”“义务人在第三人所应承担的责任的××%的范围内承担补充责任”。③

在此，以一个二审维持按份责任判决的案件为例具体展示裁判理由。在赵某与刘某等违反安保义务责任纠纷案④中，刘某在某游乐场所的蹦床上玩耍时身体失控冲出蹦床，与正在奔跑的赵某相撞。一审法院认为：刘某作为直接侵权人，应对损失承担责任；经营者山东某公司负有安保义务，但刘某在蹦床内玩耍时并没有工作人员予以安全提醒，且场馆内并未张贴明显警示标志，故山东某公司亦应对赵某的损失承担责任；赵某在奔跑过程中未注意观察，对其自身损失亦应承担一定责任。综上所述，对于赵某的损失，应由刘某承担40%的赔偿责任，由山东某公司承担30%的赔

---

① 参见河南省博爱县人民法院（2021）豫0822民初2147号民事判决书、辽宁省抚顺市中级人民法院（2017）辽04民终1146号民事判决书、内蒙古自治区赤峰市中级人民法院（2016）内04民终2802号民事判决书、江苏省宿迁市中级人民法院（2019）苏13民终5174号民事判决书。

② 参见辽宁省抚顺市中级人民法院（2019）辽04民终2670号民事判决书、福建省厦门市中级人民法院（2021）闽02民终15号民事判决书、安徽省歙县人民法院（2015）歙民一初字第00956号民事判决书。

③ 参见辽宁省沈阳市中级人民法院（2021）辽01民终14532号民事判决书、辽宁省沈阳市中级人民法院（2021）辽01民终4943号民事判决书。

④ 参见山东省济南市中级人民法院（2021）鲁01民终5240号民事判决书、山东省济南市天桥区人民法院（2020）鲁0105民初6113号民事判决书。

偿责任，赵某对其自身损失的产生亦负有30%的责任。二审法院认为：赵某虽对自身安全有注意义务，但其在通道内奔跑时并没有工作人员制止，且其无法预知刘某会冲出蹦床，故其对自身损害的发生并无过错，不应承担责任，一审认定赵某自负30%的责任不当，予以纠正；本次事故虽由刘某直接导致，但山东某公司作为经营者，未尽到相应管理责任，对于防止危险的发生具有过失，鉴于刘某一方未提起上诉，不调整其承担的40%的责任，山东某公司承担剩余的60%的责任。一审法院在“法院认为”的裁判说理部分援引了民法典第1198条全部内容，在“依照……，判决如下”的法律依据部分又依照的是民法典第1165条、第1172条；二审法院适用的是侵权责任法第37条，并列明了该条两款全部内容。可见，相关判决书就法律依据与责任类型适用理由的解释说理并不清晰，条文引用与责任适用存在较大的随意性。

在51份判决中，有1份特殊的再审判决是基于对事实与法律的准确理解，说理充分的按份责任判决。① 当事人陈某明在某公司经营的水上滑梯项目游玩时，从滑梯下水后尚未站稳即被之后滑下的游客撞倒压到头部导致受伤。一审法院酌定某公司承担全部损害20%的责任。陈某明不服一审判决，提出上诉。二审判决驳回上诉，维持原判。二审法院认为：陈某明的损害由其后游客未尽到谨慎注意义务直接导致，但该侵权人尚无法确认，其责任可在明确实际责任人后由实际责任人承担；某公司不是直接侵权人，但未举证证明其尽到了安保义务，包括游玩前的警示告知和游玩中的保护措施，具有一定过错，应承担违反安保义务责任；陈某明未尽到对自己的谨慎注意义务，对其自身损害的产生也有过错。根据二审法院的表述，第三人尚处于无法确认状态，待确认后其应作为实际责任人承担侵权责任，这表明二审法院认为安保义务人承担的是附带追偿权的20%的补充责任，案件事实似乎也符合第三人介入情况下违反安保义务承担补充责任的情形。但再审法院提出：本案中第三人在滑梯中高速滑行时无法控制其

---

① 参见湖南省高级人民法院（2020）湘民再38号民事判决书。

自身行为，受害人损害发生的根本原因是某公司工作人员未确认前一游客已离开滑梯即允许后一游客滑下，该公司工作人员的过失行为直接导致了损害发生，该公司应承担侵权责任，而不是补充责任；受害人自身也有过错。综合比较各方的过错以及对于损害产生的作用力，应由安保义务人某公司承担90%的责任，受害人自负10%的责任。也就是说，再审法院认为第三人无过错，损害直接来自有过失的工作人员，某公司违反的是自己侵害防止型安保义务，而非违反第三人侵害防止型安保义务，因而该公司承担的是直接侵权责任，与有过错的受害人按过错程度和原因力分摊责任份额。这一再审判决在清楚认定案件事实、准确认定事故原因，以及对按份责任与补充责任的适用条件准确区分的基础上，作出了正确的按份责任判决。

三、违反安保义务按份责任司法裁判之问题

毫无疑问，在民法典第1198条第2款明文规定为补充责任的情况下，仍有法院作出按份责任判决，说明这些法院对相关条文的理解有误或是对民法典地位认识不到位。通过前文对按份责任判决事实特征与裁判理由的考察，可以发现其中存在以下几方面具体问题。

（一）民法典第1198条适用条件及法律效果的解释错误

部分按份责任判决中存在较明显的法律适用错误，可从具体的数个案件抽象出相关纠纷诉讼裁判中普遍存在的同类问题，主要有法律适用条件混淆情况下的规范援引错误、补充责任与按份责任概念混淆情况下的法律解释错误。

1. 民法典第1198条第1款与第2款适用条件混淆的规范援引错误

不符合规范适用条件、不满足某一责任构成要件，却依据某条款判决承担该责任的，便属于规范援引错误、法律适用错误。本文所收集到的案例中不乏法律适用错误的判决，由于混淆规范适用条件，对应适用民法典第1198条第2款补充责任规则的案件，错误适用了第1款而得出按份责任结论。

在 51 个按份责任判决案例中，第三人作为即时侵权且安保义务人仅违反第三人侵害防止型义务间接侵权的有 33 个，此 33 个案件为毫无争议应适用补充责任的。而其中适用民法典第 1198 条（或侵权责任法第 37 条）第 2 款或者适用全部条文表述为“承担补充责任”的仅有 15 个，也就是说，其他 18 个案例①都是应适用第 2 款补充责任而错误适用了第 1 款，径行在有过错的侵权人间分配了全部责任，并未考虑、讨论补充责任这一责任形态，这是对两种安保义务类型、民法典第 1198 条两款适用条件混淆导致的法律规范援引错误。违反安保义务规则共两款，无论作何理解，在第三人介入时都不应仅适用第 1 款，即使并未理解该条第 2 款的安保义务限于违反第三人侵害防止型安保义务，仅凭该款文义上的构成要件“第三人的行为造成他人损害”“未尽到安全保障义务”，存在第三人时也应适用该条第 2 款，除非法院在认定案件事实的过程中出现错误，没有考虑到第三人的存在。但这 18 份判决在案件事实认定部分都提到了第三人行为，且大部分判决甚至还确定了第三人的责任份额，因而无法对法院在存在明显第三人时不适用第 2 款作出合理解释，可作两种猜测：一是裁判者并不知晓此处存在补充责任的适用；二是裁判者认为此处应各自承担自己责任而非补充责任，属于责任适用条件混淆。总之，在前述案件中存在对两款内容的适用条件理解不清导致的法律适用错误。

2. 补充责任与按份责任概念混淆的法律解释错误

本文所统计的是 51 份按份责任判决，但其中判决依据有违反安保义务规则民法典第 1198 条第 2 款的补充责任条款，即法院本意是判决补充责任，表述也为补充责任，但最终效果实为按份责任，也就是学界有研究提

---

① 这 18 份判决中，有 4 份直接依据侵权责任法第 37 条第 1 款，另外 14 份适用民法典第 1198 条（或侵权责任法第 37 条）全部条文而未明示为“补充责任”。这 14 份判决中，部分判决仅表述为“依据第××条”，部分判决罗列了这两条的全部条文内容，包括第 1 款和第 2 款，因为没有都写明补充责任，笔者默认其具体适用的是第 1 款。

到的“补充责任按份化”问题。[①] 补充责任是处于第二顺位的责任，是非全额的、相应的补充责任，是对直接侵权第三人享有追偿权的；而按份责任依法律规定是指在二人以上分别侵权造成损害时，侵权人各自承担相应的责任。显然补充责任和按份责任之间是存在明显区别的，是两种完全不同的责任形态，不可混淆。对于上述问题，笔者将其概括为对补充责任与按份责任概念理解混淆导致的法律解释错误。

51份按份责任判决中有18份判决表述为承担补充责任，但在责任分配上实际为按份责任，判定过错各方承担的责任比例之和为100%。例如，黑龙江有两个法院分别在判决书中写到“本院酌定冷某文承担80%赔偿责任，某旅游公司承担20%补充赔偿责任”，“认定由申某家承担70%的第三人侵权责任，由某公司承担30%的补充责任，于法有据，本院予以维持”。[②] 安徽某法院似乎将补充责任理解成了小部分责任，对侵权责任作了如下划分：当事人胡某勇违法经营旅游项目致人损害，过错较大，应承担主要赔偿责任，依法赔偿章某损失总额的85%；章某因过错，自己承担总损失的10%；某公司承担补充赔偿责任，赔偿章某损失总额的5%。[③] 另外，有一案件当事人提出的诉讼请求及理由中也出现过此种“小部分责任”理解，请求直接侵权第三人作为实际侵权人负事故的大部分责任，安保义务人承担30%的补充责任，可见该当事人也对补充责任的理解有误。[④]

实务中也不乏一些案例一审判决存在“补充责任按份化”的问题，二审法院发现错误后改判纠正为真正的补充责任。比如，在湖南省岳阳市中

---

① 参见宋春龙：《诉讼法视角下的先诉抗辩权研究——兼评民法典各分编草案中的先诉抗辩权》，载《政治与法律》2019年第3期；谢鸿飞：《违反安保义务侵权补充责任的理论冲突与立法选择》，载《法学》2019年第2期；黎晓道：《补充责任按份化的实证分析》，载《管理观察》2017年第18期。

② 参见黑龙江省哈尔滨市呼兰区人民法院（2019）黑0111民初1940号民事判决书、黑龙江省哈尔滨市中级人民法院（2019）黑01民终463号民事判决书。

③ 参见安徽省歙县人民法院（2015）歙民一初字第00956号民事判决书。

④ 参见辽宁省抚顺市中级人民法院（2017）辽04民终1146号民事判决书。

级人民法院裁判的一案①中，一审法院认为，汽车站疏于管理，准许无关车辆进入站内，未尽到安保义务，应承担相应的补充责任，且酌定直接侵权人和安保义务人分别负80%、20%的赔偿责任。一审判决即存在补充责任与按份责任混淆下的法律解释错误，虽适用补充责任，但因为对补充责任概念存在误解而实际错判为按份责任，作了责任的整体份额分摊。该院二审判决则纠正了一审判决的错误，对补充责任作出了准确解释："安保义务人的补充责任应从两个层次作出理解，即直接侵权第三人可以确定的，由直接侵权人承担侵权责任；加害人无法确定或者无力赔偿的，安保义务违反人在其能够预防损害的范围内承担补充责任。"具体到该案，因直接侵权第三人确定且投保了足额保险，具有赔偿能力，损失应当由第三人全部赔偿，并由保险公司全额代为赔偿，汽车站不承担赔偿责任。另外，二审法院还认定了汽车站与第三人的行为不属于侵权责任法第11条和第12条的情形，不构成无意思联络的共同侵权，即二者之间的责任不是连带和按份的关系。可见，该二审判决既准确区分了补充责任与按份责任的适用条件，以及违反安保义务规则第1款与第2款的适用条件，避免了法律适用条件混淆时的规范援引错误，也准确区分了补充责任与按份责任的法律效果，避免了补充责任与按份责任混淆时的法律解释错误。

（二）违反安保义务按份责任的构成要件与法律依据不明

通过前文对51份按份责任判决的统计分析可知，法院在运用形式逻辑三段论裁判案件的过程中，存在不统一的问题，无论是作为大前提的法律规定，还是作为小前提的依证据所得的案件事实，以及作为推论的判决内容都各异。具体来说，案涉第三人行为以及所违反安保义务类型都形态各异，各案不一，但根据类案同判的要求，要得出相同判决，具体到本研究就是按份责任判决，应该要有相似的案件事实。而本研究所收集到的51份按份责任判决案件事实形态各异，有第三人即时侵权、第三人行为延时侵权，有第三人故意侵权、第三人过失侵权，有安保义务人违反自己侵害防

① 参见湖南省岳阳市中级人民法院（2020）湘06民终32号民事判决书。

止义务、违反第三人侵害防止义务，这些案件都被判决为按份责任，且其所适用的法律依据也都不统一，存在四种完全不同的规范援引方式。这显然是存在问题的，说明对究竟什么时候、在何种案件类型下、依据哪一规定判决第三人与安保义务人承担按份责任认识并不准确，即对按份责任的构成要件和法律依据都尚未形成统一答案。

四、违反安保义务按份责任司法现象的规制

（一）统一违反安保义务侵权的责任适用标准

由于民法典第1198条第2款对第三人行为类型、安保义务类型、损害类型都没有附带限定词，因果关系和过错也不存在推定的特殊规定，故单从这一款内容的文义来看，补充责任的构成要件似乎没有其他限制条件，只要“第三人行为造成他人损害+安保义务人未尽义务”，便分别承担直接责任与补充责任，无其他责任形态适用之空间。但经考察立法机关所作相关法律释义可知，该条第1款与第2款分别对应两种内容不同的安保义务类型，且分别规定了两种侵权情形及不同的侵权责任：一种是安保义务人未尽到防止他人遭受义务人自己行为侵害的安保义务，应当承担侵权责任；另一种是安保义务人未尽到防止他人遭受第三人行为侵害的安保义务，应当承担相应的补充责任。① 也就是说，两款用词虽都是“未尽到安全保障义务”，但实则非指代同一义务，也非涵盖所有的安保义务，而是分别有所限制：第1款限于违反自己侵害防止型安保义务，第2款限于违反第三人侵害防止型安保义务。可见，补充责任的适用限于第三人直接侵权时安保义务人违反第三人侵害防止型安保义务间接侵权的情形，即补充责任的适用条件问题，立法者原意是“第三人直接侵权+违反第三人侵害防止型安保义务间接侵权”，而并非所有第三人侵权与违反安保义务结合致害都适用补充责任，排除了二者同时直接侵权的情形。这一不能适用补

---

① 参见黄薇主编：《中华人民共和国民法典侵权责任编解读》，中国法制出版社2020年版，第140–141页。

充责任的双直接侵权情形，似乎给按份责任等其他责任形态的适用预留了空间。侵权责任法中按份责任的一般性规则是民法典第1172条的规定，无意思联络分别侵权造成同一损害，数名侵权人根据原因力比例各自承担相应责任，即为按份责任，而该条文中的“造成”也即说明了数人侵权都各自直接实施加害行为产生了损害，是损害发生的直接原因而非间接原因。安保义务人违反民法典第1198条第1款规定的自己侵害防止型安保义务直接侵权，本应承担自己责任，若同时介入了同为直接侵权的第三人，二者行为相互独立、无意思联络，仅是在第三人的侵害行为发生时，安保义务人自己的设施设备或服务也发生了危险实害，二者对受害人造成了同一损害后果。两个侵害行为与损害结果具有时间与空间上的同一性，这便正是民法典第1172条所要规制的情形。因此，第三人直接侵权与违反安保义务直接侵权结合的情况下，即双直接侵权，适用按份责任，民法典第1172条与第1198条第1款可作为法律依据。由此，按份责任适用的唯一情形与法律依据都得到了明确。

另外，第三人不作为情况下有持续危险的物件侵权应拟制为安保义务人对自己物件管理不当，系违反了自己侵害防止型安保义务的直接侵权，认定其承担按份的自己责任。51份判决中有16份是第三人于安保义务场所内抛弃或遗留物件而延时致害，例如，餐厅内第三人过失遗忘垃圾致人摔倒，农贸市场内第三人掉落冰块致人滑倒，小区内第三人乱丢果皮致人摔伤等。① 第三人行为虽存在外部性、不确定性、不可控性，但此情形中原属于第三人的物件被放弃管理、长时间滞留在安保义务场所内并不会自发变动，义务人便对该物同自己物件一样享有充分的管理权限与控制能力，该物即可被内化为安保义务人管理、控制范围内的“自己的危险”。从激励与预防角度考虑，这一拟制使安保义务人承担更大责任，可以督促其履行义务，减少类似侵权行为。

---

① 参见新疆维吾尔自治区乌鲁木齐市中级人民法院（2018）新01民终1232号民事判决书、浙江省海盐县人民法院（2017）浙0424民初2308号民事判决书、河南省平顶山市中级人民法院（2021）豫04民终2610号民事判决书。

（二）强化对裁判行为的监督管理

明确、统一的规则是法律适用的前提，规则的准确适用及其作用的充分发挥也离不开法院正确的裁判行为。违反安保义务按份责任司法现象中之所以存在判决差异在于对民法典第 1198 条的理解不足等原因。要解决这些问题，需要加强对司法裁判行为的管理与监督。

一方面，要深化法官职业素养与能力建设。具体来说，要加强法律规范学习，准确理解法律条文；要强化法律适用能力，减少、避免法律适用错误；要提升司法裁判素养，在依法裁判的基础上合理把握自由裁量权，确保裁判结果合理合法；要通过持续的专业培训和经验积累，不断提升法官的法律素养和专业能力，提升司法适用精准度。另一方面，要优化审判监督制度。要强化案件质量评查力度，以地区自查、地区交叉互查等方式实现从案件抽查向逐案评查的转变；要进一步推进司法公开，借助社会力量共同完成审判监督。① 从以上两个方面对法院适法过程与裁判行为进行控制、管理和监督，显然不仅可有效适用于本文研究的违反安保义务按份责任判决中存在的问题之解决，且可延伸至整个司法体系与全部裁判行为中，以维护司法活动的公正与权威。

（本文仅代表作者个人观点）

① 参见龙宗智：《影响司法公正及司法公信力的现实因素及其对策》，载《当代法学》2015 年第 3 期。

数据保护视域下数据信托的适用逻辑与制度展开

焦富民* 徐 皓**

在数字经济蓬勃发展的时代背景下，个人数据的价值日益凸显，党的十九届四中全会历史性地提出将数据列为“第五大生产要素”参与分配。① 对于众多国内外互联网公司而言，个人数据是其追求个性化服务的关键。为了更精准地满足用户需求，这些公司大肆收集和利用用户的个人数据，而这一做法的普遍存在对个人数据安全不可避免地带来极大威胁。尽管我国陆续制定相关法律法规和政策制度以加大对个人信息的保护，但各种非法收集和违规利用个人信息的问题仍然层出不穷。为在确保数据安全的同时充分挖掘数据价值，一系列带有数据信托元素的探索为个人数据保护提供了新的思路。在政策层面，《中共中央、国务院关于构建数据基

* 南京财经大学法学院教授、博士生导师。

** 南京财经大学比较法研究所研究人员。

① 参见《中共中央关于坚持和完善中国特色社会主义制度 推进国家治理体系和治理能力现代化若干重大问题的决定》，载《人民日报》2019年11月6日。

础制度更好发挥数据要素作用的意见》（以下简称“数据二十条”）明确提出“建立健全个人信息数据确权授权机制”，为数据信托的发展提供了可行性。因此，通过引入第三方机构作为数据信托的受托人，以在数据关系中平衡隐私保护与数据可交易价值之间的冲突，有望从根本上缓解数据权利方与数据使用方之间的结构性差异。

一、问题检视：数据泄露之反思

（一）个人数据保护的现状

随着信息革命的持续深入和网络化、数字化、智能化社会的发展，网络应用和数据服务在为广大用户提供前所未有的便利和丰富服务的同时，也生成了海量用户个人数据，带来了前所未有的风险与挑战。一方面，当用户决定更换网络服务商时，如何便捷、安全地将个人信息从原平台调出并转移至其他网络平台成为一个亟待解决的问题；另一方面，海量的用户数据主要由少数几家互联网平台企业掌控，这种近乎垄断的控制格局致使用户作为数据权利方与掌握数据的互联网平台企业之间存在明显的地位失衡，某种程度上制约了数字经济的健康发展。

为了既保证用户个人数据的安全和合法权益，又进一步推动数据的自由流通和促进数字经济的发展，欧盟历经四年多的协商和辩论后在2016年通过了《一般数据保护条例》，该条例于2018年5月25日正式生效。《一般数据保护条例》第20条首次从立法层面确立了数据可携带权，赋予数据权利方具有包括数据可携带权在内的自决权，并明确要求数据使用方协助数据权利方自由转移个人数据信息。① 这一创举在世界范围内获得广泛认可，不少国家和地区纷纷效仿，通过立法明确保障个人数据可携带权。例如，自2020年1月1日起实施的《美国加利福尼亚州消费者隐私法案》（California Consumer Privacy Act）明确赋予了数据权利方的数据可携带权。

---

① 参见《欧盟〈一般数据保护条例〉》，瑞柏律师事务所译，法律出版社2018年版，第56页。

这一权利确保数据权利方有权以“便携”和“易于操作”的方式，轻松获取其个人数据，在技术上可行的前提下，还可以自由地将这些数据传输至第三方。我国自 2021 年 11 月 1 日起施行的个人信息保护法第 45 条也明确规定了个人信息控制者必须承担协助信息主体转移信息的义务，以确保个人数据流通的合法性。

数据可携带权的设立，既顺应了在立法层面明确个人信息保护的大趋势，也对平台的数据垄断问题作出了一定程度的回应，成为突破个人信息共享和利用壁垒的创新。但目前我国在数据可携带权方面的落地实践还处于初始探索阶段，个人信息保护法对于数据可携带权的界定、行使方式等核心要素的规定存在空白。特别是当下，解决数据权利方和数据使用方之间地位失衡的问题显得尤为迫切，这对于保障数据可携带权的顺利行使和推动数据市场的健康发展具有至关重要的意义。

（二）数据泄露的溯源探索

1. 现实短板：数据权利方与数据使用方地位失衡

如前文所述，数据权利方和数据使用方在数据流转过程中的地位是不对等的。数据使用方为了合同形式和内容达到合法性要求，会在前期花费大量的精力研究制定合同格式条款，这也就导致了其在规则的制定上占据绝对优势。而作为提供数据的用户，面对格式合同，除了选择同意与否之外，并不具有发言权。正是基于对数据权利方弱势地位的考量，我国相关法律法规明确了数据可携带权等相关权利。然而在实务中，数据权利方同意数据使用方收集数据后，往往就会陷入一种信息盲区，难以预料到数据使用方后续行为的真实情况以及可能带来的潜在风险。

2. 市场乱象：数据权利方与数据使用方信任危机

当下的数据市场笼罩在信任缺失的阴影之下，业已成为制约市场稳定和发展的瓶颈。而个人数据唯有在流动中才能体现其独特的价值，基于在不同主体之间自由高效地传输和使用，不同的市场主体才可根据自身需求获取并利用这些数据。在数据交易的各个环节中，作为市场经济运行的基石，信任的缺失会影响数据的流通和价值的创造，严重阻碍数据市场的顺畅运行。

虽然在立法层面明确了保障个人数据的合法权益，在一定程度上遏制了数据信息泄露的风险，但是随着公众对数据交易市场不信任的加深，其会减少在数据交易市场中的参与度，从而影响到数据交易的总体规模。另外，个人对数据交易市场的不信任还会引发社会舆论的负面评价，加剧公众对数据交易市场的担忧和疑虑。而数据使用方的大量需求则会刺激非法数据交易活动的产生，其涉及的大多是未经授权的数据交易，如此则进一步破坏数据交易市场的公平性和透明度，形成恶性循环。

（三）数据保护的域外启示

相较于传统赋权保护利益的模式，美国、英国和日本等国家开始实践数据信托理论，探索个人数据保护的新路径。尽管在实际运用过程中存在诸多需要改善的地方，但数据信托理论所展现出的应用潜力和可行性已经不容忽视。与二元主体模式不同，第三方数据信托理论通过引入独立的第三方主体，打破了二元主体地位不对等的僵局，进而化解了数据市场的信任危机。①

在这样的框架下，数据权利方通过信托行为将个人数据交给第三方信托机构，并委托其对个人数据进行管理。数据信托机构以维护受益人最大利益为原则，履行谨慎有效的管理义务，确保信托数据财产的安全和增值。不仅如此，受托人有义务向受益人提供有关信托财产的信息和财务报告，确保受益人能够了解信托事务的处理情况和信托财产的状况。②

在传统数据利用的过程中，数据使用方通常在收集阶段并未完全告知数据权利方数据的具体用途、处理方式和潜在风险，数据权利方对其后续处理行为只能选择被动接受，这也导致了双方的信任问题日益凸显。第三方数据信托机构的介入，将数据从双方利益纠葛中剥离出来，成为数据存

---

① 参见田奥妮：《第三方数据信托：数据控制者义务的困境及其破解》，载《图书馆论坛》2022 年第 8 期。

② 参见黄京磊、李金璞、汤珂：《数据信托：可信的数据流通模式》，载《大数据》2023 年第 2 期。

储与使用之间的一道防火墙，从结构上可以避免出现数据使用方既当运动员又当裁判员的局面。

二、法理兼容：数据信托契合信托制度要求

作为新兴的概念，目前数据信托仍处于理论与实践的初级阶段，各方对其具体应用的设想和探索还在不断深入。在引入第三方信托机构介入数据交易市场之前，必须厘清其理论与现实层面的契合性。

（一）逻辑证成：数据信托的框架论证

通过倡导第三方机构的积极参与，以构建包括企业、政府以及其他公益机构在内的多方主体共同参与的个人数据保护治理机制，这一倡议的内在逻辑源于对政府治理与监管的局限性认识。尽管政府和监管机构的努力值得肯定，但与形成良性健康的市场环境还有一定距离和空间。而以第三方信托机构为主导的数据信托则被寄予厚望，其在权利和义务架构方面与传统信托存在高度吻合性，主要表现在以下几个方面。

1. 权利结构匹配

数据具有多样性和复杂性，包括个人数据、企业数据和公共数据等。不同类型的数据会涉及不同的权益主体和利益诉求，而数据权属的界定尚未被明确。在数据交易市场中，数据使用方追求通过低成本获取高回报的数据价值；而数据权利方的诉求则是在保障安全和隐私的前提下，享受服务商的个性化服务；国家则希望数据市场能够平稳健康运行。这就可能进一步导致个人数据赋权陷入既无可能也无必要的境地。一方面，数据使用方通常拥有更多的信息和技术资源，在提供服务的同时，也在后台默默收集数据，而数据权利方对于自己数据被收集的情况往往一无所知，更不用说行使数据所有权；① 另一方面，数据权利方并没有主动促成数据产生，假使刻意进行赋权，会导致数据使用方在收集数据时面临更高的成本，而

① 参见周汉华：《数据确权的误区》，载《法学研究》2023年第2期。

该成本最终又被转嫁到消费者身上。① 在政策层面，“数据二十条”遵循“淡化所有权、强调使用权”的思路，则巧妙地回避了数据权属的争议。

基于此，数据信托机制提供了一种可操作的个人数据保护的行为控制模式，通过数据权利方将数据占有权委托给数据信托方，由其遵循维护受益人最大利益原则加以管理和经营并提供给数据使用方按照需求进行使用，以实现对数据使用方的制衡。② 这一点在“数据二十条”也得到相应的体现：一方面，强调要“保障数据来源者享有获取或复制转移由其促成产生数据的权益”；另一方面，要求“合理保护数据处理者对依法依规持有的数据进行自主管控的权益”，形成了“数据占有权+数据使用权 ”的两权分离模式。数据占有权是以自主意思对数据掌控的认可，数据信托方有权排除他人未经授权的侵害，更多地表现为一种防御性权利，最大化保护和救济数据权利方的权益。数据使用方则需恰当行使其使用权，在保障安全的前提下实现其核心利益。这种权利结构的设计，旨在平衡各方利益，确保数据的安全流通与有效利用，进而推动整个数据市场的健康发展。

2. 知情同意与意定信托匹配

在现行法律体系中，知情同意与意定信托中的意愿指定在本质上具有相似性，都强调了对个体意愿的尊重和保护。③ 具体而言，在信托法律关系中，倘若受托人没有获得受益人的明确授权就使用其数据，则被视为违法行为。然而，在实践中，一些服务提供者可能会利用复杂的法律条款或技术手段来规避知情同意的要求，这种权利保护模式在实际效果上显得相对薄弱。恰如有学者所言：“同意制度很大程度上已经沦为一种形式，个

---

① 参见高富平：《数据生产理论——数据资源权利配置的基础理论》，载《交大法学》2019 年第 4 期。

② 参见冯果、薛亦飒：《从“权利规范模式”走向“行为控制模式”的数据信托——数据主体权利保护机制构建的另一种思路》，载《法学评论》2020 年第 3 期。

③ 参见张炎坤：《论大数据邻接权保护的正当性及其制度构建》，载《中国发明与专利》2023 年第 1 期。

人要想使用网络服务，只能选择同意来换取网络服务。”①

在以知情同意为基础的模式中，数据使用方往往处于主导地位，数据权利方一般很难再了解数据的后续使用情况，更不用说主张其合法权益。信托的设立是建立在信任基础之上的，这一点与数据保护中尊重个体意愿的原则不谋而合。因此，在构建和完善数据保护法律体系时，可以借鉴传统信托关系中尊重和保护委托人的个人意愿与知情同意的理念，以更好地保障数据权利方的权益和意愿得到充分尊重和实现。

3. 主体关系要素契合信托机制

传统信托关系往往涉及复杂的法律、财务和投资领域，对于不具备这些领域专业知识的委托人来说，很可能难以理解信托的具体运作方式和潜在风险，从而在决策过程中处于不利地位。这与个人数据关系中数据权利方和数据使用方地位失衡的现象如出一辙。而在传统信托架构中，通过设立信义义务来要求受托人将自身利益置于受益人利益之下，一切从维护受益人利益出发，进而规避风险以保护受益人的权益。

在个人数据关系中引入第三方信托机构，数据权利方可以将个人数据委托给这些专业的第三方机构，以此来建立数据信托关系。这意味着对于数据权利方而言，由专业的信托机构在信义义务的约束下，确保信托财产的安全。这些受委托的第三方机构在经营过程中倘若未能按照信托合同的约定履行义务，导致受益人利益受损，将承担相应的违约责任。② 这一机制的实质就在于建立数据使用方与数据权利方之间的信任关系，以改变数据权利方的不利地位。

（二）理论优势：结构定位与现实需要相契合

1. 信托主体：权利方、信托方和使用方三位一体

在引入第三方信托机构构建的数据信托关系中，其法律主体主要包括

---

① 申卫星、李夏旭：《个人数据所有权的赋权逻辑与制度展开》，载《法学评论》2023年第5期。

② 参见丁倍颖：《数据治理双重面向之协同路径——以构建中国式数据信托为切入点》，载《海南金融》2023年第4期。

数据权利方、数据信托方以及数据使用方。在这一框架下，数据权利方作为委托人将其数据委托给数据信托方（受托人）进行管理，同时保留数据权利方作为受益人的权益。

数据权利方主要是指对个人数据享有权利的主体，包括具备完全民事行为能力的自然人、法人和非法人组织。数据权利方既是数据信托的发起者，也是最终受益人。数据权利方可以按照自身意愿设定数据的使用范围和期限等，以确保在安全和隐私能够得到保障的前提下，发挥其数据的价值。不仅如此，作为信托的受益人，数据权利方享有知情权，有权了解和追溯数据信托方对数据的运营情况。

数据信托方是基于数据权利方的信任，获取对数据的管理和经营权限，同时也受到信义义务约束的第三方权威机构。数据信托机构需要具备专业的数据处理和分析能力，根据当事人的委托，及时调整数据管理策略，以确保数据的有效利用和价值的最大化。在处理信托事务时，信托方必须以受益人的最大利益为出发点，尽到合理的注意义务，确保信托资产的安全，并对数据严格保密，不得为谋取自身利益而泄露给任何第三方。

数据使用方是指对数据具有加工使用权利的主体，是数据信托链条中的重要一环，其通过合法渠道从数据信托方处获取并使用数据，以满足自身的业务需求或研究目的。数据信托将数据的使用权与占有权分离，建立清晰的数据权利边界和利益分配机制，避免利益混同而侵害数据权利方的利益。最重要的是，个人数据被集中管理和运营后，数据使用方可以获取更多的数据资源，助力开发新的产品和服务，激发市场活力，逐步实现数据的商业化应用。

2. 标的厘定：数据权属定分止争

数据信托，作为传统信托的衍生制度，理应受到信托规则的制约。根据我国信托法第 7 条的规定，设立信托必须有确定的财产。由于个人数据具有无形性、易复制性和可共享性等特点，使得数据信托的标的在确定性上面临一定争议。

争议观点大致归结为以下为三种：其一，数据信托的标的应为数据的权利，而非数据本身。即主张数据本身并不产生价值，而是其背后得以支配数据的权利，具备支配性和排他性，符合信托财产的要求。① 其二，主张数据财产化，即为数据财产赋权。也就是说，通过二元主体构造，将数据赋权划分为数据制作者权和数据使用者权，进而明确数据信托方的权属界定，从而建立信托关系。② 其三，对数据信托的标的是数据权利还是数据财产权持保留态度。假定数据信托要沿用传统信托模式，则需要进行法律改革。一方面，可以重新定义信托财产，但是会牵涉其他领域数据资产的所有权效力；另一方面，可以为数据信托开辟新的类别，但这需要广泛征求意见 ，会成为一个长期项目。③ 在明确数据信托的标的物之前，更需进一步探讨数据的本质属性和价值来源。

实际上，个人数据的价值源于对数据支配的权利。“数据二十条”也指出，将原始数据提供者纳入数据要素收益主体，参与数据要素的收益分配是具有正当性的。因此，在数据信托制度中，真正的标的并非数据本身，而是与数据相关的权利。借鉴“自物权—他物权”和“著作权—邻接权”的权利分割模式，有学者将这种与数据相关的权利创造性地称为数据使用权，通过“数据占有权 + 数据使用权”的两权分离模式协调多方利益诉求。④ 数据使用权的存在使得数据信托成为可能，并在保护数据权利方权益的同时，促进了数据的合理利用和流通。

3. 信义义务：信托宗旨的具象化

在数据信托的法律关系中，受托人必须为受益人的最大利益，依照信

---

① 参见史园园：《数据治理视角下数据信托的中国化发展进路》，载《北方金融》2022年第8期。

② 参见吴汉东：《数据财产赋权的立法选择》，载《法律科学（西北政法大学学报）》2023年第4期。

③ 参见翟志勇：《论数据信托：一种数据治理的新方案》，载《东方法学》2021年第4期。

④ 参见申卫星：《数据产权：从两权分离到三权分置》，载《中国法律评论》2023年第6期。

托协议和相关法律法规、政策制度履行好管理信托财产的义务。[1] 第三方信托机构与其他主体的利益分离是数据信托的重要特征。通过明确的权利配置和利益分配，数据权利方在数据流通与使用过程中拥有更大的话语权和选择权，进而能够按照自身意愿行使对个人数据的决策权。

与传统信托的权义关系相同，在数据信托关系中，受托人同样承担着注意义务和忠实义务。注意义务要求受托人在处理信托财产时保持谨慎的态度，避免数据权利方的合法权益遭到不应有的损害。同时，受托人还应当采取数据访问控制、加密传输和定期备份等保护措施，以降低数据被泄露和破坏的风险。

忠实义务则要求受托人在处理信托事务时，必须为受益人忠实服务，以受益人的最大利益为宗旨，不得将数据用于非法或未经授权的活动。[2] 受托人在履行职责的过程中，应按照委托人的意愿和指示来处理信托事务，对于处理信托事务的情况和资料负有保密义务，不得随意披露给第三方。若是受托人的过失导致信托财产损失，受托人需要承担相应的侵权或违约责任。

（三）实践支撑：对数据信托模式的积极探索

1. 数据托管：对数据信托模式的新探索

“数据二十条”首次提出个人数据采用“受托者”制度，以发挥个人信息数据的更大价值。2023 年 7 月，中共北京市委、北京市人民政府印发《关于更好发挥数据要素作用进一步加快发展数字经济的实施意见》（以下简称《实施意见》），对“数据二十条”提出的个人数据分享价值收益方式进一步探索，创新性地明确：“允许个人将承载个人信息的数据授权数据处理者或第三方托管使用，推动数据处理者或第三方按照个人授权范围依法依规采集、持有、使用数据或提供托管服务。”这一条款旨在鼓励自

---

① 参见阮神裕：《个人信息委托处理中受托人的地位、义务与责任》，载《当代法学》2022 年第 5 期。

② 参见高凌云：《被误读的信托——信托法原论》，复旦大学出版社 2021 年版，第 108 页。

然人、法人和非法人组织将其数据交由第三方进行存储、管理和经营。

《实施意见》强调遵循“开放是常态、不开放是例外”原则，明确数据托管服务提供者不仅需要遵守相关的法律法规和合同约定，确保数据运营的合法合规，还需采取相应的技术措施和管理措施，如数据加密和访问控制等，来保护数据的安全和隐私。第三方机构对经过“清洗”后的数据进行处理、分析和传输，确保数据得到专业、高效的管理和运营。这一创新举措预示着数据治理的新方向，有望为数据经济的发展注入新的活力。

2. 喜马大健康：带有数据信托色彩的新尝试

喜马大健康是一家致力于以科技推动新中医发展的平台，运用人工智能等信息化手段辅助诊断的前沿技术研究，构建个人健康数据系统，实现数据的高效互通，并同时保证用户数据的安全和隐私性。用户可将个人真实数据储存在专属的电子健康档案中，经过脱敏和加密处理后上链，避免中心服务器上数据被篡改和丢失的风险，从而建立起个人健康数据系统。在该系统中，只有获得用户明确授权后，医生、医疗机构等方可访问或使用用户的数据。

喜马大健康的运行机制体现的是数据信托的核心理念与价值，既保障用户知悉个人健康数据在平台的管理情况，也促使数据的分享与流通。通过构建个人健康数据中心作为中介机构，打破数据孤岛现象，实现数据使用价值的最大化。

因此，结合目前我国实际情况，引入第三方机构构建数据信托具有较大可行性。其一，数据信托可以提供透明、可追溯的数据处理和管理环境，让公众更加清晰地了解数据的使用方式、目的以及流向，从结构上扭转信任赤字的局面。其二，现有的数据收集与处理模式易使数据使用方在个人数据领域拥有绝对话语权，而数据信托方的核心职责在于帮助数据权利方与数据使用方进行公平交易。其三，数据是在不断流通中产生价值的。数据信托可以将零散的个人数据集中起来，吸引更多的数据权利方和数据使用方参与数据交易和使用，促进数据市场的繁荣和发展，更符合我国建设数字中国、发展数字经济的战略需求。

三、实现方式：我国数据信托的制度展开

作为一种创新的数据管理模式，数据信托在本土化的实践过程中不可避免地会遭遇一系列的理论争议与实践挑战。因此，在构建其应用路径时，不仅要对现有的理论争议给予充分回应，而且需要前瞻性地考虑未来实际操作中可能遇到的各种情况，如此才能确保数据信托在我国顺利运行，并充分发挥其在数据管理利用方面的优势。

（一）主体要件：第三方信托机构准入之锚定

英国学者劳伦斯强调，不宜把信托责任给予数据使用方，而是在数据权利方和数据使用方之间，引入第三方信托机构，受托者凭借自己的专业知识和能力来帮助数据权利方对抗数据使用方。[①] 这一主张取代了美国学者巴尔金曾提出的让数据使用方扮演数据受托者角色的观点，[②] 逐渐在国际社会达成共识。在三方主体模式下，可信赖的第三方中介机构成为数据信托成功设立的关键因素，此种集体管理组织制度亦得到了政策层面的认可。“数据二十条”提出“探索由受托者代表个人利益，监督市场主体对个人信息数据进行采集、加工、使用的机制”，此处规定的受托者与数据信托机构类似。考虑到数据信托涉及众多主体和庞大的数据量，并非所有的第三方机构都适合担任数据信托机构。为确保第三方机构的适格性，建立适当的准入与监管机制显得至关重要。这些机制旨在确保第三方机构具备足够的专业能力和信誉，从而能够胜任数据信托的重任。

1. 拥有数据处理能力

个人数据因其隐私性和敏感性而具有独特的价值，这要求对其处理应尤为审慎和专业。第三方信托机构的硬件设施必须达到行业的高标准，满足对数据全面保护的要求，从而保证个人数据的安全。除了数据的妥善保

---

① Delacroix S., Lawrence N., “Bottom-Up Data Trusts: Disturbing the ‘One Size Fits All’ Approach to Data Governance,” *Social Science Electronic*, April, 2019, p. 236.

② Balkin J. M., “Information Fiduciaries and the First Amendment,” *Social Science Electronic*, July, 2016, p. 122.

存外，第三方信托机构还应精通对数据的分析和加工，并能对个人数据进行客观定价。稳定和安全是整个数据处理过程中的核心要素，任何疏忽都可能给数据主体带来难以弥补的损害。为保障数据的绝对安全，第三方信托机构的所有数据管理与运营活动都应在国家网信部门的严密监控之下进行。

2. 具备政府许可资质

与日本采取由机构自愿认证式的准入方式不同，鉴于我国部分企业和个人通过非法手段获取公民个人数据的乱象频发，应采取强制审查的准入形式。在审查过程中，根据组织架构、技术能力以及风险防控等多方面因素，对第三方数据信托机构的准入条件进行严格把控。在设立阶段，第三方数据信托机构需要具备一定的技术实力，包括但不限于数据处理、分析和安全保护能力。国家监管部门应评估第三方信托机构是否采用了先进的技术手段来保护客户数据的安全和隐私，以及是否具备应对各种网络安全威胁的能力等。同时具备上述条件后，方可发放特许经营许可证。这样可能确保第三方信托机构的专业性和合规性，为数据信托的有效设立提供坚实的保障。

3. 构建安全保障机制

第三方信托机构在保护委托人个人数据安全方面，除了接受外部监督外，机构内部也应设立专门的数据安全管理部门。第三方信托机构应明确数据安全的责任人，负责数据的日常监控和应急响应，避免机构内部权力异化现象发生；同时，进一步细化数据的收集、存储和处理的规范，确保数据经营的合法性和安全性。另外，在与委托人的数据交互中，第三方信托机构应保证信息的公开透明，及时向委托人汇报数据处理的情况，并尊重委托人的知情权和选择权；在数据使用目的、范围和时限等方面，第三方信托机构也需获得委托人的明确同意，并严格遵守合同约定和相关法律法规、行业标准。

（二）运行保障：三重监督助力健康发展

1. 第一重监管：政府宏观调控

政府自上而下的监管对数据信托至关重要，可以确保数据信托在合法合规的前提下进行，尊重人权并推动数据要素的流通，在使广大网络用户能够分享数字红利的同时，也为企业创设稳固的市场基础，进而充分释放个人数据这一关键基础要素的价值。① 然而，考虑到数据信托的运行涉及信息技术学、法学和经济学等多个领域，一般政府部门可能难以拥有这样的跨领域专业知识来监督其运行，因而应由专门的数据管理部门负责数据安全保障体系建设，组织实施数据的安全保障工作，并定期开展风险评估工作，促进数据资源的政用、民用和商用。

2. 第二重监管：市场自我调节

行业自治机构作为与政府部门沟通与协作的桥梁，应发挥自律作用，加强行业内的自我约束和自我管理，助力形成“守信者受益、失信者受限”的市场环境。数字经济时代，市场声誉机制可以迅速对信托机构的表现作出反馈并能够反向约束，使信托机构在履行忠实勤勉义务方面更加努力。这不仅有利于提高信托机构义务履行的透明度，还能提供衡量和评价信托机构义务履行情况的标尺。

3. 第三重监管：数据权利方民主监督

数据权利方作为数据信托的受益人，理应享有相应的监督权利，可以及时了解信托机构运营状况和风险控制情况。为了确保数据权利方的权益得到充分尊重和维护，第三方信托机构应当高度重视并保障数据权利方的数据被遗忘权。在构建数据运营平台或其他数据收集平台时，应设置明显且易于操作的个人数据遗忘标志，并提供简便快捷的同意遗忘途径，以便数据权利方在必要时能够迅速、无障碍地行使权利。

综上所述，“数据二十条”的实施，为我国数字经济的发展指明了方

---

① 参见翟志勇：《论数据信托：一种数据治理的新方案》，载《东方法学》2021 年第 4 期。

向，有利于推动数据要素市场化配置，加快数字经济和实体经济深度融合，为构建新发展格局、推动高质量发展提供有力的支撑。在现行数据治理模式中，数据权利方与数据使用方地位严重失衡，以至于数据市场信任危机不断加剧，难以实现充分激活数据要素价值、赋能实体经济和推动高质量发展的目标。数据信托为解决这一现实矛盾和不平衡的权利结构问题提供了新的思路。然而，由于数据信托的复杂性和新颖性，其法律地位、运作方式、监管机制等方面尚未有明确的法律规定。为此需要深入梳理学术争议，借鉴国际先进经验，积极探索适合我国国情的数据信托模式，充分维护个人数据权益，释放数据红利，促进数据流通和价值创造，为发展数字经济、推动数字中国建设提供更加精准、高效的数据支撑。

（本文仅代表作者个人观点）

文书形成时间鉴定的传统模式与新进路

——以电子病历综合鉴定切入*

贺　娇**　李学军***　许　明****

合同等文书的形成时间是确定文书真伪、是否有效等重要问题的关键要素。对于这一专门性问题，实践中主要通过对纸质文书的字迹、印章、打印痕迹等要素进行鉴定来解决。然而，由于鉴定技术方法可靠性争议大、对比样本难以获得等问题，大量的文书形成时间问题无法通过鉴定解决。随着信息网络技术逐渐成熟和普及，计算机、互联网等应用的范围及深度不断扩展，人们的工作、生活已经与网络不可分离，各类电子文书随之大量出现。这既为文书形成时间鉴定带来挑战——传统的文书鉴定模式和方式难以应对新样态文书的鉴定，也为其带来机遇——鉴于电子数据在诉讼中大量出现，

---

* 本文为证据科学教育部重点实验室（中国政法大学）开放基金资助课题项目“非接触式网络犯罪证据问题研究”（2022KFKT01）研究成果。

** 中南财经政法大学刑事司法学院讲师。

*** 中国人民大学法学院教授、博士生导师，中国人民大学物证技术鉴定中心主任。

**** 中国人民大学物证技术鉴定中心副主任。

电子证据不仅被正式确定为法定证据类型之一，而且各类电子取证、鉴定技术也迅速发展，这为通过电子数据鉴定确定Word文档等电子文书形成时间以及间接认定纸质文书形成时间提供了坚实的基础。早在2012年就有学者提出，“在信息时代书面文件的电子化是大势所趋，传统的文书时间鉴定必然会演变为电子证据的时间鉴定”①。

自2023年12月1日起生效的《手写电子签名笔迹鉴定技术规范》（SF/T 0138—2023）提出，“在司法鉴定领域，通过笔迹特征对手写电子签名笔迹的签名人进行鉴别，属于笔迹鉴定的范畴”。然而，“以传统笔迹形态呈现、以电子数据方式形成并存储的电子化签名，具有笔迹物证和电子数据两种证据归属”②。电子书写系统、工具、载体等电子设备的介入，以及笔迹检材以图像形式的电子文件或数据序列形式的电子文件/数据呈现，使手写电子签名笔迹鉴定不仅需要依据传统笔迹鉴定的知识，还需要借助电子数据鉴定的知识对签名笔迹元数据进行完整性校验和真实性检验。由此可见，文书鉴定与电子数据鉴定并非泾渭分明的不同领域，二者在信息时代呈现明显的交融趋势，已经形成一种基于多鉴定种类的综合鉴定，以应对文书形成时间这样的老问题或者手写电子签名这类新事物。

本文在总结传统鉴定模式下文书形成时间鉴定的技术理论和实践样态的基础上，分析了医疗纠纷案件中通过电子病历鉴定综合确定文书形成时间这一新进路的特点及其实践基础，并提出应当发挥技术与规则的联动作用，合理适用推定等证据规则，以充分解决文书形成时间鉴定问题给司法实践带来的挑战。

一、文书形成时间鉴定的理论概述

依据民法典第135条之规定，法律、行政法规对民事法律行为没有规定采用特定形式的，当事人可以自由选择采用书面、口头或是其他形式。

---

① 刘品新、胡忞：《论电子证据时间鉴定的科学基础》，载《山东警察学院学报》2012年第3期。

② 李学军、陈雨晗：《电子化签名的证据归属及其鉴定面向研究》，载《数字法治》2023年第5期。

但在重要的交易、合作等活动中，人们往往通过载明签订时间的文书确定各方的权利义务关系。一般而言，文书上载明即标称的时间即为文书形成时间，也称文书或文件制作时间或制成时间。但由于诸多原因，实务中常常出现文书标称时间与其真实形成时间不一致的情形，进而影响相关法律事实的认定或相关法律关系的调整以及法律的适用。因此，准确判断争议文书的真实形成时间，成为该文书发挥作用之前需解决的一个专门性问题。我国立法虽未明示，但以多个具体法条确立了“诉讼中专门性问题由具有专门知识的人来解决”这一基本原则。① 司法鉴定是解决诉讼中专门性问题的重要途径，“司法鉴定在延伸裁判者对专门事实的认识能力和补强其他证据的证明力上发挥着重要功能”②。

文书形成时间鉴定，即鉴定人根据构成文书的纸张、字迹和印章印文墨料等各种文书物质材料，以及其他与文书形成时间有关的要素，对争议文书的形成时间进行检验及综合分析后，就该文书形成时间给出意见或判断的一种活动。文书形成时间鉴定的目的可能是确定整份文书或文书的部分内容形成的具体年月日甚至更精确的时分秒，也可能是确定同份文书不同部分内容形成的先后顺序和过程。有研究指出，文书形成时间鉴定的对象具体包括：文书字迹的书写时间，文书打印或印刷时间，文书物质材料生产时间，文书盖印时间，文书装订时间，文书发行与使用时间，文书在使用、保管过程中因主观因素被变更内容或增加附加标记、痕迹的时间。③

文书形成时间鉴定是国内外法庭科学研究领域的热点问题，相关实务专家进行了大量的研究、探索，围绕文书形成时间鉴定技术和方法的研究也有所斩获。④ 我国司法部在 2015 年 11 月 20 日颁行的《文件制作时间鉴

---

① 参见李学军：《诉讼中专门性问题的解决之道——兼论我国鉴定制度和法定证据形式的完善》，载《政法论坛》2020 年第 6 期。

② 汪建成：《司法鉴定基础理论研究》，载《法学家》2009 年第 4 期。

③ 参见贾治辉主编：《文书检验》，中国检察出版社 2010 年版，第 260 页。

④ 参见王婕、胡卫星：《国内法庭科学中文件制成时间检验技术简析》，载《甘肃政法学院学报》2004 年第 4 期；连园园、梁鲁宁、刘建伟：《文件形成时间检验方法综述和评析》，载《证据科学》2016 年第 6 期。

定通用术语》（SF/Z JD0201010—2015）、《打印文件形成时间物理检验规范》（SF/Z JD0201011—2015）、《静电复印文件形成时间物理检验规范》（SF/Z JD0201012—2015）和《印章印文形成时间物理检验规范》（SF/Z JD0201013—2015），以及2018年12月28日国家市场监督管理总局、中国国家标准化管理委员会发布的《文件制作时间鉴定技术规范》（GB/T 37233—2018），涵盖了文书形成时间鉴定的一些通用术语，以及从物理变化的视角，就文书相对形成时间进行鉴定的原理、步骤和方法等。司法部2020年6月23日发布实施的《物证类司法鉴定执业分类规定》第4条、第13条、第14条对文书形成时间鉴定作了系统规定，将文书形成时间鉴定概括分为“基于痕迹特征的文件形成时间鉴定”和“基于材料特性的文件形成时间鉴定”两种，前者主要通过物理方法进行鉴定，后者主要通过化学方法进行鉴定。

以上技术规范的颁布与实施是文书形成时间鉴定领域的重大进展，但也反映出文书形成时间鉴定领域还存在局限之处，而这些局限恰恰是并非所有的文书形成时间异议都可以通过鉴定解决的客观原因。如上文所述，文书形成时间鉴定通常从纸张、油墨等物质材料的化学成分变化规律和文书构成要素及制作机具的物理特征变化规律两个方面切入，但无论是从化学角度还是物理角度，文书绝对形成时间鉴定问题直到今日依然无法解决；且即使通过鉴定得出相对形成时间的鉴定意见，也可能面临该鉴定意见不可靠等争议。

首先，从物理变化视角而言，对印章印文、打印文书以及静电复印文书的相对形成时间有可能予以鉴定。打印机、复印机、印章等设备或工具在使用过程中，由于部件的老化、磨损、污染、维修，或印泥、印油、墨粉等耗材的更换，文书构成要素及制作机具的痕迹呈现出阶段性变化的特征。然而，在正常使用情况下，上述痕迹在短时间内并不会发生显著变化。因此，将检材的阶段性变化特征与各个时间段形成的样本文书上的相应物理特征进行比较时，只能判断出检材文书的相对形成时段，而无法精确到具体日期。例如，印章在使用过程中，会产生胀缩、磨损、磕碰、修补、瑕疵点、人为记号等物理特征变化，这些变化会阶段性地反映在印章盖印的印文上。通过对印章印文的阶段性特征及变化规律进行研究，可以判断同一枚印章盖印的两枚或更多印文是否为同一时期盖印，即可以进行印章印文相对形成时间的鉴定工作。[①] 实践表明，从物理特征角度鉴定文书相对形成时间较为可靠，但其前提是待检文书的形成器具、纸张等的物理特征在使用过程中发生了一定变化，同时，必须具备足够的、可作为比对样本的文书。

其次，从化学成分变化视角而言，在研究笔迹相对形成时间鉴定方法的初期，科研人员就发现书写字迹的油墨配方、承载纸张、文书的保存环境等因素对实验结果均有影响。但受制于科学技术的发展水平以及人类的认识能力，人们对文书形成后其构成物质材料随时间发生变化的规律认识尚不到位，基于现有的研究和探索尚未找到文书形成时间与物质材料变化关系的精细化规律，相关函数关系并没有建立起来。因此，为使时间作为唯一自变量，只有对保存在相同环境中、用同种墨水书写在同种纸张上的墨迹，才能比较其形成先后。[②] 由于很难找到在文书物质材料的具体种类、组成，以及保存、保管等方面与检材文书一致的适格样本文书用于比较，因此，通过化学方法鉴定文书相对形成时间的结果可能不准确，甚至出现错误，这也是最高人民法院司法行政装备管理局 2008 年 2 月 29 日公布的《关于对外委托文件制成时间鉴定有关事项的通知》（以下简称《文件制成时间鉴定通知》）明文规定“不能使用鉴定机构的自备样本进行文件制成时间鉴定”的原因。

二、文书形成时间鉴定的实践检视

通过对案例的分析发现，对于没有纳入技术规范的非“三标法”及据

---

① 参见孙维龙、施少培、卞新伟：《印文大小特征变化在印文盖印时间鉴定中的应用》，载《中国司法鉴定》2009 年第 6 期。

② Brunelle R. L., Cantu A. A., “A Critical Evaluation of Current Ink Dating Techniques,” *Journal of Forensic Sciences* 32, No. 6 (1987): 1522–1536.

此得出的鉴定意见，其科学可靠性的争议较大。即使是已经形成相关技术规范的技术方法，也会因为用于比对的适格样本文书难寻而无法用于鉴定；同时，不同法院、鉴定机构对适格样本文书理解的差异，以及对适用《文件制成时间鉴定通知》观点的分歧，导致类似案件的鉴定结论不一致等混乱现象。概言之，传统模式下的文书形成时间鉴定在司法实践中面临严重的发展瓶颈。

（一）技术方法不科学

《最高人民法院关于人民法院民事诉讼中委托鉴定审查工作若干问题的规定》指出，“拟鉴定事项所涉鉴定技术和方法争议较大的，应当先对其鉴定技术和方法的科学可靠性进行审查。所涉鉴定技术和方法没有科学可靠性的，不予委托鉴定。”据此，法院在委托鉴定前，负有对不同鉴定技术和方法的科学可靠性进行审查的责任。国家或行业制定的相关标准和规范是法院判断技术方法科学可靠性的重要参考。自 2007 年 10 月 1 日起施行的《司法鉴定程序通则》（已失效）第 22 条规定：“司法鉴定人进行鉴定，应当依下列顺序遵守和采用该专业领域的技术标准和技术规范：（一）国家标准和技术规范；（二）司法鉴定主管部门、司法鉴定行业组织或者相关行业主管部门制定的行业标准和技术规范；（三）该专业领域多数专家认可的技术标准和技术规范。不具备前款规定的技术标准和技术规范的，可以采用所属司法鉴定机构自行制定的有关技术规范。”但是，由于各鉴定机构依据自行制定的有关技术规范进行鉴定，导致鉴定实务中乱象频发，严重影响司法公正。因此，自 2016 年 5 月 1 日起生效的《司法鉴定程序通则》第 23 条明确删除了“不具备前款规定的技术标准和技术规范的，可以采用所属司法鉴定机构自行制定的有关技术规范”的规定。这不仅使得理论界和实务界对于是否完全禁止各鉴定机构采用自行制定的有关技术规范进行文书形成时间鉴定争议不断，也直接影响到文书形成时间鉴定的委托及相关鉴定意见的审查认定。

实践中便有案件以“文书形成时间的鉴定事项尚无国家或行业内认

可、统一的检验、鉴定方法”为由，对相关申请不予准许。① 此外，鉴定机构也可能因为“没有相关检验技术和标准”而不予受理文书形成时间鉴定的委托。② 即使成功委托鉴定并得出鉴定意见，对于通过墨迹色阶方法和氧化比色法等非“三标法”得出的鉴定意见，也往往会面临不利方当事人就所用技术方法的科学可靠性而提出的异议，通常表现为对相关技术方法是否属于“该专业领域多数专家认可的技术方法”的异议。③ 更有案例显示，在无法对相关鉴定技术和方法的科学可靠性进行肯定判断的情况下，即使同意委托鉴定申请并得出鉴定意见，也无法确定相关鉴定意见的合理性、科学性，因而相关事实依然处于真伪不明的状态。④

对此，浙江省高级人民法院早期制定的《关于文件形成时间鉴定的意见》（浙高法鉴〔2011〕5 号）即指出，“一些鉴定机构自称任何书写、打印材料形成的文件都能做形成时间鉴定是不严谨、不科学的，尤其是要提交法庭作为证据使用更为不妥”，“任何一种科学的检验、鉴定方法，应该由国家有关部门认可、行业内公认，而不能由某个鉴定机构自己认为可以”。内蒙古高级人民法院更是因文书形成时间鉴定领域存在大量方法不可靠、原理自相矛盾、标准张冠李戴等亟待规范的问题，专门制定《关于文书形成时间鉴定规范的通知》［内高法（司辅）明传〔2018〕1 号］禁止就文书形成时间鉴定进行委托。⑤

（二）比对样本难获得

《文件制成时间鉴定通知》从正反两方面对用于文书形成时间鉴定的样本进行了规定。其一方面强调，“对外委托文件制成时间鉴定时，应要

① 参见甘肃省兰州市中级人民法院（2020）甘 01 民终 2715 号民事判决书、浙江省宁波市江北区人民法院（2020）浙 0205 民初 1635 号民事判决书。

② 参见北京市第一中级人民法院（2022）京 01 民终 5183 号民事判决书、北京市第三中级人民法院（2022）京 03 民终 730 号民事判决书。

③ 参见李学军、贺娇：《鉴定意见可靠性审查的实务问题及应对研究——以文书形成时间鉴定技术方法切入》，载《法律适用》2023 年第 7 期。

④ 参见江苏省徐州市中级人民法院（2018）苏 03 民终 5767 号民事判决书。

⑤ 参见内蒙古自治区赤峰市中级人民法院（2020）内 04 民终 832 号民事判决书。

求送检单位提供比对的样本……对落款时间和怀疑时间超过六个月的，要求送检单位必须提供比对的样本”；另一方面则指出，“由于检材与样本在纸张、墨水、油墨、保存环境等方面的不同都会对鉴定结果产生决定性影响，鉴定机构自备的样本不可能满足与送检材在纸张的种类及颜色，墨水、油墨的色料及染料的主要成份，保存环境的温度、湿度等方面相同。因此，不能使用鉴定机构的自备样本进行文件制成时间鉴定”。因此，对于文书形成时间鉴定的申请，法院在对委托案件的鉴定条件和鉴定机构的资质、能力进行审查时，重点之一即能否提供用于比对的适格样本文书。

相关案例表明，关于适格样本文书的要求是非常严格的。某案件显示，有鉴定机构因为打印字迹形成时间鉴定需要的同一台打印机打印文件样本较难收集而没有受理鉴定委托。① 换言之，其对打印文件形成时间进行鉴定时，要求有同一台打印机形成的样本文书。正是因为提供符合条件的适格样本文书极为困难，司法实践中大量案件由于无法提供比对样本②、印章印文样本不符合鉴定要求③、缺少物质种类及纸张种类条件相符的样本④等原因，鉴定申请没有被法院审核通过，或者鉴定机构不予受理、终止鉴定。这种高要求不仅仅针对用于比对的样本，也包括检材。有案件便由于检材保存条件异常⑤、污染严重⑥、笔迹笔画较少不宜进行破损性检验⑦以及检材所示落款时间与怀疑时间间隔较近且距今时间较远⑧等原因而无法进行鉴定。

此外，实践中还存在对不能提供样本、提供样本不适格的文书形成时间进行鉴定的情形。例如，部分案例显示存在采用法院保存的笔录作为比

---

① 参见广东省广州市花都区人民法院（2017）粤0114民初4301号民事判决书。
② 参见江苏省盐城市中级人民法院（2018）苏09民终2989号民事判决书。
③ 参见江苏省无锡市中级人民法院（2022）苏02民终2191号民事判决书。
④ 参见江苏省江阴市人民法院（2021）苏0281民初9920号民事判决书。
⑤ 参见吉林省高级人民法院（2016）吉民再226号民事判决书。
⑥ 参见河南省济源市人民法院（2020）豫9001民初986号民事判决书。
⑦ 参见江苏省盐城市中级人民法院（2022）苏09民终335号民事判决书。
⑧ 参见广东省中山市第二人民法院（2020）粤2072民初14352号民事判决书。

对样本的情形[①]，也存在使用鉴定机构自备样本进行比对和鉴定的情形[②]。在赵某三、陈某连民间借贷纠纷案中，负责鉴定委托的技术室向案件承办人发出的联系函即显示，“文件形成时间鉴定为轻微有损检验，需要双方提供同时期同色同笔迹粗细的对比样本”；并指出，虽无法提供对比样本，但双方当事人同意使用鉴定机构样本库，亦可以委托鉴定。[③] 由此可见，在不同案例中，法院和鉴定机构对适格样本文书的理解和把握存在分歧。

并且，随着技术方法的发展，法院和鉴定机构对《文件制成时间鉴定通知》的适用提出了不同的见解。在张某文、中山市绿某灯饰实业有限公司民间借贷纠纷案中，法院认为，对落款时间和怀疑时间超过六个月的文书形成时间进行鉴定，虽然《文件制成时间鉴定通知》要求送检单位提供比对样本，但并未规定无法提供比对样本的绝对不能鉴定。在鉴定机构向鉴定申请人说明鉴定方法和风险后，申请人仍要求鉴定的，法院同意鉴定并无不妥。[④] 亦有鉴定机构认为，随着技术的发展，《文件制成时间鉴定通知》对样本的要求已经不适用，并得到了法院的认同。例如，对于不使用样本进行鉴定的疑问，某鉴定中心复函称：《文件制成时间鉴定通知》是基于2008年的技术水平对文书形成时间鉴定提出的一般性要求，涉及的相关技术问题现已被解决，因此，我国司法鉴定的法定主管机关司法部并未将《文件制成时间鉴定通知》纳入法定鉴定方法和技术标准之中。鉴定机构依据国家司法鉴定法规与技术标准进行鉴定，不受《文件制成时间鉴定通知》约束。[⑤] 另一鉴定中心也持同样观点，认为即使落款时间和怀疑时间超过六个月，也可以在没有样本的情况下进行鉴定。[⑥] 但是，所用技术方法的科学可靠性这个根本性问题现今依旧没有解决，《文件制成时间鉴

---

① 参见内蒙古自治区赤峰市中级人民法院（2018）内04民终2226号民事判决书。

② 参见广西壮族自治区梧州市中级人民法院（2015）梧民一终字第301号民事判决书、广东省深圳市中级人民法院（2018）粤03民终13975号民事判决书。

③ 参见河南省济源中级人民法院（2019）豫96民终498号民事判决书。

④ 参见广东省中山市第二人民法院（2020）粤2072民初14352号民事判决书。

⑤ 参见山东省临沂市兰山区人民法院（2015）临兰民初字第1925号民事判决书。

⑥ 参见江苏省无锡市中级人民法院（2021）苏02民终694号民事判决书。

定通知》现在仍然有效，部分法院和鉴定机构否认其效力的做法会影响司法公正。

三、文书形成时间鉴定的新进路：综合鉴定

如前文所述，尽管诉讼实务中有解决文书形成时间的强烈需求，但由于客观条件、技术方法的限制，迄今为止均只能偶尔解决部分问题，且还存在精准度不高、争议较大等问题。随着各类办公软件的普遍使用以及计算机、打印机等电子设备对人们书写、复制工作的替代，合同、病历等文书的形成往往先出现电子版，而后经传输、打印形成纸质版。在前述传统鉴定模式面临严重瓶颈之际，通过电子数据鉴定、结合纸质病历，并参照电子病历管理相关规范的综合鉴定模式为文书形成时间鉴定提供了新的思路。在某些情况下，该新思路能解决纸质文书鉴定不能解决的文书形成时间问题。例如，在吕某玲、王某鑫等医疗损害责任纠纷案中，为认定病历形成时间、修改次数、各次修改的时间、每次修改的内容等，法院先后委托南京掌某通信科技公司、南京东某司法鉴定中心进行鉴定，但两家鉴定机构都因为委托事项、字迹笔画较少不宜进行破损性检验而退卷或终止鉴定。最终，法院转换思路，委托上海上某计算机司法鉴定所对医院电子病历的形成时间、修改时间、初始文本、修改文本进行鉴定，并得出了病历的最后修改时间。①手写电子签名笔迹的综合鉴定，往往需要由笔迹鉴定专家和电子数据专家分别鉴定笔迹特征和数据状态，并共同评判得出统一意见；与此不同的是，电子病历形成时间的综合鉴定主要通过电子数据鉴定而展开，纸质病历等材料仅作为参考或辅助资料。

（一）综合鉴定的概念与特点

早在20世纪90年代就有学者提出综合鉴定是司法鉴定发展的新动向，并对其进行了定义：综合鉴定是指为了完成某些交叉性、边缘性的鉴定任务，由数名不同专业领域的鉴定人运用各自领域的专门知识对某一客体进

---

① 参见江苏省盐城市中级人民法院（2022）苏09民终335号民事判决书。

行鉴定，然后在各个过渡性鉴定意见的基础上，由各鉴定人共同评判并给出一个最终意见的鉴定形式。①

与传统鉴定模式相比，综合鉴定的显著优势在于各不相同的鉴定种类之间壁垒的突破。我国司法实践中，综合鉴定主要在事故调查等领域广泛应用。例如，一起警察枪击事件的综合鉴定，既有对手枪、子弹、弹壳等物证的鉴定，也有对伤口形成原因等的法医类鉴定。② 交通事故的发生是人、车、道路等因素综合作用的结果，其鉴定涉及法医学、痕迹学、生物力学、工程力学等多学科、多领域的交叉融合，因此对其鉴定往往为综合鉴定。③ 生产安全事故等的调查亦是一种综合鉴定。依据国务院颁布的《生产安全事故报告和调查处理条例》第30条之规定，事故调查报告应当包括“事故发生单位概况”“事故发生经过和事故救援情况”“事故造成的人员伤亡和直接经济损失”“事故发生的原因和事故性质”等六项内容，这就要求事故调查人员必须是来自多个不同部门或领域的专家。因此，《生产安全事故报告和调查处理条例》第22条、第23条明确规定，生产安全事故调查组由有关人民政府、安全生产监督管理部门、负有安全生产监督管理职责的有关部门、监察机关、公安机关、人民检察院以及工会派人组成，且这些来自不同领域的成员应当具有事故调查所需要的知识和专长，并在事故调查报告上签名。

就文书形成时间的综合鉴定而言，当下可以主要以电子数据鉴定为主，并以纸质文书等资料为参考。依据电子数据鉴定电子文书形成时间，进而对打印文书的形成时间予以间接认定，不仅在医疗纠纷领域发挥着重要作用，在知识产权纠纷、刑事案件质证等其他领域也已经显现出独特价

---

① 参见唐磊：《综合鉴定——司法鉴定发展的一个新方向》，载《现代法学》1995年第3期。

② 参见张明辉、王纬东、陈婧雯：《一起警察枪击事件的综合鉴定与现场重建案析》，载《中国刑警学院学报》2012年第1期。

③ 参见陈忆九、杜志淳、邹冬华：《我国道路交通事故综合鉴定体系研究》，载《中国司法鉴定》2006年第3期。

值。例如，某侵害技术秘密纠纷案中，在对电子数据文件的读取和复制记录、文件写入和修改记录进行分析时，就需要进行形成时间的鉴定。① 此外，相较于传统鉴定模式下的文书形成时间鉴定，以电子数据鉴定来确定文书形成时间还能得出更精确的结果：通过在十六进制下查看某两份鉴定意见的属性信息发现，两份文档的创建内容时间在百纳秒的时刻相一致。而人类的经验表明，以人的能力不可能在百纳秒的时刻同时创建出两份文档。据此可以认定，这两份文档其实是同源文件。② 由此可见，基于电子数据的文书形成时间鉴定运用前景广阔，是实务中文书形成时间之争议解决的新进路。

此外，从广义上理解，综合鉴定亦可以是对某一客体所进行的，具有多种鉴定方法、多种鉴定依据、多个鉴定时期的鉴定形式。例如，有研究认为，目前已有的各种电气火灾鉴定方法均具有一定的局限性，且相互间的协同性还存在一些问题，为更好地发挥鉴定的作用，就应当综合采用多种鉴定方法。③ 在法医类鉴定领域，最高人民法院、最高人民检察院和公安部联合发布的《人体损伤程度鉴定标准》，针对不同的鉴定情形，提出了“全面分析主要依据和辅助依据、综合鉴定”的原则。在电子文件鉴定领域，有观点认为，“综合鉴定是指在电子文件生命周期的不同阶段采用不同的价值鉴定方法”④。

目前的案例研究表明，文书形成时间的综合鉴定主要表现为鉴定内容的多样化以及鉴定依据的“数据+文书”连属化。电子文书的鉴定本身即是一个综合分析的过程，其形成、修改时间信息的鉴定，一定意义上也是对文书内容、作者信息等其他方面的鉴定。⑤ 依据《声像资料司法鉴定执业分类规定》第 3 条、第 17 条等的规定，电子数据鉴定属于声像资料司法

---

① 参见最高人民法院（2022）最高法知民终 541 号民事判决书。

② 参见刘品新：《电子证据法》，中国人民大学出版社 2021 年版，第 484-486 页。

③ 参见潘刚等：《电气火灾综合鉴定技术》，载《消防科学与技术》2005 年第 4 期。

④ 麻新纯：《电子文件价值综合鉴定论》，载《档案学通讯》2005 年第 6 期。

⑤ 参见刘品新：《电子证据法》，中国人民大学出版社 2021 年版，第 276 页。

鉴定的一种，包括存在性鉴定、真实性鉴定、功能性鉴定、相似性鉴定等。某案件中的当事人直接申请对案涉电子病历的存在性、真实性、完整性以及功能性进行鉴定，相关鉴定意见则列出了“医师签名不一致”“病程记录超过病历书写时限”“不同病历描述不一致”“记录异常”“没有对应的后台数据”“记录不完整”等 17 个问题。① 此外，在通过电子数据鉴定确定电子病历等是否经过修改及修改内容和时间等信息时，往往需要对其进行“连属式审查”②，即在审查电子病历时往往也需要对照纸质病历。例如，在斗某光、张某某等与某医院医疗损害责任纠纷案中，委托事项包括对电子病历的形成时间、是否发生过修改、修改人（以谁的账号登录）、修改内容、修改时间等进行鉴定。鉴定机构在将电子医嘱单与纸质医嘱单进行对比的基础上，发现了二者不一致之处。③ 确认相关纸质病历和电子病历真实、完整往往是医疗责任鉴定的前提，因此，在无法确认病历是否修改以及修改详情时，其他的医疗责任鉴定可能难以进行。④

笔者认为，文书形成时间鉴定的已有实践之所以没有出现文书鉴定、电子数据鉴定等不同领域鉴定专家共同鉴定的案件，主要原因在于传统的四大类鉴定有严格的界分和执业规定，综合鉴定并没有相关法律依据；理论界和实务界对综合鉴定的方法论意义、组织形式、开展条件等，亦没有足够的重视和深入的研究。因此，在需要多个领域的专家进行综合鉴定时，往往采取“专家请专家”的替代模式，即调查组、鉴定人等具有专业知识的人聘请或咨询具有其他专业知识的人。例如，《生产安全事故报告和调查处理条例》第 22 条规定，“事故调查组可以聘请有关专家参与调查”；第 27 条规定，“事故调查中需要进行技术鉴定的，事故调查组应当委托具有国家规定资质的单位进行技术鉴定。必要时，事故调查组可以直

---

① 参见山东省潍坊市中级人民法院（2022）鲁 07 民终 9407 号民事判决书。

② 刘品新、陈丽：《电子证据的连属式审查——以涉企案件为例》，载《人民检察》2022 年第 9 期。

③ 参见辽宁省大连市沙河口区人民法院（2021）辽 0204 民初 2713 号民事判决书。

④ 参见浙江省宁波市中级人民法院（2021）浙 02 民终 2883 号民事判决书。

接组织专家进行技术鉴定”。在电子病历的文书形成时间鉴定领域也存在“专家请专家”情形。例如，有案件的鉴定需求为“病历是否在规定时间以外存在修改”,① 然而，从事电子数据鉴定的技术专家显然对病历记录等医疗规定并不了解，那么如何解决该问题？有案例即显示，在对电子病历进行鉴定的基础上，鉴定人员咨询医疗专家相关的医疗知识和规定，可以得出更为科学可靠的鉴定意见。②

（二）综合鉴定的规范及实践基础

在“互联网+”的大背景下，各行各业都在不断推进信息化进程。电子病历是信息技术和网络技术在医疗领域的必然产物，是医院病历现代化管理的必然趋势。原卫生部早在十年前就发布了《电子病历基本规范（试行）》《电子病历系统功能规范（试行）》等多个关于电子病历系统的规范和通知文件，原国家卫生计生委办公厅、国家中医药管理局办公室2017年发布了《电子病历应用管理规范（试行）》。《电子病历应用管理规范（试行）》对电子病历和电子病历系统的含义及电子病历的建立、记录、修改、使用、保存和管理等进行了较为详细的规定。2018年，国家卫生健康委又发布了《电子病历系统应用水平分级评价管理办法（试行）》及《电子病历系统应用水平分级评价标准（试行）》，进一步要求地方各级卫生健康行政部门加大工作力度，组织辖区内有关医疗机构持续推进电子病历信息化建设，提高医疗服务、管理信息化水平。

以上规定是电子病历真实、可靠的重要保障，因此，以上规定往往与电子病历鉴定请求相关，并成为得出鉴定意见的依据。例如，《电子病历应用管理规范（试行）》第10条规定：“有条件的医疗机构电子病历系统可以使用电子签名进行身份认证，可靠的电子签名与手写签名或盖章具有同等的法律效力。”因此，有案件除要求鉴定电子病历的最初、最终形成时间及修改内容外，还要求对急诊电子病历系统中的“急诊病历”是否具

---

① 参见辽宁省大连市中级人民法院（2023）辽02民终3300号民事判决书。
② 参见山东省潍坊市中级人民法院（2022）鲁07民终9407号民事判决书。

备电子签名功能进行鉴定。[①]《电子病历应用管理规范（试行）》第14条至第19条对电子病历系统的操作流程可查询、可追溯性进行了详细规定，因此，有案件在对电子病历形成时间等进行鉴定时，鉴定意见结合相关规定着重指出了其不合规定之处，具体表现为"电子签名形同虚设""电子病历未按时归档、封存""电子病历质控系统的质控作用不强，不符合《病历书写基本规范》客观、真实、准确、完整性的要求"等。[②]

此外，虽然通过电子数据鉴定文书形成时间不需要提供比对样本，但电子数据能否鉴定以及鉴定精度非常依赖形成相关电子文书的系统功能。在青岛某医院、李某风等医疗损害责任纠纷案中，鉴定机构便以"该电子病历系统不具备对电子病历修改操作的追溯能力，我中心无法针对鉴定要求得出明确结论"为由没有受理鉴定委托。[③] 由于系统记录设置的不同，即使都是要求鉴定电子病历的形成时间，也可能得到相关时间精确到秒[④]或精确到分钟[⑤]的不同结果。有的电子病历软件后台数据库仅记录创建人员、创建时间、最后变更时间、最后编辑人员，而无历次修改记录，因而只能鉴定出相关电子病历是否经过修改而难以得出历次修改的具体内容。[⑥]在电子病历系统功能完备、电子数据完整的情况下，则可以十分精确地鉴定出电子病历创建、修改、删除时间以及历次修改内容。[⑦] 为更好地了解系统功能，鉴定机构可以在向医院调取电子病历系统数据库中相关原始数据的同时，要求医院对原始数据的理解和解释提供帮助。[⑧] 此外，也可以通过法院向相关软件的研发公司发函咨询，以确定相关软件的功能及其词

---

① 参见广东省中山市第一人民法院（2021）粤2071民初20959号民事判决书。

② 参见河南省高级人民法院（2021）豫民申1963号民事裁定书。

③ 参见山东省青岛市中级人民法院（2023）鲁02民终6913号民事判决书。

④ 参见吉林省吉林市船营区人民法院（2014）船民一初字第89号民事判决书。

⑤ 参见广东省佛山市禅城区人民法院（2019）粤0604民初22466号民事判决书。

⑥ 参见浙江省宁波市海曙区人民法院（2020）浙0203民初6788号民事判决书。

⑦ 参见上海市徐汇区人民法院（2014）徐民一（民）初字第1355号民事判决书。

⑧ 参见安徽省合肥市中级人民法院（2014）合民一终字第00907号民事判决书。

条含义、现象原因。①

四、综合鉴定的配套规则：推定

“科技是第一生产力”，特别是在专门性问题、司法鉴定、事故调查等领域，必须充分发展技术以应对、解决相关问题。准确认定事实是正确适用法律的基础，审理前述医疗纠纷案件最好的状态是在确认修改内容的基础上，实事求是地认定相关修改与医疗过错之间的对应关系。安某晴等与某医学中心医疗损害责任纠纷案便借助电子数据鉴定达到了这种状态：为确定相关电子病历的详细修改时间及修改内容，法院两次委托鉴定机构进行鉴定。第二家鉴定机构在现有数据的基础上，通过查看病历文件14条作废内容，逐项比对被修改的部分，形成了包含“作废文件名、内容、最后保存时间，现存文件名、内容、最后保存时间”的表格。在此基础上，法院就有修改内容的病历进行了逐项审查，并就其是否可能加重医疗机构责任、影响大小等进行了认定说理。该案表明，充分利用现有数据和技术，能有效促进实现案件裁判的实体公正。②

然而，科学技术的发展往往呈“否定之否定、螺旋式上升”，在遭遇新问题或特殊情况时，单凭技术并不能解决所有问题。在此情形下，必须借助医疗机构过错推定规定，并要求持有证据的医疗机构提供相关证据，且在其拒不提供时遵守推定对其不利主张为真的配套规则。相关规定不仅散见于《电子病历基本规范（试行）》③《医疗机构病历管理规定（2013年版）》《最高人民法院关于民事诉讼证据的若干规定》等程序性法律规范之中，也见于民法典第1222条、第1225条等实体法律规范之中。

---

① 参见江苏省南通市中级人民法院（2018）苏06民终2469号民事判决书。

② 参见北京市海淀区人民法院（2019）京0108民初45157号民事判决书。

③ 2017年4月1日《电子病历应用管理规范（试行）》生效后，该规范同时被废止。但自2014年1月1日起生效的《医疗机构病历管理规定（2013年版）》第20条也规定了“公安、司法、人力资源社会保障、保险以及负责医疗事故技术鉴定的部门”查阅、复制相关病历资料的权（力）利。

但值得注意的是，判断医疗机构是否承担责任的基本要件包括患者损害、诊疗行为、损害与诊疗行为具有因果关系、诊疗过错。[1] 换言之，民法典第1218条所规定的医疗机构或者其医务人员的过错，应当与患者受到的损害存在因果关系，而第1222条所规定的推定医疗机构存在过错的三种情形，并不一定都能再次推导出相关过错行为是患者受到损害的原因。实践中，直接适用民法典第1222条的过错推定规则要求医疗机构承担责任的做法，忽略了对诊疗行为与损害结果之间因果关系的证明。例如，在某医院、宋某君医疗损害责任纠纷案中，鉴定意见仅为“病历资料存在规定时间以外的创建、删除和修改”，法院便根据民法典第1222条之规定，认定医疗机构伪造、篡改病历资料，并推定其存在过错，应当承担法律责任。[2] 对此，有观点提出，为使医疗过错的认定更为严谨，应当摒弃病历资料的修改等同于篡改、篡改病历资料的过错等同于医疗过错这两个简单粗暴的认定公式，精确化认定具体情境下篡改事实对医疗责任的影响。[3]

相关电子或纸质病历的形成时间，是确定医务人员在诊疗活动中是否尽到相应的说明义务以及诊疗义务的关键要素。在通过以电子数据鉴定为主的综合鉴定确定文书形成时间时，作为数据持有方的医疗机构对电子数据进行阻碍鉴定的处理，或拒不提供相关原始数据的情形并不鲜见。此时，应当依据《最高人民法院关于民事诉讼证据的若干规定》第95条之规定，推定一方当事人所提出的医疗机构应当承担赔偿责任的事实主张为真。例如，在徐某龙、徐某弟等与上海某医院医疗损害责任纠纷案中，鉴定人提出的查看电子病历对应的数据库数据、现场打印病历材料的请求均未获医院准许，使得鉴定无法进行。《电子病历基本规范（试行）》第28条规定：“公安、司法机关因办理案（事）件，需要收集、调取电子病历资料的，医疗机构应当在公安、司法机关出具法定证明及执行公务人员的

---

① 参见湖南省常德市中级人民法院（2022）湘07民终237号民事判决书。

② 参见辽宁省大连市中级人民法院（2023）辽02民终3300号民事判决书。

③ 参见乔芳娥：《病历篡改的二元认定与医疗过错推定》，载《甘肃政法大学学报》2022年第3期。

有效身份证明后如实提供。”该案中，在法院委托有资质的鉴定机构仅采集与患者及案件有关的电子病历数据并确保电子数据库安全的情况下，医院仍坚持表示无法提供其持有的电子病历系统数据。据此，法院认为，根据《最高人民法院关于民事诉讼证据的若干规定》第95条之规定，一方当事人控制证据无正当理由拒不提交，对待证事实负有举证责任的当事人主张该证据的内容不利于控制人的，人民法院可以推定该主张成立。该案中，医院拒绝提供电子病历数据，导致无法对需送检的病历材料的真实性予以确认，进而无法通过医疗损害鉴定程序及时、客观地判定医疗行为与患者损害后果之间是否存在因果关系，对此，作为负责病历制作和保管的医院，应承担拒绝提交相关证据的法律后果。① 还有案件中的医院以数据库、数据字典（原始数据的释义）以及源代码直接关系其数据库安全和网络安全为由拒绝提供，导致鉴定无法进行。法院也以医院持有电子病历等原始数据资料却无正当理由拒不提供，推定另一方当事人关于纸质病历材料不具有真实性的主张成立。②

此外，在案例研究中还发现了其他在鉴定不能发挥作用时，没有正确适用或者没有适用推定规则的案件。这不仅可能造成证明过程的不完整，也可能影响到实体公正。例如，在青岛某医院、辛某健医疗损害责任纠纷案件中，持有相关电子病历的医院以“系统升级”为由暂停了鉴定机构的第一次数据提取；鉴定机构第二次提取数据时，发现缺少了案发期间的数据库全监控文件，但在此之前和之后的数据库全监控文件按照日期每一天均有存档。一审法院和二审法院皆根据侵权责任法第58条之规定，推定医院存在过错并要求其承担责任。③ 然而，正如前文所述，在适用医疗机构过错推定规则时，还需要进一步证明过错行为与损害结果之间的因果关系，才能要求医疗机构承担责任。在另一案件中，医院将患者所有病程记录保存为一条数据库记录，导致无法判断相关电子病历的生成时间及是否

---

① 参见上海市虹口区人民法院（2015）虹民四民初字第41号民事判决书。

② 参见安徽省合肥市中级人民法院（2014）合民一终字第00907号民事判决书。

③ 参见山东省青岛市中级人民（2019）鲁02民终7497号法院民事判决书。

经过改动，且医院未能作出合理解释。在此情形下，法院虽然认定医院在电子病历管理方面确实存在不规范之处，判定由医院承担相关鉴定费用，但也因“原告主张被告存在篡改伪造病历的依据不足”而没有支持原告的主张。[①] 这无疑是因医院的不规范行为，阻碍了患者合法权益的保障。由此可见，推定等配套规则要切实发挥证据不足时的事实认定作用，不仅需要其被明确于法律规范之中，还需要司法人员对其有较准确的认知。

五、余论

诉讼中的专门性问题具有多样性和复杂性，其往往涉及各行各业和各个专业领域的特点已经引起人们的关注和研究，[②] 但某一专门性问题涉及多个行业、多个专业领域的问题并没有得到足够的重视，以至于实践中常常出现同一案件委托多个鉴定机构进行多种项目鉴定，并得出多份鉴定意见的情形。例如，环境损害司法鉴定就包括农业环境污染损害鉴定、养殖和野生渔业环境污染损害鉴定、海洋生态环境损害鉴定等不同领域，且不同领域的技术要求不同，相关专家跨领域开展鉴定的难度很大。不同领域分别委托鉴定的做法，在一定程度上导致了鉴定周期长、费用高、技术规范冲突等问题。[③] 文书形成时间鉴定从传统物理、化学方法发展到电子数据鉴定，以及《手写电子签名笔迹鉴定技术规范》的发布，已经显示出打破专业壁垒进行综合鉴定的强烈现实需求；综合鉴定制度亦是进一步完善事故调查、环境损害鉴定程序的最佳进路。本文仅以文书形成时间鉴定这一难题为例，分析了综合鉴定这一解题的新进路。综合鉴定的方法论意义、组织形式、意见审查、法律责任等问题，亟须理论界和实务界进一步的关注和研究。

（本文仅代表作者个人观点）

---

① 参见江苏省东台市人民法院（2014）东民初字第0076号民事判决书。

② 参见刘鑫、郑谢畅：《职业司法鉴定人制度研究》，载《中国司法鉴定》2020年第5期。

③ 参见王旭光：《环境损害司法鉴定中的问题与司法对策》，载《中国司法鉴定》2016年第1期。

代书遗嘱和打印遗嘱“时空一致性”效力裁判规则构建研究*

吴国平** 陈 凯***

代书遗嘱和打印遗嘱作为常用的遗嘱形式，通常适用于因遗嘱人自己不会书写或者不能书写等原因而无法直接制作遗嘱的情形。在司法实践中，遗嘱的形式要件对遗嘱的效力起着至关重要的作用。人民法院对遗嘱效力的认定一般采用先形式、后实质的审查标准，即人民法院在确认遗嘱法律效力时，除了审查遗嘱的实质要件外，还特别注重审查遗嘱的形式要件，内容涉及遗嘱形式要件完备与否和见证过程是否规范。有的人民法院还非常重视审查代书遗嘱、打印遗嘱的订立过程是否符合“时空一致性”，事实上已把“时空一致性”要求作为认定遗嘱是否具有法律效力的一个标准。在一些案件中，有的当事人所立代书遗嘱或者打印遗嘱因不符合“时空一致性”要求而被人民法院认定为无效遗嘱，但在有的

---

* 本文为中华遗嘱库委托课题“遗嘱时空一致性研究”的阶段性研究成果。

** 福建江夏学院法学院教授。

*** 中华遗嘱库管委会主任，北京师范大学政府管理学院博士研究生。

案件中，受案人民法院对于不符合“时空一致性”要求的代书遗嘱或者打印遗嘱却认定为有效。从法律依据来看，我国法律等规范性文件对这一问题并没有规定，“时空一致性”能否作为人民法院的裁判规则，应当如何构建这一规则，是很值得探讨和研究的问题。本文拟就实务工作中此类遗嘱效力认定方面存在的问题和该裁判规则的构建进行探讨，以期抛砖引玉，引起大家的重视与系统研究。

一、问题的提出

我国民法典实施以来，人民法院审理的继承案件有增无减。在此类案件中，有关遗嘱效力的认定是一个核心问题，且已出现法院结合法律规定并以“时空一致性”为要求来认定遗嘱法律效力的案例。法院的裁判结果主要有两种，第一种结果是认定遗嘱无效。例如，许某某、丁某某遗嘱继承纠纷案①中，法院认定被继承人董某订立的代书遗嘱无效。理由如下：代书遗嘱应当有两个以上见证人在场见证，由其中一人代书，注明年、月、日，并由代书人、其他见证人和遗嘱人签名。而在本案中，根据代书人赵某山陈述，该遗嘱系其依据董某意愿自行拟制后，于立遗嘱日由董某与赵某山先行签名（董某捺印）、落款确认，随后交由另两位见证人朱某某、金某某签名。而朱某某、金某某在庭审时均表示，他们对该遗嘱的订立及内容的详细形成过程、董某与赵某山的签名、捺印过程均不知晓，两人仅在当日先后阅看董某提供的遗嘱并各自签名。可见，代书人、见证人和遗嘱人并不是在同一时空完成代书遗嘱制作以及遗嘱见证，故本案代书遗嘱在见证过程及形式上存有瑕疵，应认定为无效遗嘱，系争房屋按照法定继承在各继承人之间分配。在此案中，法院认定该遗嘱为无效遗嘱的理由是：订立代书遗嘱时，代书人、其他见证人、遗嘱人未同时在场，三方没有保持“时空一致性”。第二种结果是认定为有效遗嘱。例如，程某1、

① 参见上海市第二中级人民法院（2020）沪02民终11106号民事判决书。

程某2、程某3遗嘱继承纠纷案①中，法院认定周某订立的遗嘱合法、有效。该遗嘱订立的流程是：郑某、邵某平共同来到周某住所，由郑某书写遗嘱手稿并向周某宣读。得到周某确认后，郑某到文印店打印遗嘱。返回周某住所后，郑某再次将打印好的遗嘱内容逐一向周某宣读，再次得到周某的确认，之后，由周某、郑某、邵某平各自完成签名捺印。在这约两小时的时间内，周某、郑某、邵某平始终没有脱离立遗嘱、办理代书遗嘱、见证立遗嘱这一活动主题。虽然郑某因打印遗嘱短暂外出，但周某所立遗嘱均是在自己家里完成，郑某、邵某平在现场见证了立遗嘱的全过程，且该过程是连续性的，不曾中断的，符合“时空一致性”要求。据此，法院认定周某订立的代书遗嘱合法有效。从这两起典型案例中，我们可以发现，第一，在人民法院审理的继承案件中，有关遗嘱效力的认定是较为常见与重要的内容。第二，在涉及遗嘱效力的认定时，有的法院已把是否符合“时空一致性”要求作为衡量的重要依据。特别是在前述程某1、程某2、程某3遗嘱继承纠纷案中，该案一审法院四川省青神县人民法院在判决时强调“对程某1、程某2主张遗嘱代书人是文印店，遗嘱最终形成是在文印店、遗嘱形成过程不具有时空一致性，邵某平没有见证整个遗嘱过程的观点，均不予支持。”从中甚至可以看出，有的法院已将“时空一致性”要求作为事实上的“裁判规则”来运用，这已并非个案现象。第三，不同法院对“时空一致性”要求的理解与把握宽严不一，其裁判结果也有所差异，例如前述许某某、丁某某遗嘱继承纠纷案中，法院认为代书人、其他见证人、遗嘱人三方未绝对保持“时空一致性”，故而认定该遗嘱为无效遗嘱。而在程某1、程某2、程某3遗嘱继承纠纷案中，虽然见证人郑某因打印遗嘱短暂外出，但法院仍然认为该遗嘱符合“时空一致性”要求，是有效遗嘱。这一现象值得关注。什么是“时空一致性”？法院为什么要强调遗嘱制作的“时空一致性”原则？其基本内涵与基本要求是什么？它能否作为人民法院审理继承案件的裁判规则？未来应当如何构建“时空一致

---

① 参见四川省眉山市中级人民法院（2020）川14民终674号民事判决书。

性”裁判规则？以上正是本文要所探讨的问题。

二、“时空一致性”要求的由来与法律价值

（一）“时空一致性”的内涵

“时空一致性”是指时间和空间是相互联系的，不能独立存在的一种原理。而代书遗嘱和打印遗嘱是否符合“时空一致性”要求，判断标准就是代书遗嘱和打印遗嘱是否产生于同一时间与空间。这种一致性是对代书遗嘱和打印遗嘱的订立与见证在时间与空间上的具体要求。

（二）“时空一致性”原则的由来

“时空一致性”要求是在司法实践中产生的，目前还未被国家立法机关或者最高人民法院以明文方式规定或者认可（公示），学界对这一具体问题也缺乏研究，故该要求的由来目前并无权威性文献资料可供查询与参考。笔者以“时空一致性”为关键词，在中国裁判文书网上查询到最早一例判决为2014年原告周某云与被告唐某阳义务帮工人受害责任纠纷案①。法院查明“原告受伤时所砍之树虽然不是被告家的，但根据时空一致性原则，原告的整个砍树行为是一个不可割裂的整体行为，虽然受伤时所砍之树不是被告家的，但仍然可认定原告是在为被告砍树中所受的伤害，被告仍应承担被帮工人的赔偿责任”。该案中，法院在认定被告应否承担赔偿责任时依据“时空一致性”原则认定“原告的整个砍树行为是一个不可割裂的整体行为”，原告受伤事件发生在为被告砍树的过程中，被告对此应当承担相应的赔偿责任。由此可见，“时空一致性”要求的适用在司法实践中由来已久。而本文前述两个案例也是从人民法院已生效的判决书中发现的，是人民法院在审理继承案件中创制并实际运用的，是实践经验的总结和司法智慧的结晶。

（三）“时空一致性”要求的特殊法律价值

无论从学理分析还是实践效果来看，“时空一致性”要求的法律价值

---

① 参见湖南省邵东县人民法院（2014）邵东民初字第2067号民事判决书。

就在于它能够确保遗嘱的法律效力，可以作为认定遗嘱效力的依据。换言之，是否符合“时空一致性”要求，是判断代书遗嘱或者打印遗嘱能否具有法律效力的一个重要标准。这也是人民法院非常重视并创造性地运用“时空一致性”要求审理继承案件的重要原因。从笔者所收集到的有效样本来看，人民法院结合“时空一致性”要求裁判案件已非个例或者个案，而是具有一定的普遍性的，这说明“时空一致性”要求得到不少法院的认同。这一情况应引起我们的重视与关注。为什么结合“时空一致性”要求来裁判案件呢？根本原因就在于“时空一致性”要求具有其特殊的重要性或者法律价值，具体体现在以下几方面。

（1）能够促进准确理解法律并正确审理案件。遗嘱是典型的要式民事法律行为，除了实质要件须合法外，遗嘱的形式要件也须符合法律规定。而从民法典的相关规定中，我们不难发现法律对遗嘱形式要件的规定中隐含着“时空一致性”的要求，完全符合民法典对遗嘱形式要件的内在要求与立法本意。人民法院在办案实践中发现了“时空一致性”要求与法律规定的遗嘱形式要件的内在联系并创造性地加以适用，从而有力地保护当事人的权益，有效地维护公平正义。

依据我国民法典第1135条和第1136条①规定，代书遗嘱须具备以下形式要件：第一，有见证人在场见证（见证人须两人以上，且与遗产继承无利害关系）。第二，由见证人代为书写遗嘱。即须由遗嘱人口头陈述遗嘱内容，由见证人如实记录并用笔代为书写内容完整的遗嘱。第三，遗嘱人、代书人和见证人三方当事人各自在该份遗嘱上签名，注明具体日期（年、月、日，缺一不可）。应当特别注意的是，代书遗嘱只能由代书人亲

---

① 民法典第1135条规定：“代书遗嘱应当有两个以上见证人在场见证，由其中一人代书，并由遗嘱人、代书人和其他见证人签名，注明年、月、日。”第1136条规定：“打印遗嘱应当有两个以上见证人在场见证。遗嘱人和见证人应当在遗嘱每一页签名，注明年、月、日。”

笔书写，不能用其他书写方式替代。[①] 我国民法典规定的打印遗嘱的形式要件与代书遗嘱非常相似，同样强调上述三方当事人须同时在场完成遗嘱订立的全过程，但其形式要件比代书遗嘱更为严格，体现在：第一，有见证人在场见证（见证人须两人以上，且与遗产继承无利害关系）；第二，由代书人用电脑打字记录遗嘱内容并用打印机将遗嘱完整打印出来；第三，遗嘱人在遗嘱上逐页签名，并注明具体日期（年、月、日，缺一不可）；第四，见证人分别在打印遗嘱上逐页签名，并注明具体日期。可见，订立打印遗嘱只能利用电脑（计算机）这种特定设备进行操作，且由于打印遗嘱存在容易被伪造、篡改之巨大风险，且民法典第1136条特别强调“遗嘱人和见证人应当在遗嘱每一页签名，注明年、月、日”。严格要件的立法目的就在于从形式上确保遗嘱真实有效。与之相联系的是，法律对见证人的要求也十分严格。民法典第1140条[②]专门就不能作为遗嘱见证人的人员作出排除性的规定。

（2）能够确保代书遗嘱、打印遗嘱的内容符合遗嘱人的真实意愿。当代书遗嘱、打印遗嘱产生于同一时间与空间时，也就意味着代书遗嘱、打印遗嘱的订立与见证在时间上和空间上具有一致性。符合“时空一致性”的要求，就能最大限度地还原遗嘱人订立遗嘱过程中的真实意愿，并通过合法形式与载体固定下来，确保遗嘱内容的真实性，有效减少甚至避免遗嘱被认定为无效遗嘱的风险。这对遗嘱人非常有利。

（3）能够确保代书遗嘱、打印遗嘱的制作程序符合法律要求。这也是其可以成为这两类遗嘱的形式要件的重要原因。民法典第1135条和第1136条明确，在制作代书遗嘱和打印遗嘱时，须有两个以上具备资格条件的见证人在场见证。“在场”是法律对见证的时间、空间要求，根据权威

---

① 参见黄薇主编：《中华人民共和国民法典继承编释义》，法律出版社2020年版，第81页。

② 民法典第1140条规定：“下列人员不能作为遗嘱见证人：（一）无民事行为能力人、限制民事行为能力人以及其他不具有见证能力的人；（二）继承人、受遗赠人；（三）与继承人、受遗赠人有利害关系的人。”

解释，见证人须全程在场参与订立遗嘱的过程。[①] 换言之，遗嘱的订立与见证行为须在同一时间与空间进行，不能用事后签名、远程视频监控或者非同时在场见证等形式来代替在场见证。[②] 在场见证必须是无断裂的全过程，否则，就有可能因程序上的瑕疵而影响遗嘱的效力。因此，法院在办案过程中结合遗嘱“时空一致性”要求来审查与认定遗嘱的效力是符合民法典强调的“在场”的特有内涵的，完全符合民法典的立法精神。

（4）能够克服代书遗嘱、打印遗嘱自身的弊端或者“先天不足”。因为代书遗嘱、打印遗嘱的订立均需要依靠代书人、见证人的帮助并运用书写手段或其他媒介才能完成，制作中间环节多，知晓遗嘱内容的人包括遗嘱人、代书人、见证人等多个主体，相较于自书遗嘱、公证遗嘱等其他遗嘱，这两种类型的遗嘱更容易被他人伪造或篡改。这是该两类遗嘱的自身弱点和特殊性所在，需要当事人特别审慎。而强调“时空一致性”要求可以确保遗嘱内容的真实性与程序的合法性，从而使代书遗嘱和打印遗嘱具有法律效力，最终实现遗嘱人的真实意愿。这是审理此类案件的最终价值考量。因此，这一要求也在司法实践中得到越来越广泛的运用。

综合以上分析，就不难理解为什么司法实践愈发重视审查遗嘱是否符合“时空一致性”要求，并根据是否符合“时空一致性”的要求而对遗嘱的法律效力作出裁判，从而使“时空一致性”要求得以广泛认可与运用。从总结经验的角度看，这是根据民法典的立法精神，创造性地通过司法实践的有效运用而总结出来的裁判要求，并被司法实践证明是行之有效的司法智慧的结晶。

三、代书遗嘱和打印遗嘱“时空一致性”要求实际运用检视

笔者在Alpha案例库中以全文出现“时空一致性”为检索条件，再从

---

① 参见黄薇主编：《中华人民共和国民法典继承编释义》，法律出版社2020年版，第81页。

② 参见黄薇主编：《中华人民共和国民法典继承编释义》，法律出版社2020年版，第81-84页。

结果中叠加全文出现“遗嘱”筛选出178份裁判文书（截至2022年12月16日），并对该178份裁判文书逐一检视后，剔除86份在裁判要旨中与“时空一致性”要求及遗嘱效力认定无关的裁判案例，最后获得92份有效研究样本。通过对有效样本进行对比分析，笔者发现，当法院认定代书遗嘱或打印遗嘱无效时，往往会适用“时空一致性”要求进行论证。而认定代书遗嘱或打印遗嘱有效时，则很少适用“时空一致性”要求进行裁判说理。具体适用情形与裁判结果分析如下。

（一）人民法院适用“时空一致性”要求的案件类型与裁判立场

1. 认定遗嘱无效情形下适用“时空一致性”要求

（1）与认定遗嘱无效的要件规则合并适用。根据笔者对92件案例的对比分析，适用“时空一致性”要求认定代书遗嘱或打印遗嘱无效的案件有36件。在其中的24件案件中，法院将“时空一致性”要求与认定遗嘱无效的要件规则一并适用，认定遗嘱不具备法律效力。本文选取以下几个有代表性的案件进行分析。

在王某1与黄某1等遗嘱继承纠纷案①中，法院认定安某所立代书遗嘱无效。理由如下：第一，遗嘱继承人王某5到律师事务所委托订立见证的代书遗嘱。在被继承人安某住院期间，由律师事务所委派的见证人侯某2、叶某到医院听取被继承人安某的陈述意见后，由侯某2作笔录，王某5在病房门外等候。之后，侯某2、叶某回到律师事务所制作谈话笔录和遗嘱，并将谈话笔录和遗嘱打印，再回到医院向被继承人安某宣读遗嘱。被告王某5等人不能提供侯某2、叶某订立遗嘱时的笔录稿，无法提供录音、录像等其他证据以证明此份代书遗嘱确系被继承人安某的真实意思表示，也未提供证据证明代书人代书的内容是被继承人安某口述的内容。该代书遗嘱的形成过程违背了立遗嘱人口述和代书人代书及见证人在场见证的“时空一致性”要求。第二，代书遗嘱的法定形式要件为立遗嘱人签名。本案中的遗嘱除了侯某2与叶某的亲笔签名外，安某的署名为打印文字，

---

① 参见上海市静安区人民法院（2021）沪0106民初36034号民事判决书。

未有安某的亲笔签名。被告王某5等人也未提供充分有效的证据证明被继承人安某有捺印、盖章的习惯。本案所涉遗嘱仅有打印的年、月、日，未见代书人及见证人亲笔注明年、月、日。因此，被告王某5等人提供的遗嘱不符合代书遗嘱的法定形成要件，法院对该遗嘱的效力不予认定。

在殷某与范某1、张某1等遗嘱继承纠纷案①中，法院认定范某运订立的代书遗嘱无效。理由如下：本案所涉遗嘱为打印件，且并非由遗嘱人范某运本人制作，应属代书遗嘱。合法有效的代书遗嘱应当符合法定形式要件，且见证人不能是继承人或与继承人有利害关系的人。本案所涉遗嘱形成时只有原告殷某、被告范某1及见证人范某江在场，次日宣读遗嘱及遗嘱人签名时见证人李某洪在场，即在遗嘱订立的次日才向范某运宣读遗嘱并由其签名，见证人李某洪也未见证遗嘱制作的整个过程，不符合“时空一致性”的要求。同时，本案被告范某1与见证人范某江系堂姐弟关系，范某江不属于担任遗嘱见证人的适格主体。故该遗嘱不符代书遗嘱的形式要求，应属无效。

在代书遗嘱、打印遗嘱被法院认定为无效的上述案件中，除了遗嘱的订立过程违反“时空一致性”要求外，遗嘱本身亦不符合法定形式要件也是一个重要原因。因此，法院在认定遗嘱的效力问题上，常常将“时空一致性”要求与遗嘱法定形式要件规则一并适用，以论证遗嘱不具备法律效力。

（2）单独适用“时空一致性”要求认定遗嘱无效。在代书遗嘱、打印遗嘱符合法定形式要件的情况下，为还原遗嘱人订立遗嘱的真实意思表示，法院往往会对遗嘱的形成过程进行严格审查。

通过对前述92件案例的对比分析，笔者发现代书遗嘱或打印遗嘱单独适用“时空一致性”要求被认定无效的案件有10件。本文选取以下几个有代表性的案件进行分析。

---

① 参见新疆维吾尔自治区博乐市人民法院（2020）新2701民初1019号民事判决书。

在许某某、丁某某遗嘱继承纠纷案[①]中，法院认定被继承人董某订立的代书遗嘱无效。理由如下：本案中，三名证人均陈述被继承人董某向他们明确表示要立遗嘱，系争房屋由丁某某一人继承，董某本人也在该份遗嘱上签名、捺印，但是依据法律规定，订立代书遗嘱时，代书人、其他见证人、遗嘱人必须同时在场，三方应绝对保持“时空一致性”。但根据代书人赵某山陈述，该遗嘱系其依据董某意愿，赵某山自行拟制后于立遗嘱日由董某与赵某山先行签名（董某并捺印）、落款确认，随后再交由另两位见证人朱某某、金某某签名。而朱某某、金某某在庭审时均表示，他们对该遗嘱内容的详细形成过程及遗嘱订立、董某与赵某山的签名、捺印过程均不知晓，两人仅是当日在先后对董某提供的遗嘱阅看后，分别予以签名。由此可见，代书人、见证人和立遗嘱人并不是在同一时空完成代书遗嘱以及遗嘱见证，故本案代书遗嘱在见证过程及形式上存有瑕疵，已影响该遗嘱效力，应认定为无效遗嘱，系争房屋按照法定继承在各继承人之间分配。

在刘某 1、刘某 2 等遗嘱继承纠纷案[②]中，法院认定刘某枫订立的打印遗嘱无效。理由如下：依照民法典第 1136 条“打印遗嘱应当有两个以上见证人在场见证。遗嘱人和见证人应当在遗嘱每一页签名，注明年、月、日”之规定。具体到本案，刘某 3 虽持有刘某枫意愿遗嘱，但他未能提供见证人全程参与订立遗嘱和见证遗嘱全过程（全套制作程序）的证据。依照法律规定，该打印遗嘱须通过电脑书写，并在打印机上将遗嘱打印出来两个步骤制作完成。见证人须全程在场见证遗嘱人在电脑上书写遗嘱并用打印机打印出来的完整过程。遗嘱打印完成后，见证人还应帮助检查打印出来的遗嘱内容与电脑上所书写的遗嘱的内容是否一致，并同时注明“年、月、日”，以确保遗嘱的“时空一致性”。而刘某 3 持有的刘某枫订立的遗嘱欠缺打印遗嘱的上述形式要件，故该遗嘱不发生法律效力。

---

① 参见上海市第二中级人民法院（2020）沪 02 民终 11106 号民事判决书。

② 参见吉林省乾安县人民法院（2022）吉 0723 民初 235 号民事判决书。

在江某等与刘某1、刘某2、刘某3遗嘱继承纠纷案①中，法院认定刘某4订立的遗嘱无效。理由如下：本案遗嘱订立于民法典施行前，但司法解释规定民法典施行前，遗嘱人以打印方式立遗嘱，当事人对该遗嘱效力发生争议的，适用民法典第1136条的规定。根据民法典的相关规定，两个见证人应全程参与订立遗嘱的过程，见证遗嘱的全部制作程序。也就是要求见证人应从遗嘱在电脑上书写制作开始见证，见证遗嘱从打印机中打印出来，最后见证遗嘱人在遗嘱中签字并注明日期。本案中，两位见证人仅见证了刘某4签字过程，但没有见证遗嘱的制作过程，不符合见证遗嘱的"时空一致性"的要求，故该份遗嘱为无效遗嘱。刘某4名下的所有房产应当由刘某1、刘某2、刘某3三人平均继承，按份共有。

综合以上三个案例可以发现，在遗嘱符合法定形式要件的情况下，法院着重对遗嘱的形成过程进行审查，在遗嘱的形成过程不符合"时空一致性"要求的情况下，直接认定遗嘱无效。

（3）无其他证据补强遗嘱效力的情况下，适用"时空一致性"要求认定遗嘱无效。本文选取以下案件进行分析：在黄某1与汤某某、黄某2等遗嘱继承纠纷案②中，法院认定被继承人黄某3订立的遗嘱无效。理由如下：第一，代书遗嘱的合法性在于见证人在场见证的过程（行为）与遗嘱人订立遗嘱形成结果的"时空一致性"。本案代书人将代书遗嘱独自带至法律服务所外打印，打印时见证人及两位被继承人均不在场，故代书过程存在明显瑕疵。第二，代书人及见证单位在代书遗嘱过程中既未录音录像，亦未保留代书草稿，致代书人单独打印遗嘱的瑕疵不能以其他证据予以弥补。第三，代书遗嘱由他人代写，立遗嘱人虽有签名，但其意思表示要通过他人代书来表达，其表达个人意愿的自由度有所降低，立遗嘱人在遗嘱上的签名不能当然视为其对打印遗嘱内容的认可。第四，代书人及见证人虽表示已将打印遗嘱内容向立遗嘱人进行了宣读，但该节事实仅有其

---

① 参见上海市虹口区人民法院（2021）沪0109民初13137号民事判决书。

② 参见上海市第二中级人民法院（2021）沪02民终1006号民事判决书。

证言证明，无其他证据佐证。由于两人作为法律服务所工作人员，其在代书过程中存在的瑕疵使得两人可能与本案结果存在利害关系，故两人的证人证言不能单独作为认定该节事实的依据。综上所述，由于代书人单独外出打印遗嘱的瑕疵致法院无法认定该遗嘱内容系两位被继承人的真实意思表示，故应认定系争代书遗嘱无效。本案所涉遗产应按法定继承处理。在本案中，法院并未据此直接认定遗嘱无效，而是在当事人无法提供其他证据弥补代书人单独打印遗嘱瑕疵的情形下，方才认定遗嘱无效。可见，代书遗嘱或打印遗嘱的形成过程虽然不完全符合“时空一致性”要求，但当事人如果能够提供其他证据并足以证明涉案遗嘱系遗嘱人真实意思表示，法院是有可能认定遗嘱有效的。换言之，只有在无其他证据补强遗嘱效力的情况下，遗嘱才被法院认定无效。因此，违反“时空一致性”要求而订立的遗嘱并非当然无效。

2. 认定遗嘱有效的情形下适用“时空一致性”要求

通过对前述 92 件案例的对比分析，笔者发现代书遗嘱或打印遗嘱适用“时空一致性”要求被认定有效的案件有 7 件。本文选取以下几个有代表性的案件进行分析。

在程某 1、程某 2、程某 3 遗嘱继承纠纷案①中，法院认定周某订立的遗嘱合法、有效。该遗嘱订立的流程是：郑某、邵某平共同来到周某住所，由郑某执笔完成遗嘱手稿，并向周某宣读手稿遗嘱内容，得到周某确认后，郑某独自到文印店打印手稿遗嘱。返回周某住所后，郑某再次将打印好的遗嘱内容逐一向周某宣读，再次得到周某的确认，之后，周某、郑某、邵某平分别在该遗嘱上签名捺印，遗嘱制作完毕。在这约两小时的时间内，周某、郑某、邵某平始终没有脱离立遗嘱、办理代书遗嘱、见证立遗嘱这一主题。虽然郑某在此期间因打印遗嘱短暂外出，但周某所立遗嘱均系在自己家中完成，郑某、邵某平在现场见证了立遗嘱的完整过程，且这个过程是连续完整、不曾中断的，符合“时空一致性”要求。据此，法

① 参见四川省眉山市中级人民法院（2020）川 14 民终 674 号民事判决书。

院认定周某订立的代书遗嘱合法有效。在本案中，案涉代书遗嘱形成过程符合“时空一致性”要求，法院直接适用该规则认定遗嘱合法、有效。

在严某与袁某1遗嘱继承纠纷案①中，法院认定袁某3订立的遗嘱合法、有效，理由如下：遗嘱见证人在场见证的“在场”不必然包括遗嘱文本的制作过程，也不必然包括遗嘱人口述遗嘱内容的经过，但必须包括遗嘱人在明确知晓遗嘱文本内容的基础上以签名及注明年、月、日的方式来表达其订立遗嘱意愿的过程；在场见证的“见证”内容则包括：遗嘱人是否自主表达其立遗嘱的真实意愿；遗嘱人是否确认所立遗嘱的内容系其处分遗产的内心意思；遗嘱人是否在遗嘱上签名并注明年、月、日。本案中，原告提供的遗嘱、现场视频、顾某1的询问笔录可以证明，本案的遗嘱在录制视频前已经打印完成，遗嘱人袁某3尚未签字，故此时遗嘱尚未完成。2015年5月11日的视频显示，顾某1及刘某共同赴金山区××镇××路××号就遗嘱事项进行确认，视频中袁某3身体状况良好，精神抖擞，能完全正确表达自己的意志。顾某1询问袁某3在某房屋动迁后涉及其的补偿款及安置房处分问题，袁某3表示其去世后上述财产均留给外孙严某，顾某1在多次确认后就本案遗嘱向袁某3进行了二次宣读，宣读后交由袁某3签字捺印，此时遗嘱才完成。本案的遗嘱符合“时空一致性”规则。袁某3于2015年5月11日订立的遗嘱在视频的佐证下，反映了袁某3的真实意愿，于法无悖，理应予以尊重。在本案中，遗嘱在录制视频前已经打印完成，即使该份遗嘱的订立过程并不完全符合“时空一致性”要求，但该视频能够充分印证该份遗嘱系遗嘱人的真实意愿，故法院认定遗嘱合法、有效。

3. 不符合“时空一致性”要求仍认定遗嘱有效的情形

根据对比分析，笔者发现一些代书遗嘱或打印遗嘱的订立虽违反了“时空一致性”要求，但仍被人民法院认定有效。本文选取以下案件进行分析。

---

① 参见上海市金山区人民法院（2021）沪0116民初11140号民事判决书。

在常某1与常某3等遗嘱继承纠纷案①中，一审法院、二审法院作出了截然相反的判决结果。一审法院认为，本案中，常某1提交的视频无法反映见证人参与见证在电脑上书写遗嘱的情况，也无法反映见证人见证打印机将遗嘱打印出来的情况，仅能够反映见证人见证了立遗嘱人宣读遗嘱内容的情况，即没有见证遗嘱的全套制作程序。因此，该份遗嘱在形式要件上不符合打印遗嘱的要求，不是有效的打印遗嘱。二审法院认为，一是从遗嘱形式上看，立遗嘱人常某4、两名见证人李某和张某均在打印遗嘱上签字确认，并注明日期，符合打印遗嘱的形式要件。二是根据当日录像显示，常某4宣读了遗嘱内容，在录像中常某4精神状态良好、言语表达准确、宣读内容明确表达了其将遗产指定由常某1一人继承的意思，宣读后常某4与见证人均在遗嘱上签字确认。上述事实说明常某4对已打印遗嘱内容完全理解并确认，见证人亦见证了上述过程。故常某4所立打印遗嘱应认定有效。据此，二审法院认定，在本案中，见证人虽然没有全程见证打印遗嘱形成的全过程，但通过视频可以判定遗嘱系遗嘱人生前的真实意思表示。在打印遗嘱符合法定形式要件的情形下，应认定涉案遗嘱合法、有效。

通过上述案件分析可见：第一，在我国民法典施行之前，“时空一致性”要求的适用在司法实践中早已开始，北京、上海、四川、湖北、湖南、贵州、江苏、福建等地先后出现了认可并适用该要求的案例，特别是在认定遗嘱无效情形下该要求经常被法院所适用。第二，在民法典施行之后，无论法院判决认定遗嘱有效与否，该要求的适用依然在继续，且范围越来越广。② 由此可见，该要求在司法实践中已经具有较广泛的实践基础。第三，这一要求是法官司法实践经验的总结。法官在办理案件过程中，应秉持“司法为民”的服务理念，从遗产继承案件的实际出发，力求“事实认定符合客观真相、办案结果符合实体公正、办案过程符合程序公正”，

① 参见北京市第三中级人民法院（2021）京03民终11544号民事判决书。

② 参见天津市高级人民法院（2023）津民申3920号民事裁定书。

让司法裁判过程和结果既严格依法，做到案结事了，避免产生后遗症，又符合人民大众的朴素正义观,① 平衡好各方当事人的合法权益。“时空一致性”要求是根据我国继承法和民法典的立法精神，从维护公平正义立场出发而创设出来的，且能够解决实际问题。第四，这一规则完全符合我国宪法和民法典的立法精神，有利于公平公正地处理好遗产继承案件，有利于维护当事人的合法权益，有利于切实维护法律的权威，有利于提升司法公信力。第五，法院适用“时空一致性”要求认定遗嘱效力的目的是最大限度地还原遗嘱人订立遗嘱的真实意愿，从而保障遗嘱人生前真实的遗产分配意愿得以真正实现。但该规则的适用也并非绝对。虽然代书遗嘱或打印遗嘱的形成过程不完全符合该规则，但是有其他证据佐证，证明遗嘱的内容与遗嘱人的真实意愿相符的，遗嘱仍可能被认定有效。

（二）人民法院适用“时空一致性”要求时存在的主要问题与原因分析

1. 适用“时空一致性”要求时存在的主要问题

通过对前述92份有效研究样本的分析，笔者发现样本案件呈现出以下特点：第一，当事人争议大，上诉率、再审率高。研究样本中，一审文书数量为41份，二审及再审文书数量为51份，二审、再审案件总数高于一审。第二，裁判结果稳定性不佳。二审改判或者再审改判或者指令再审案件数量为6份，改判比例达11.76%。第三，裁判尺度不够统一。就“时空一致性”要求存在多种解读维度，实操中严格把握与整体把握的比例约为3∶1。经梳理发现，目前人民法院在审理继承案件适用“时空一致性”要求时存在以下两个问题。

（1）对“时空一致性”要求所持的立场不统一。在审理案件时，由于法院对“时空一致性”要求的适用把握维度不一，随之也呈现出严格把握、整体把握和不着重考察“时空一致性”要求但侧重探究遗嘱人真实意

---

① 参见孙海龙：《做好新时代审判管理工作的思与行》，载《人民法院报》2023年4月27日。

思表示的三种不同裁判思路。

一是严格把握“时空一致性”要求的裁判立场。持严格把握“时空一致性”要求立场的法院在审查遗嘱效力时非常强调“遗嘱行为须当场发生”与“见证人须全程参与”。典型裁判观点如下：第一，代书遗嘱是由立遗嘱人当场陈述、代书人当场书写、见证人当场见证的“时空一致性”要求而形成的记录,① 并由代书人、见证人和遗嘱人分别签名。如此而制作的代书遗嘱才能够如实反映立遗嘱人的真实意思表示。代书遗嘱的合法性有效性在于见证人在场见证的过程与遗嘱人订立遗嘱所形成的“时空一致性”，即在同一时空见证遗嘱订立的完整过程，并签名盖章。② 第二，打印遗嘱的见证人应参与订立遗嘱的过程，见证遗嘱的全套制作程序，要求见证人全程参与遗嘱的订立过程，两个步骤缺一不可：①见证人应在场全程见证遗嘱人在电脑上书写遗嘱；②见证人应在场全程见证电脑中的遗嘱从打印机打印出来。③ 换言之，就是要求见证人应见证从遗嘱在电脑上书写制作开始，到打印机打印遗嘱及遗嘱人在遗嘱中签字注明日期的完整过程,④ 形成一个闭环。

二是整体把握“时空一致性”要求的裁判观点。主张整体把握“时空一致性”要求的法院在审查遗嘱效力时倾向于对案件的过程作一个整体判断，只要遗嘱的订立整体上符合“时空一致性”要求即可，不强调当场完成遗嘱过程和当事人的全程参与。典型裁判观点如下：第一，“时空一致性”应为代书遗嘱整体流程的一致性，不要求遗嘱订立须全程均在一个时空完成。换言之，代书人无须亲自完成遗嘱的打印，他可以指示第三人完成打印，对此仍应认定该代书行为符合法律规定、代书人以代书人的身份签名符合遗嘱的形式要件。⑤ 如果见证人因打印遗嘱需要而短暂外出，但

---

① 参见上海市第二中级人民法院（2020）沪 02 民终 7092 号民事判决书。
② 参见上海市第二中级人民法院（2019）沪 02 民终 8762 号民事判决书。
③ 参见湖南省常德市中级人民法院（2020）湘 07 民终 2485 号民事判决书。
④ 参见上海市虹口区人民法院（2021）沪 0109 民初 13137 号民事判决书。
⑤ 参见福建省南平市中级人民法院（2019）闽 07 民终 968 号民事判决书。

遗嘱订立的整个过程系由见证人全程见证，且该过程呈连续、未中断状态的，仍应认定为符合“时空一致性”要求。① 第二，对于打印遗嘱而言，见证人在场见证的“在场”不必然包括遗嘱文本的制作过程，也不必然包括遗嘱人口述遗嘱内容的经过，但必须包括遗嘱人在明确知晓文本内容基础上，以签名及注明具体日期（年、月、日）的方式来表达其设立遗嘱意愿的经过；在场见证的“见证”内容应当包括遗嘱人是否自主表达其立遗嘱的意愿，遗嘱人是否确认遗嘱内容系其处分遗产的意思，遗嘱人是否在遗嘱上签名并注明具体日期（年、月、日）。②

三是不着重考察“时空一致性”要求但侧重探究遗嘱人真实意思表示的裁判观点。持这一裁判立场的法院主张遗嘱效力的核心并不在于遗嘱如何形成，而在于遗嘱人对其遗嘱内容是否完全理解并确认。典型裁判观点有：第一，尽管代书遗嘱是见证人根据遗嘱人谈话的内容整理打印而成，且并非当场书写，但该遗嘱是在见证人当面向遗嘱人宣读遗嘱内容并得到遗嘱人当场核对确认后，才由遗嘱人签名的，因此可以确认该遗嘱是遗嘱人的真实意思表示，该遗嘱有效。③ 第二，打印遗嘱的见证人即使未见证遗嘱的制作过程，但见证人见证了遗嘱人诵读遗嘱及各方签字、捺手印的情况下，仍可认定遗嘱的订立程序符合法律规定；④ 审查打印遗嘱是否有效的核心并不在于遗嘱如何形成，而在于遗嘱人对其遗嘱内容的完全理解并确认，以及见证人在场全程见证遗嘱人确认遗嘱的过程。⑤

综上所述，目前法院对“时空一致性”要求的适用存在不同的解读维度和裁判思路，严格把握“时空一致性”要求的法院对遗嘱制作过程的审查极为严格，凡是见证人未同步见证的遗嘱即会被认定为无效遗嘱；主张

---

① 参见四川省眉山市中级人民法院（2020）川14民终674号民事判决书中一审裁判观点。

② 参见上海市金山区人民法院（2021）沪0116民初11140号民事判决书。

③ 参见上海市浦东新区人民法院（2020）沪0115民初73732号民事判决书。

④ 参见北京市第三中级人民法院（2022）京03民终4209号民事判决书。

⑤ 参见北京市第三中级人民法院（2021）京03民终11544号民事判决书。

整体把握“时空一致性”要求的法院则认为对“时空一致性”要求的适用不能扩大到遗嘱的打印制作过程，或者退一步说，时空整体上的一致性也符合“时空一致性”要求。此外，也有部分法院从遗嘱人的真实意思表示出发进行裁判要旨的分析认定，而不直接引用“时空一致性”的要求进行论断。

（2）同案裁判思路差别较大。笔者发现在同一案件的一审、二审中，由于对“时空一致性”要求把握不一而呈现不同情况。其中，本次样本中的6起二审改判案件具有一定的代表性，主要裁判观点汇总如表1所示。

表1 二审改判案例裁判观点及理由

案号	一审情况		二审情况	
	裁判观点	理由	裁判观点	理由
（2018）黔27民终1413号	遗嘱无效	代书遗嘱并非标注的代书人代书，且在该遗嘱标注的代书人打印遗嘱的过程中见证人并未全程参与核对打印内容，且见证人并未注明见证的日期	遗嘱有效	因打印或手写都是书写的一种形式，只要代书人是根据立遗嘱人的真实意思表示书写，都符合代书的要件
（2021）京03民终11544号	遗嘱无效	无法确定两个见证人中的哪一位为遗嘱代书人，仅能确认两个见证人见证了立遗嘱人对遗嘱内容进行宣读的情况，在形式要件上不符合代书遗嘱的要求	遗嘱有效	审查打印遗嘱是否有效的核心，并不在于遗嘱如何形成，而在于立遗嘱人对已打印好的遗嘱内容是否完全理解并确认，且见证人是否在场全程见证立遗嘱人确认遗嘱的过程

（续表）

案号	一审情况		二审情况	
	裁判观点	理由	裁判观点	理由
（2020）川14民终674号	遗嘱有效	虽然郑某因打印遗嘱短暂外出，但遗嘱人周某所立遗嘱是在家里完成的，郑某、邵某平在周某家中见证了立遗嘱的全过程，且该过程是连续性的，没有中断，符合“时空一致性”要求	遗嘱无效	该代书遗嘱的制作未在遗嘱现场制作完成，不符合代书遗嘱的要件。其次，即使立遗嘱现场没有打印文件的条件，也应当由代书人先记录遗嘱内容再进行打印
（2020）鄂01民终6888号	遗嘱有效	本案的遗嘱具备订立代书遗嘱的要件即两个以上的自然人作为见证人同时在场予以见证，并由其中一人代书遗嘱，只不过本案代书的形式并非见证人吴某手写而是通过电脑记录的形式代写。遗嘱上的签名系郑某某本人的真实签名	遗嘱无效	遗嘱人对于遗嘱内容的陈述和代书人代书以及见证人的见证应具有“时空一致性”。本案中，在郑某某陈述遗嘱和吴某打印遗嘱时，均无两个以上见证人在场见证
（2021）吉07民终929号	遗嘱无效	两位见证人并没有参与订立遗嘱的全过程，当天是吕某拿出一份打印好的遗嘱，在王某见证下，由吕某宣读后，由马某签字、捺印。这种见证并不是民法典继承编所规定的见证，不满足打印遗嘱的有效条件	遗嘱有效	打印遗嘱有效不要求电脑制作和打印的行为必须由遗嘱人本人完成，但必须有两个以上见证人全程参与见证。而全程参与的最终目的在于确保遗嘱体现遗嘱人真实意思表示

（续表）

案号	一审情况		二审情况	
	裁判观点	理由	裁判观点	理由
（2019）苏 09 民终 1206 号	遗嘱有效	孙某某所立遗嘱，虽然是打印遗嘱，但遗嘱上有两个以上无利害关系见证人见证，且当时孙某某神志清醒，该打印遗嘱系孙某某的真实意思表示，且未违反法律法规的强制性规定，应属有效	遗嘱无效	朱某3、朱某2、周某1在遗嘱形成时均不在场，未见证遗嘱订立的整个过程，并不符合“时空一致性”的要求，无法证明遗嘱内容是被继承人孙某某的真实意思表示。案涉代书遗嘱不符合法律规定的形式要求，应当认定无效

从表1可知，在上述6起案件分别经过一审、二审而产生的12份判决中，根据严格把握、整体把握和不着重考察“时空一致性”要求但侧重探究遗嘱人真实意思表示的三种不同裁判思路进行归纳，其比例为6∶1∶5。而二审改判的绝大多数情况系基于严格的形式主义与探究遗嘱人真实意思表示两种不同的裁判思路引起的结果。

2. 适用“时空一致性”要求裁判所得结果不一背后的原因探究

笔者认为，之所以会存在对“时空一致性”要求所持的立场不统一的问题，是以下三个方面的原因造成的。

（1）遗嘱的形式要件之争——瑕疵遗嘱是否应作为有效遗嘱未达成共识。司法实务呈现的不同结果背后是理论界对遗嘱要件形式的观点之争。对“瑕疵遗嘱是否应作为有效遗嘱”，理论界有两类基本观点：一类是严格形式主义，另一类则是形式缓和主义。

第一，严格形式主义。严格形式主义的基本观点是只有符合法定形式要求的遗嘱才是有效的，凡是存在形式瑕疵的遗嘱均无效。① 此类观点倾

① 参见刘耀东：《民法典编纂视野下遗嘱形式要件的完善与形式瑕疵遗嘱的效力》，载《上海政法学院学报（法治论丛）》2019年第5期。

向认为，遗嘱是在遗嘱人死亡后才发生效力，这决定了它必须有严格的形式，以保证遗嘱的真实性和可靠性。从各国的实践来看，也都无一不对遗嘱的形式予以明确要求。以共同遗嘱问题为例，法国、日本、匈牙利、葡萄牙等国明文禁止包括夫妻共同遗嘱在内的任何共同遗嘱；而越南、德国、奥地利、英国、美国等国则认可共同遗嘱的法律效力。[①] 我国民法典第1134条至第1139条对遗嘱的形式作了具体规定，要求遗嘱人订立遗嘱必须按照既定的形式进行，否则其遗嘱将无效。但我国民法典和司法解释目前并没有明确将“时空一致性”要求纳入代书遗嘱和打印遗嘱的形式要件范畴中，遗嘱形式要件要求上还存在一定的漏洞。

王利明教授在解析《最高人民法院关于贯彻〈中华人民共和国继承法〉若干问题的意见》第35条要义时认为，在法律对遗嘱形式已作出明确规定情形下，遗嘱人所立遗嘱虽然内容合法但形式有瑕疵的，仍然不应认可该遗嘱的效力。[②] 因此，严格形式主义的观点更倾向认为遗嘱形式要件系强制性规定，而不单纯是“判断的要件”。凡是违反法定形式的，都应当无效。

第二，形式缓和主义。形式缓和主义的基本观点是，在审查遗嘱效力时，应着重探究遗嘱人真实意思表示。如遗嘱人的遗嘱表示意思为真，在有其他证据可以补正的前提下，则对在形式上稍有欠缺的遗嘱仍可认定为有效遗嘱。[③]

有观点认为，虽然遗嘱无遗嘱人亲笔签名，而有其捺印或盖章，但是若有充分证据证明该捺印或盖章行为是遗嘱人亲为，应该认定遗嘱为有效；遗嘱见证人不符合法律规定或遗嘱记载日期不准确或不全面，在有充分证据证明遗嘱人具有遗嘱能力的，也应该认定为有效。[④] 而有观点则提

---

① 参见周子凡：《德国共同遗嘱及其对我国的启示》，载《当代经济》2017年第13期。

② 参见王利明主编：《中国民法典学者建议稿及立法理由——人格权编·婚姻家庭编·继承编》，法律出版社2005年版，第552页。

③ 参见梁分：《“遗嘱形式缓和”之实证分析》，载《法学杂志》2012年第7期。

④ 参见梁分：《“遗嘱形式缓和”之实证分析》，载《法学杂志》2012年第7期。

出应建立“遗嘱形式要件的豁免规则”，其认为我国民法典继承编应顺应遗嘱形式要件豁免之立法趋势，明确规定形式瑕疵遗嘱的效力，在法律价值判断上应由强调遗嘱形式要件之完整性向遗嘱人意思表示之真实性的转变。①

随着经济社会的发展，支持形式缓和主义的学者在不断增多，一些学者也在不同的文献论述中提及了自己对形式缓和主义的思考与认可。虽然理论界对形式缓和主义呼声日益高涨，但是，实务中，严格形式主义仍占据主导地位。

（2）“时空一致性”裁判规则规范指引严重缺失。第一，通过查阅法条、最高人民法院司法解释或者指导案例等权威文件可以发现，有关“时空一致性”要求的规定或者解释目前处于空白状态。如前所述，在本次研究检索涉及遗嘱继承的92份有效研究样本中，适用“时空一致性”要求认定代书遗嘱或打印遗嘱无效的案件有36件。在其中的24件案件中，法院将“时空一致性”要求与认定遗嘱无效的要件规则一并适用，认定遗嘱不具备法律效力。第二，法院在援引“时空一致性”要求时，多基于对民法典法条中“见证人义务”的解读进而扩展论述该一致性要求的适用，故而各裁判者可以基于自己的理解为该规则在遗嘱效力的认定上作不同的解读，典型如上文阐明的严格形式主义和形式缓和主义两种不同观点。而多数法院认为，应要求见证人从遗嘱在电脑上书写制作开始见证，见证遗嘱从打印机中打印出来，最后见证遗嘱人在遗嘱中签字并注明日期；而少部分法院认为，见证人在场见证中的“在场”并不必然包括遗嘱文本的制作过程，也不必然包括遗嘱人口述遗嘱内容的经过，但遗嘱人在明确知晓文本内容基础上以签名及注明年、月、日的方式来表达其设立遗嘱意愿的经过则必须包括在其中。现因未有权威文件的指引，以上同一个要求（“时空一致性”要求）有不同解释的情况势必在短期内持续下去，对该要求的

① 参见刘耀东：《民法典编纂视野下遗嘱形式要件的完善与形式瑕疵遗嘱的效力》，载《上海政法学院学报（法治论丛）》2019年第5期。

解读亟须权威文件指引和统一。

（3）多维度价值碰撞的两难抉择。从上文对“时空一致性”要求的适用情况检视中可以看出，无论审理角度、裁判依据的解读还是裁判结果，都显现出法官们在权衡裁判维度时的抉择困难。一方面，要对法律形式要件予以维护，如果允许要件瑕疵的遗嘱成为有效遗嘱，则其后的类似案件的审理难度有可能不断加大，而涉及此类非规范遗嘱的继承案件也势必与日俱增；另一方面，要对遗嘱人真实意愿予以探究与尊重。如果对形式要件的审查标准定得过高，则极有可能造成大量的遗嘱人真实意愿在审判后付之东流，有违司法为民的宗旨。反之，则可能违背立法意旨，故法院在缺乏一致的裁判规则的指引下往往只能秉持公平原则，并根据审判经验与价值导向来选择规则适用。

四、遗嘱“时空一致性”效力裁判规则的构建

目前，人民法院适用“时空一致性”要求裁判案件出现的问题，最根本的原因在于缺乏法律或者规范性文件的规定。这一现状在实践中可能还要持续一段时间，问题如果长期没有得到解决，必将直接影响继承关系当事人权益的保障，也会影响人民法院审判质量的提高，最终影响法律的权威性与司法机关的公信力。当务之急是必须从法律或者规范性文件层面解决法律适用依据问题。考虑到民法典施行时间不长，不可能作出修改。务实的做法应当是从完善司法解释的角度来解决问题。笔者认为，可以从以下几个方面着手进行。

（一）出台规范指引文件，将遗嘱“时空一致性”要求提升为具有执行力的司法裁判规则

目前存在的对“时空一致性”要求解释维度不一的问题，其成因在于该要求是司法裁判经验总结而成的“规矩”，并无规范性文件加以解释规范。

相较于该种情况，笔者对比了民法典继承编中的另一个规则，即“必留份规定”。民法典第 1141 条规定遗嘱须为“缺乏劳动能力又没有生活来

源”的继承人保留继承份额。同时，通过《最高人民法院关于适用〈中华人民共和国民法典〉继承编的解释（一）》对该规则作了进一步阐述，补充了“继承人是否缺乏劳动能力又没有生活来源，应当按遗嘱生效时该继承人的具体情况确定”的时间判断标准。因该条款中“保留继承份额”存在自由裁量空间，并且应当保留份额是一个强制性规定还是一个仅影响遗嘱效力的规定也尚无定论，如无示范指引就可能导致各地法院的判决标准。对此，最高人民法院发布了50号指导案例和一起公报案例。① 在这样多位一体的规范体系下，笔者查阅了近百个与“必留份规定”有关的裁判，各裁判者在裁判规则的解读上基本一致，未有发现理解不一的情况。

鉴于立法、司法实践已有成功示范，且时机也比较成熟，建议最高人民法院在全面总结目前遗嘱继承案件审判经验的基础上，通过调查研究、系统论证与专题研讨，对“时空一致性”要求的内容与适用问题进行梳理并形成指导意见，对“时空一致性”裁判规则通过司法解释等规范性文件予以规制，并公布指导案例以供全国各级法院作为示范参考。在具体操作层面，可以通过制定《最高人民法院关于适用〈中华人民共和国民法典〉继承编的解释（二）》等系列司法解释实现裁判规则指引，也可以通过适时编制并颁布遗嘱继承典型案例等指导案例或者通过《最高人民法院公报》《人民法院案例选》、“人民法院案例库”等权威出版物或者数据库予以明确。在具体内容上，建议对“时空一致性”的内涵与判断标准、主要内容、效力及其适用（包括“时空一致性”裁判规则与遗嘱形式要件规则的融合与适用）等基本内容作出规定。这样，就可以快速统一司法实践中对“时空一致性”裁判规则的认识，避免多维度标准的出现。

---

① 参见指导案例50号：李某、郭某阳诉郭某和、童某某继承纠纷案、李某花、范某诉范某业、滕某继承纠纷案。Alpha案例库，全文搜索“遗嘱应当对缺乏劳动能力又没有生活来源的继承人”，载 https://alphalawyer.cn/#/app/tool/result/%7B%5B%5D,%7D/list?queryId=2683b9259ebd11ed9004b8599f481ce0，访问时间：2023年1月28日。

（二）明确内涵与基本内容，使“时空一致性”裁判规则的认识层面达成共识

未来在制定“时空一致性”裁判规则时，需要明确的重点内容有以下几方面。

1. 厘清遗嘱“时空一致性”裁判规则的内涵与效力

首先，民法典在代书遗嘱和打印遗嘱的形式要件上特别强调见证人须“在场”见证。按照《现代汉语词典》（2002年增补本）的解释，“在场”是指“亲身在事情发生、进行的地方”。[①] 从文义解释的角度理解，“在场”也可以理解为“当场”“当时在现场”。“在场”是一个动词短语，它表示某人或某物在某个场合、地方出现或存在。它强调人或物体的存在状态，通常用来描述某人参与或目击了某个事件或情景。据此，笔者认为，要做到“在场”，就必须是当时当场出现或者存在。按照前述“时空一致性”的内涵解析，遗嘱的制作与见证行为是同时发生，并且是在同一个场合进行并完成的，它符合“在场”的意蕴。换言之，符合“时空一致性”要求就符合“在场”的要求；民法典强调的“在场”要求与“时空一致性”的要求在内涵上是一致的；“时空一致性”要求是民法典强调的“在场”要求的必然要素与内在组成部分。因此，遗嘱“时空一致性”的要求可以说是“在场”的题中应有之义。

其次，“时空一致性”是指时间和空间是相互联系的，不能独立存在的一种原理。换言之，就是要求时间的同步性和空间即地点上的同一性。在物理学中，时空一致性是相对论的一个重要概念。就遗嘱而言，“时空一致性”是指遗嘱制作在时间上的同步性和空间上的同一性。即要求遗嘱的制作与见证行为须同时发生，并且是在同一个场合进行并完成的。

最后，裁判规则是指人民法院裁判案件所应遵循的规则。换言之，它是人民法院可以作为判案依据的法律形式，包括法律及法律解释、司法解

---

① 中国社会科学院语言研究所词典编辑室编：《现代汉语词典》（2002年增补本），商务印书馆2002年版，第1567页。

释及其他规范性文件的规定，它是国家立法机关和最高司法机关依照法定程序制定颁布的，具有法律约束力，主要解决具体司法实践工作中如何适用法律的问题，且在一定程度上也约束着法院自由裁量权的行使。未来将“时空一致性”要求上升为裁判规则后，它就具有法律上的约束力和执行力。

2. 明确“时空一致性”裁判规则的主体内容

根据前述目前司法实践中的经验做法，未来的“时空一致性”裁判规则可以设计为两个部分，即时间一致性裁判规则和空间一致性裁判规则。

（1）“时间一致性”裁判规则的内容。时间一致性裁判规则的内容，指的是遗嘱人、代书人、见证人必须是在同一时间，亲身参与遗嘱人订立遗嘱的整个过程，包括遗嘱人陈述遗嘱内容的过程、遗嘱书写的过程、相关人员在遗嘱上签名并注明日期的过程、遗嘱宣读的过程等，整个过程必须是连贯发生，每个过程遗嘱人、代书人、见证人必须同时在场。这就意味着，遗嘱人、代书人或见证人不能直接将事先准备好的遗嘱让相关人员签名注明日期；也不能将见证人隔开，让他们在不同的时间、地点进行遗嘱见证，更不能让见证人分别见证遗嘱订立过程中的不同事项。

（2）“空间一致性”裁判规则的内容。空间一致性裁判规则的内容，指的是遗嘱人、代书人、见证人必须在同一个地方亲历遗嘱人订立遗嘱的整个过程。尽管现在互联网和科技发展比较成熟，从技术上可以实现远程操作，但只要遗嘱人、代书人、见证人不是在同一场所参与完成的遗嘱，就不符合“空间一致性”的要求，遗嘱可能是无效的。例如，遗嘱人或者代书人拿着在一个在 A 处书写完成的遗嘱到 B 处让见证人进行见证，遗嘱人或者代书人拿着书写好的遗嘱到不同见证人的家里分别找见证人签字等，都不符合“空间一致性”的要求，将导致遗嘱无效。

综上所述，代书遗嘱、打印遗嘱案件的“时空一致性”裁判规则包括两个方面的内涵与要求：一是时间上的同步性。即遗嘱人口述、遗嘱书写行为以及见证人见证行为是同时或基本上同时发生的；二是空间上的同一性。即指遗嘱人、代书人、见证人须同时在同一个地点（场所）完成立遗嘱的行为。

3. 明确“时空一致性”裁判规则的适用范围

第一，“时空一致性”裁判规则不仅适用于代书遗嘱、打印遗嘱纠纷，也适用于录音录像遗嘱、口头遗嘱纠纷。理由在于我国民法典第 1137 条和第 1138 条对于录音录像遗嘱、口头遗嘱同样也有“应当有两个以上见证人在场见 证”的要求。第二，人民法院审理一审、二审和再审继承纠纷案件均可适用该规则。

4. 明确“时空一致性”裁判规则的适用标准

在最高人民法院通过法定程序发布“时空一致性”裁判规则和相关指导性案例后，人民法院受理或者审理的涉及遗嘱“时空一致性”效力问题的各类案件，应当统一适用最高人民法院发布的裁判规则。最高人民法院还可以通过发布指导性案例和“人民法院案例库”案例等形式予以具体化。

（三）确认“时空一致性”裁判规则为强制性规则，以补强规则为补充规则

对“时空一致性”裁判规则的规范除了上述内涵解释的规范外，还应明确其为强制性规则抑或补强规则。在司法实务中，一旦违反强制性规则，则整个民事行为即可宣布为无效；但若该规则仅是补强规则，则在违反该规则的情况下，民事行为结合其他要素仍可被认为有效。在当下司法实践中，无论是严格把握还是整体把握“时空一致性”要求的法院，均倾向将“时空一致性”要求作为强制性规则。因此，一些法院在判决遗嘱无效时，通常会在判决书中指出该遗嘱违反了“时空一致性”要求，所以遗嘱无效。

笔者认为，将“时空一致性”裁判规则作为强制性规则符合当下我国基本国情。如果没有一个相对明确的司法标准，则可能大大降低审判机关的司法效率。但同时，如果后续的立法观点确实也倾向将“时空一致性”裁判规则作为强制性规则，那么其外延应适当放宽。也就是对目前严格形式主义所要求的“当场”“全程”等适当予以延伸。例如，在现今分工日

趋专业化的阶段，遗嘱人更倾向委托专业机构为其办理遗嘱事宜。以律师事务所的服务过程为例，委托律师订立遗嘱大致需要经过双方洽谈、接受委托、告知信息、起草遗嘱、打印遗嘱、预约订立、二次会面、订立遗嘱、完成订立几个步骤。当进入遗嘱事宜的具体办理阶段时，通常是由遗嘱人或继承人到现场与律师洽谈（不排除遗嘱人身体状况不佳等情况），在洽谈现场告知律师其遗嘱意愿并办理委托手续。待委托人离开后，受托律师根据现场录音或草稿或根据委托人携带的资料为其起草遗嘱。其后，准备工作完成，律师预约遗嘱人上门完成现场的遗嘱订立流程，遗嘱制作完结。

就以上笔者描述的流程而言，表面看似乎合情合理，但如果用“时空一致性”要求加以衡量，则以上服务至少存在不符合其要求之处。体现在以下几方面。

首先，根据“时空一致性”要求，必须是遗嘱人、代书人与见证人“时空相一致”。前来洽谈委托事项的不一定是遗嘱人本人，因遗嘱人时常有特殊情况，委托继承人前来的情况较为常见。那么，是否允许在探究遗嘱人真意的前提下，起始环节由继承人转述遗嘱意愿，还是必须严格按照“时空一致性”要求，只能由遗嘱人在起始环节口述遗嘱意愿？

其次，根据“时空一致性”要求，必须是遗嘱人口述、代书人代书与见证人见证“时空相一致”。律师起草遗嘱的环节具体是当场记录起草抑或简单记录后起草，抑或不用记录仅凭当事人携带的材料起草，又或是先录音后起草，实务操作中可谓是“五花八门”。如果严格按照“时空一致性”要求来解读，则大量的专业机构的代书遗嘱可能被认定为无效，则此项放宽幅度又应当如何把握？

再次，根据严格的“时空一致性”要求，必须是遗嘱起草、订立与见证行为“时空相一致”。在专业化协作服务过程中，服务通常不是即刻就能完成，而是中途需要筹备时间的。最典型的情形就是：由一名律师在现场听取遗嘱人意愿并负责签署委托书，而后由遗嘱人自己或者委托起草遗嘱的律师甚至是律师助理进行文本起草，在进行遗嘱见证时根据律师事务所分配的人员情况指定遗嘱见证人，而不是一开始就有固定的见证人见证遗嘱意愿洽谈和准备的全部过程。

最后，在时间上，遗嘱意愿告知、遗嘱起草、遗嘱订立也大概率不是同一天完成的，律师事务所通常须对文件严格审核，经过内部的风控程序把关后才能出具遗嘱，一般也不可能在一天内即完成当事人的遗嘱服务。

据此，在制定“时空一致性”裁判规则时，应对实践中的最新情况予以回应，做到与时俱进。笔者认为，对遗嘱订立方式的革新，在法律规范的审查上应当有所体现。就“时空一致性”裁判规则的理解或者延伸解释而言，应将前文所述的“当场”延伸至“整个遗嘱服务流程”，而不是限定性地解释为“当天或者当时”；例如，对于“遗嘱人口述、代书人代书时空相一致”，应允许通过其他介质对当事人的意愿予以记录和体现，而不是必须现场口述、现场记录。另外，关于见证人的“时空一致性”的外延，如果遗嘱的订立流程不再是传统的“2小时完成”，而是最新分工形态下的“3—10日”，那么在这个时间段内都要求见证人现场见证显然不可能，因此，要求该见证的“时空一致性”仅体现在现场确认当事人意愿及见证遗嘱签订的过程即可。以上类似的延伸思考还有很多，都需要立法学家进行验证与阐明。

综上所述，笔者倾向“时空一致性”裁判规则在适用上应坚持以“强制性规则”为普遍适用、以“补强规则”为特殊适用的基本原则。即在一般情况下，应当作为强制性规则适用，该规则应当是遗嘱实践的基本准则。同时，在符合规定的条件下，应当允许法院根据案件实际情况，从尊重事实与依法维护当事人权益的立场出发作出实事求是的认定与处理。

（四）在严格形式主义的基础上引入缓和形式主义，以突破价值抉择难题

如前所述，笔者认为，应将“时空一致性”裁判规则作为强制性规则，同时，根据前述律师在实务工作中遇到的实际问题，为适应时代的最新发展，对“时空一致性”裁判规则的内涵在空间、时间层面上均应当相应地延伸，不必再拘泥于必须当场、当下完成遗嘱所有内容，而应当允许

律师等专业机构或人员根据遗嘱人的真实意愿分阶段、分工完成。如何让法院尽可能不在多维度价值碰撞情形下根据审判经验与价值导向作选择？固然，完全摒弃形式主义的观点是不可取的，因为这势必将引起更大的质疑，但一味追求形式主义而放弃对遗嘱人真实意愿的探究与执行同样是违背法律追求的。对此，笔者认为基本原则和立场仍应当是坚持严格形式主义，但在此基础上，可以引入缓和形式主义解决目前的困惑。

目前，严格形式主义与缓和形式主义的主要冲突是在遗嘱人违反了形式主义但又有证据印证意愿为真实的情况下，是否应当认可其遗嘱为有效。笔者认为，在信息社会，通过现今大量的司法实践，已经有大数据可以显示常见的违反严格形式主义的情形、补正情况与判决结果。既然一概判决无效并不符合社会的期待，与其每次都要专门讨论研究，不如通过大数据将大批量的瑕疵情形进行分类归纳，提炼对瑕疵遗嘱可以补强认定为有效的规则和适用范围、适用情形等，并发布典型案例予以指引与借鉴，从而将这些规则纳入严格形式主义的规则范围内，由法院根据民法典的立法精神和补强规则，结合所认定的案件事实，对遗嘱人真实意愿进行综合研判，从而作出最终裁判。这样，不仅可以让严格形式主义的实践者更放心执行自己既定的裁判标准，也响应了缓和形式主义长期的号召，进而避免理论界与实务界对瑕疵遗嘱的争论，让法院在绝大多数的案件中都能根据现有的裁判标准作出趋于一致的判决，真正解决纠纷，化解矛盾，案结事了。

五、小结

法院对“时空一致性”要求把握维度不一是理论界和实务界对遗嘱形式要件认识不一致的反映，但规范指引缺失也是法院对“时空一致性”要求解读与适用不一的重要成因。遗嘱关系遗嘱人财产的归属，关乎个人与家庭财富的有效传承，而裁量标准的不统一性不仅可能使遗嘱人的合法愿望落空、私权无法得到保障，也可能给遗嘱人家庭引发更大的矛盾纠纷。在法律服务机构愈加发达的现代社会，用原有的“时空一致性”要求及严格形式主义标准解释现今的遗嘱订立行为的合法性已然不符合社会发展的最新需求。因此，建议最高人民法院适时发布规范指引文件和指导性案例，力求在“时空一致性”裁判规则的执行依据和认识层面达成统一，避免“类案不同判”的情形出现。同时，检视“时空一致性”裁判规则作为强制性规则的环境，并结合我国最新的社会实践来对其外延进行扩充，以确保该规则的适用可以切实契合绝大多数案件的判断标准。最后，建议在严格形式主义的基础上引入缓和形式主义，对已过时的严格形式主义标准进行优化调整，进而实现裁判结果既符合公平正义又合情合理。判

（本文仅代表作者个人观点）

论数字检察诉前类案监督的精准化发展：风险挑战与优化路径*

史一舒**

引言

数字检察类案监督是站在历史与时代前沿，落实党的二十大精神的重要举措，是检察机关迈向智能化的“船”与“桥”，是检察办案提质增效的重要抓手与引擎。当前，我国正以网络融合、平台融合、数据融合、应用融合、模型融合为“合一”导向进行数字检察常态化与系统化建设，并要以大数据赋能法律监督，融入社会治理大格局，走出一条“以数字检察为牵引，以类案监督为核心，以促进社会治理为目标”的数字检察创新发展之路。在数字时代，诉前类案监督是检察机关运用数字权力对传统个案监督方式的一种预防式、融合式突破与进阶，真正在诉前推动法律监督模式从“数量驱

* 本文为研究阐释党的十九届六中全会精神国家社科基金重大项目“建立健全自然资源资产产权制度研究”（22ZDA109）的阶段性成果。

** 首都经济贸易大学环境与经济法治研究中心特约研究员。

动、个案为主、案卷审查”的个案办理式监督，向“质效导向、类案为主、数据赋能”的诉源治理式体系化监督进行深层次变革。然而，现有的规范性文件只是将类案监督作为一项司法改革举措予以提出，并未就如何开展复杂多元的诉前数字检察类案监督工作进行精准化制度设计。这种制度空白不免让人追问数字赋能诉前类案监督是否有规范性框架与标准，如何在“数据—算法—人工二次筛查”数字技术情境下启动“对象精准、权能明确、规则清晰”的诉前类案监督实施机制。

一、运作机理：数字检察诉前类案监督的特点

数字赋能类案监督突破了个案监督的局限性，在数据与信息层面打破了就案论案的单一模式，用算法系统发现批量监督线索并将其放在一个“盘子”里对比、分析、判断，具备低成本、高效率、易搭配等特点，在诉前发现相关部门普遍性、机制性的缺失和漏洞。此种“低耦合”性和模块化特征，能够适应大数据“四大检察”① 相互融合、彼此借力，也为诉前类案监督的精准化与规范化机制建构提出更高的要求。

第一，启动时间：以“诉前线索挖掘”为监督起点。以最高人民检察院数字检察办公室审定的《数字检察办案指引》中公布的各地方检察院办理的36个案例显示，其中达到诉前实现类案监督目标并予以预防性治理的案例可达97.2%。② 所谓数字检察诉前类案监督，是不同于传统意义上检

---

① 指刑事检察、民事检察、行政检察和公益诉讼检察。

② 典型案例如义乌市人民检察院办理的“知识产权行刑衔接类案监督”，义乌市人民检察院分析涉知识产权行政处罚、移送案件、立案侦查、环节数据，提取当事人姓名、商标数量、涉案金额、侵权物品仓储地等数据要素特征，发现知识产权以罚代刑、不罚不刑等行政检察类案监督线索，以及应立不立、应撤未撤、久侦未决等刑事检察类案监督线索。一方面，向公安机关开展立案监督、撤案监督和纠正违法监督并引导侦查；另一方面，向行政执法机关制发检察建议，促进依法行政，建设“知识产权保护一件事”多跨场景。参见贾宇主编：《数字检察办案指引》，中国检察出版社2023年版，第77-93页。

察机关对人民法院“审判中”与“审判后”的同种类案件所实施的法律监督，[1] 是检察机关在案件进入审判程序前，以个案办理为起点，利用各地数字化平台系统，通过关键词检索、数据关联碰撞、特征分析等手段发现类似案件的重要线索，通过召开联席会议、制发检察建议、提出纠正违法意见、签订相关协议等方式联合相关部门促进检察融合监督，以实现类案诉源治理“快车道”。[2]

第二，运作方式：以“四大检察”融合一体进行贯通。数字检察类案监督在监督方式和手段运用上具有系统融合性，主要表现为以审查、调查、侦查“三查”融合全域贯通刑事、民事、行政、公益诉讼“四大检察”横向一体化。[3] 2018 年修订人民检察院组织法中除对刑事侦查、审判、执行的监督权予以确认之外，对法律监督的范围进行了适当和必要的扩展，对于民事、行政、公益诉讼监督作出授权，与检察机关传统的刑事

---

① 2005 年 6 月 10 日，最高人民检察院印发《最高人民检察院关于进一步加强公诉工作强化法律监督的意见》，指出：“综合运用多种监督手段……即时监督与事后监督相结合，个案监督与类案监督相结合等方式……”这是检察法律监督工作中，较早出现的“类案监督”的提法。2010 年 7 月 21 日，曹建明检察长在全国检察机关第二次民事行政检察工作会议上的讲话，正式拉开了检察机关类案监督的研究帷幕。汤维建教授曾指出：类案监督，指的是检察机关对人民法院审判中和审判过的同种类案件所实施的法律监督。参见汤维建《论中国民事行政检察监督制度的发展规律》，载《政治与法律》2010 年第 4 期；参见胡火箭、曾涛、王恰：《类案监督：“类案”之建构及“监督”之途径》，载《宁夏社会科学》2012 年第 3 期。

② 本文研究对象“诉前类案监督”不同于对法院裁判或执行结果的监督，强调在检察机关办理个案的过程中，通过数字化手段发现类案监督线索，引导相关行政机关继续办案以实现诉源治理。因此，本文所研究的“诉前类案监督”主要涉及检察机关与（不同的）行政机关在诉讼前阶段、由数字化类案监督所产生的一系列互动关系，不涉及针对法院司法行为的类案监督。

③ 根据实践分析可知，“检察一体化”可以分为横向一体化与纵向一体化。所谓横向一体化，即检察机关内部各职能部门以及跨地域检察机关相互之间通力合作、互相配合，发挥检察资源整合优势。参见陈文聪：《检察一体化问题研究》，载《法律科学（西北政法大学学报）》2023 年第 2 期。

检察一并形成“四大检察”的基本框架。① 数字赋能类案监督能够汇聚“四大检察”不同领域法律监督合力，如将“刑事检察中涉及附带民事及行政公益诉讼”“民事、行政及公益诉讼监督中涉及刑事立案”等案件予以整合系统监督，使得法律监督制度不断走向高效化、体系化与科学化。如图1所示，宁海县人民检察院办理的“平台类案件‘两类监督’数字化应用”中，通过浙江检察数据应用平台，基层办案检察官以“关键词模糊查询—人工审查线索案件对比碰撞—分类办理”流程启动高效的类案监督程序，② 形成“刑事检察—公益诉讼检察”融合监督链条。

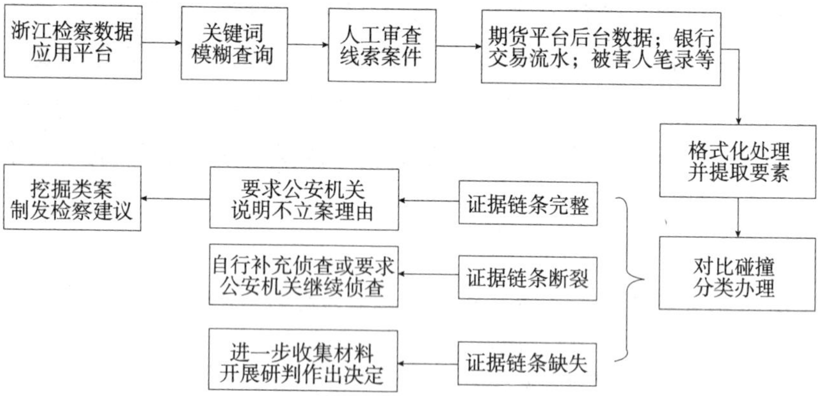

图1　平台类案件“两类监督”数字化应用流程

第三，监督程式：由人力监督到“算法—场景”监督。一是诉前类案监督的程序开展，集中体现在数据初始运用、模型建立与诉源治理三方

---

① 2021年6月15日，中共中央印发《关于加强新时代检察机关法律监督工作的意见》，要求以高度的政治自觉依法履行刑事、民事、行政和公益诉讼等检察职能。这是“四大检察”首次写入中共中央文件。参见余钊飞：《“四大检察”与执法司法制约监督体系之构建》，载《法律科学（西北政法大学学报）》2021年第1期；贾宇：《以审查、调查、侦查“三查融合”，全面提升新时代检察机关法律监督质效》，载中国检察官网站，http：//www.zgjcgw.com/html/news/2022/0711/12106.html，2023年4月23日访问。

② 参见贾宇主编：《数字检察办案指引》，中国检察出版社2023年版，第121页。

面，其中不可忽视的关键环节就是对庞杂数据“截取核心字段—确定敏感阈值—与关键证据碰撞”后的选择与筛查过程（如表1所示）。二是检察监督决策算法化。① 算法可将模型的数据需求与具体场景紧密联系。如在松阳县人民检察院办理的“网络司法拍卖民事执行违法犯罪类案监督”中，人民检察院针对各项违法违规拍卖场景设定特定“法律语言+关键词或关键词组合”，并将其作为“算法”底层规则，经数据库检索与碰撞后筛选出拍卖公告发布异常、房产瑕疵说明异常、租赁信息异常等可能存在违反法违规拍卖行为的案件。②

表1　类案监督数据的选择与筛查步骤

第一步	截取核心字段，剔除99%无效数据	重构数据库，可利用SQL语句对重构的数据库进行查询筛选，新建包含案件核心字段的数据库
第二步	确定敏感阈值，对剩余1%的价值数据进行二次筛选	将基础数据与案情结合，针对不同要求设定敏感阈值，同时达到所有阈值要求的即价值数据（监督对象）
第三步	与其他相关证据碰撞，确定100%监督数据	将拟立案监督对象的数据与相关数据进行智能化比对并进行分类处理（如可构成红黄绿风险指数“三色图”）

二、精准化困境：数字检察诉前类案监督面临的风险挑战

“精准监督并非选择性监督”③ 是数字检察类案监督运作的基本理念、在具体的监督需求面前，检察机关必须恪守其法律监督者地位，履行法律框架内的监督职能，选择“直击难点与痛点”的监督路径，在监督手段与监督目的、投入成本与产出效益之间实现匹配与平衡。数字检察诉前类案

---

① 如基于民事当事人的关系、诉讼周期、调解或者判决、虚假证据、虚假事由等特征，按照大数据的聚类统计方法，实现民事虚假诉讼监督的智能化。参见赵毅宇：《检察监督智能化的发展隐忧及应对逻辑》，载《法制与社会发展》2023年第2期。

② 参见贾宇主编：《数字检察办案指引》，中国检察出版社2023年版，第247-248页。

③ 参见杨波、崔晓丽：《精准监督，精准维护社会公平正义》，载《检察日报》2021年3月3日。

监督的“精准化”目标是在检察权法定限度内，融合“四大检察”的优势，提高运用大数据分析发现问题的能力，实现“办理一案，治理一片”诉源治理效果。而实践中，诉前类案识别与检索风险、诉前类案监督程序运作与检察建议生成风险、诉前类案数据协同与管理等风险问题影响其精准监督进程。

（一）诉前类案识别与检索风险

类案的识别与检索是检察机关开展类案监督的起点。我国理论界对于类案判断问题研究大致可以划分为两个阶段，即案例指导制度时期与类案检索机制时期。

第一，检察类案监督之“类案”难以厘清。“类案检索指导意见”只是对在何种情景下应检索类案、检索类案的范畴以及参考类案的步骤规程提出程序性要求，却没有从根本上解决依据何种标准判断案件相似性的问题。[①] 而理论界对案件相似性的判断有较大争议：一是“构成要件类似说”，主张以案件构成要件之对比区隔作为相似性的框架基础；二是“实质一致说”，主张相似性之认定应视法律规定之法定案型与待决案件事实之间可否诉诸实质理由论证；[②] 三是“同一思想基础说”，如果两个案件的利益诉求相同，则可以认为此二者存在相似之处。[③] 概言之，此种争论根源在于语义学上争议、方法论上混淆、认识论上疑虑三个层面。[④] 并且，目前理论界的研究忽略了人民法院的“类案裁判”与检察“类案监督”的异同之处，人民法院的“类案裁判”之实质即“同案同判”，侧重于裁判结果的同一性，有助于实现司法公正；而检察“类案监督”更强调监督过

---

① 参见孙海波：《重新发现“同案”：构建案件相似性的判断标准》，载《中国法学》2020 年第 6 期。

② 参见黄泽敏、张继成：《案例指导制度下的法律推理及其规则》，载《法学研究》2013 年第 2 期。

③ 参见孙海波：《“同案同判”：并非虚构的法治神话》，载《法学家》2019 年第 5 期。

④ 参见邱祥：《论类案的相似性判断标准——以最高人民检察院探索建立类案监督机制为背景》，载《西南石油大学学报（社会科学版）》2021 年第 4 期。

程和程序，有助于提升检察监督的预防性与及时性。此“类案”是否完全等同于彼“类案”？两类“类案”的部分混同与融合无疑增加了检察类案监督制度体系明晰化的难度。

第二，检察类案监督制度依据与检索标准匮乏。目前，各级检察机关开展检察类案监督仅依据2021年《人民检察院民事诉讼监督规则》第117条的原则性规定，尚缺少体系化的顶层规范指引和配套制度。① 当前一些省级人民检察院从机制规范角度出台了一批办理类案监督工作的具体指导性意见，如2020年7月广东省人民检察院专门制定全国首部《关于民事诉讼类案监督工作的若干规定（试行）》，但实施效力仅限于地方层面。即使我国目前拥有全球最大的案件信息库和裁判文书网，初步形成司法数据与案例资料总库，但各地法院、检察院“自立门户”建设数据系统的现象与模型构思、算法分析技术、人工后期介入的差异，② 致使影响两个案件是否构成类案的要素呈现极度分散化态势，如将案件的案由、案件主要事实与争议焦点等复合因素纳入统一的判断标准，由于其过于严谨与复杂，极易加重判断负担；以证据证明等法律要件为中心的判定标准，在涉及一些困难的、需要进行检索的案件时，其适用空间相对较为有限。如实践中“2号检察建议”与“5号检察建议”③ 对类案问题的提炼都采用了“基本事实+争议焦点”的“两要素”模式，这就给类案最终认定带来了

① 如杭州市拱墅区人民检察院会同公安、市场监管、税务等部门，建立“四大检察”融合监督与线索移送反馈、定期案情通报等工作机制，形成空壳公司治理“快通道”。参见贾宇主编：《数字检察办案指引》，中国检察出版社2023年版，第194页。

② 参见李世宇：《司法大数据在类案裁判中的应用探索》，载《郑州大学学报（哲学社会科学版）》2018年第1期。

③ 2018年12月，最高人民检察院就民事公告送达程序存在的不规范问题向最高人民法院发出首份类案监督检察建议（2号检察建议），2020年7月，最高人民检察院又向最高人民法院发出惩治虚假诉讼的类案监督检察建议（5号检察建议），上述两份类案监督检察建议对类案问题的提炼都采用了“两要素”模式［“基本事实+争议（焦点）问题”］，即只要案件基本事实相似，争议（焦点）问题相似，便认定为类案。

不确定性。①

（二）诉前类案监督程序运作与检察建议生成风险

检察建议生成机制是数字赋能类案监督程序运作过程的重要课题。2019年，随着实践中检察建议应用范围的逐步扩大，《人民检察院检察建议工作规定》（以下简称《检察建议规定》）重新界定了检察建议的内涵、适用对象与范围及实施效力，为检察建议参与社会治理、促进依法行政等方面提供了直接的制度依据。根据2017—2020年公布的判决书样本可知，检察机关在49例案件中分别采用“建议行政机关今后在类似案件中履行相同监管职责的历时性以点及面倡导方式”和“建议行政机关对当时辖区内类似公益领域履行监管职责的共时性以点及面倡导方式”介入行政机关履职。② 在数字赋能诉前类案监督中，检察建议生成机制无疑是对司法过程的持续渗入，其本质是将部分检察监督权让渡给算法模型，其正当性与合理性饱受争议。

一方面，检察建议生成机制依托的算法具有一定的黑箱效应，会打破不同类型检察建议的运作框架。“算法黑箱”即在人工智能辅助作出检察建议时，所使用的算法不透明。检察建议决定的产生实质是“黑箱判断”的过程，只能遵循“控制输入端—查看输出端”的强制程序步骤，以致其中的决策程序和数理逻辑难以完整适用与展现。人工智能则基于“算法黑箱”而统一制发检察建议，无法根据不同类型检察建议的特点，作出个别化调整。③ 根据《检察建议规定》第5条，检察建议根据对象不同可分为

---

① 参见孙光宁：《类案检索的运行方式及其完善——以〈关于统一法律适用加强类案检索的指导意见（试行）〉为分析对象》，载《南通大学学报（社会科学版）》2022年第1期。

② 参见胡婧：《行政监督管理职责公益诉讼检察监督的限度分析——以2017—2020年行政公益诉讼判决书为研究样本》，载《河北法学》2021年第10期。

③ 例如，社会治理型检察建议，因其线索来源和发送对象都较为广泛，尤其要注重落实全流程的案件化办理，根据具体线索来源的不同可选择一般流程或个别流程。参见黄文艺、魏鹏：《国家治理现代化视野下检察建议制度研究》，载《社会科学战线》2020年第11期。

再审检察建议、纠正违法检察建议、公益诉讼检察建议、社会治理检察建议及其他五类；依据实践中被监督对象的危害程度不同可将检察建议分为应急型、预防型和反映型三种。① 基于人工智能处理的检察建议生成研究主要包括三个内容：一是从无结构化诉讼案件中提取出结构化信息，包括违法事实、主体、违法依据、损害后果、风险预测等要素的自动抽取；二是将以上预测结果作为条件进行研判，利用文本分类技术完成案件的智能决策；三是将要素和不特定数量类案作为依据，完成检察建议书的自动生成。② 而上述算法设计依托数据散列和撞库识别，这使得检察建议自动生成的数据来源与排列组合繁杂，各类别检察建议没有相互区隔数字化运行轨迹，消弭了检察建议内容的细节性和针对性而使得建议沦为形式。③

另一方面，检察建议生成机制消解了检察监督过程的司法化实现。所谓检察监督的司法化，是指检察监督工作由传统的“办事模式”向多元主体参与的“办案模式”转变，包括案件处理模式化、操作程序正式化、事实调查证据化、处理成果归档化等要义，尤以各地广泛开展的“检察听证+检察建议”联合办案模式为重要表现。④ 就国家层面而言，如图 2 所示，《检察建议规定》、《人民检察院审查案件听证工作规定》（以下简称《听证规定》）、《人民检察院行政诉讼监督规则》（以下简称《监督规则》）等规范性文件对检察建议程序运作司法化的主体设置已从顶层设计层面宏观勾勒出“2+X”的框架轮廓，其中，“2”是指两个“常项”主体，即

---

① 参见解志勇、王晓淑：《行政检察建议的类型化建构》，载《治理研究》2022 年第 6 期。

② 参见孙豫峰：《公益诉讼检察建议草案自动生成方法研究》，博士学位论文，中北大学，2021，第 10 页。

③ 参见李傲、章玉洁：《论智慧检务在行政检察中的法治难题及其应对》，载《齐鲁学刊》2020 年第 5 期。

④ 如贵州岑巩县辖区针对发生多起胡蜂攻击人和蚕食家养蜜蜂的情况，岑巩县人民检察院召开拟制发检察建议公开听证会，邀请人民监督员、听证员、被建议单位代表和相关单位人员参加。岑巩检察：《胡蜂养殖存在的安全隐患该如何管？检察公开听证集思路》，载岑巩县人民检察院网站，http：//www. gzcengong. jcy. gov. cn/tpxw/202211/t20221102_ 3872813. shtml，2023 年 4 月 23 日访问。

《检察建议规定》第2章规定的检察建议作出主体与作出对象，即人民检察院与“执法或司法机关”；“X”是指“变项”主体，即非必须、可选择参加或不参加检察建议运作司法化第三方主体，不限于《检察建议规定》第18条规定的“人大代表、政协委员或者特约检察员、人民监督员”、《听证规定》第6条规定的“案件当事人及其法定代理人、诉讼代理人、辩护人、第三人、相关办案人员、证人和鉴定人以及其他相关人员”与《监督规则》第5条规定的“专家”。而数字化检察建议生成机制加剧了变项“X”的外延范围与性质不确定性，该模式也存在极易导致变项“X”的稳定性和自我完整性难以维持的缺陷，难以实现各类主体的真正有效沟通与互动，使其存在“无端越权”或“随时被虚置”的可能。

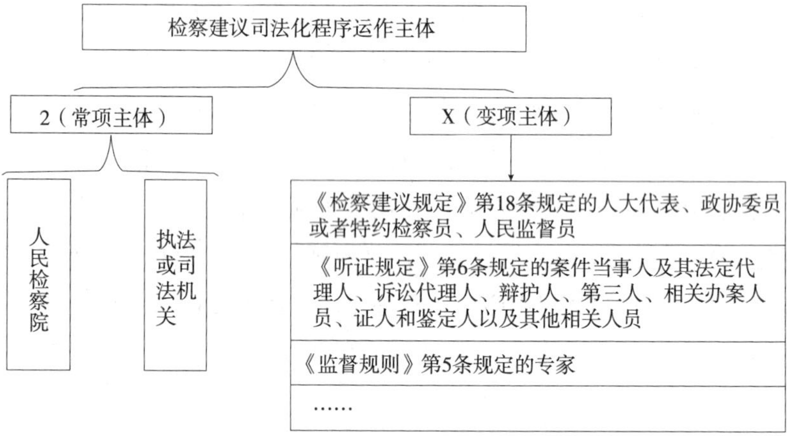

图2　检察建议司法化程序运作主体结构

（三）诉前类案数据协同与管理风险

一是检察系统内外部网络互通和数据交换难度大。“数据孤岛”现象依旧严重。就产生“数据孤岛”的深层次原因来说，与其说是各权力机关欠缺共享意愿与共享途径，不如说是数据权力主体在衡量各方利益视角下作出放弃共享的自利性抉择。[①] 如在杭州市西湖区人民检察院办理涉企“挂案”清理类案监督过程中，多数公安机关仅提供立案时间、犯罪嫌疑人姓名、案由等部分非关键信息。[②] 此外，检察机关的信息化应用主要依托于涉密的检察业务网，根据分级保护要求，对网络互通、数据交换进行了严格的限制。公安、法院等政法机关和其他企事业单位的网络大都是非涉密网，交换而来的数据主要集中于检察工作网，甚至在每次类案检索后都需要重新上传数据。[③]

二是检察系统内部管理问题拖延数据共享。因为当前智慧检务体系内部没有清晰的数据管理边界，与职责划分，亦缺少数据资源的归属、采集、开发等相关管理规定，导致在短期之内很难实现对数据的归集、整合和比对，这也给数据的共享带来了困难。如在行政案件执行过程中，各类案件执行信息的抽取包括对执行文书中自然语言的处理、执行信息分辨、模型建构等过程，即使各地检察院通过智慧检务平台收集到了相关数据，由于各个检务平台尚无相互联系，既缺乏整体“数据—算法”规划统筹，又存在模型技术标准不一、涵盖领域多方辐射、开放程度参差不齐等问题，这就导致大量的类案数据被闲置，类案评判分析模型的精确性大大降低。

三、究根溯源：“精准化”风险挑战之成因

面对机遇与风险并存的“精准化”目标，确保数字检察诉前类案监督能快速建立并重构适应环境的能力来维持数据模型化组织绩效，就要从规范、技术、权力各层面剖析风险问题根源，以期破除当前的发展模式困境。

---

① 参见叶明、王岩：《人工智能时代数据孤岛破解法律制度研究》，载《大连理工大学学报（社会科学版）》2019 年第 5 期。

② 参见贯宇主编：《数字检察办案指引》，中国检察出版社 2023 年版，第 194 页。

③ 参见贯宇主编：《数字检察办案指引》，中国检察出版社 2023 年版，第 116 页。

（一）规范维度：数字检察诉前监督体系化不足与专门化规范缺失

第一，“四大检察”制度体系相互区隔，难以形成统一整体。“四大检察”并非单纯指检察工作中四大业务板块的简单排列组合，而是对法律监督体系“内外结合”的一统化革新。一些地方检察机关正在探索上述职能和业务的融合与衔接，但迄今为止，这种探索仍未形成比较成熟的制度框架，难以为数字检察诉前类案监督的规范化与整体化提供明确指引。①

第二，数字检察诉前监督“技术—法律”共融专门化规范的缺失致使“检察能动”界限不明。虽然数字赋能诉前类案监督强调发挥检察机关搜集线索及与行政机关沟通的能动性，但其能动范围应当在法定范围内且不得超越行政机关职权范围。就目前来看，仅有刑事诉讼法、行政诉讼法、人民检察院组织法、《监督规则》等传统诉讼法体系规定检察机关职权范围和行使框架，但对于具体的数字检察类案监督权如何行使、数字检察类案监督法定方式为何以及三大诉讼法在程序上如何衔接等并未予以明确规定，难以为算法技术型的诉前检察监督提供明确而具体的行为指引。对此，应遵循法定主义原则的边界以避免监督权不当扩张。一是通过建立数字检察监督“技术—法律”共融专门化规范阻却数字检察监督扩张为全面的一般监督；二是以比例原则为数字检察监督设置合理限度，实现检察类案监督的适当性、必要性和均衡性。②

（二）技术维度：“数据—算法—人工二次筛查”运作范式消弭程序正义

由于人工智能等数字技术的运用，传统的程序正义理论无疑受到严重冲击，典型案例如美国威斯康星州诉 Loomis 案③，该案在审判阶段对美国 COMPAS 系统的初次尝试引发了人们对算法司法适用公平性的疑虑，辩护

---

① 参见刘家璞、黄云健、陈松林：《公益诉讼一体化办案的必要性》，载《检察日报》2020 年 12 月 17 日。

② 参见胡铭：《论数字时代的积极主义法律监督观》，载《中国法学》2023 年第 1 期。

③ State of Wisconsin v. Eric L. Loomis，2016 Wis. 68，881 N. W. 2d. 749（2016）.

律师认为，一审法院判决侵犯了被告人“基于准确无误的信息获得个别化判决的权利”。

第一，封闭化“数据—算法—人工二次筛查”类案监督流程抽离参与规则。当前检察人员类案参照时倾向于数量多的监督方向，忽略类案等级效力的内容匹配度等更加准确的援引标准；也有部分检察人员过度依赖强制检索规范，容易出现“类案盲从”和“机械参照”，在此过程中，数据汇集与算法演练对类案监督程序进行压缩和简化，形成“数据交汇—算法监督—人工审查—向行政机关发送监督线索”的闭合式类案监督流程。检察人员与行政机关之间主要通过冰冷的数字程序进行沟通，忽视了“人”的在场和主体间性。

第二，“数据—算法—人工二次筛查”中算法黑箱机制隐匿公开原则。算法黑箱最初产生于电子信息工程领域，它是指计算机在执行数据归纳、深度计算等任务时，其内部神经网络结构中无法被人类直接观测到的隐藏结构。算法决策程序缺乏透明度可能导致过度信任自动化司法结论的可靠性和科学性，从而产生“自动化偏见”，即人类具有一种认知倾向：过于相信电脑自动作出的判断，并全盘接受这些判断。

（三）权力维度：公共数据权力碎片化运行导致“反公地悲剧”

人工智能、物联网和区块链等技术，让产生和处理大量的数据变得可行，再加上这些数据具有无形性、非竞争性和非排他性的特点，这就导致了具有科技属性的数据权力分配很难径行适用已有的法律规则。① 美国学者哈定认为，“公地悲剧”可归因于：每一个使用者都对某一事物拥有一种非专有的权力，不能限制他人的使用，造成了资源的滥用。相对地，“反公地悲剧”指每个权利主体对自身财产享有排他性权利，未经权利人

---

① 参见李晓宇：《人工智能生成数据权利配置的学理证成与出路》，载《宁夏社会科学》2021 年第 6 期。

允许，其他人无权使用该财产。① 具体到公共数据②权力运行配置中，公共数据权力的运作依赖于具有碎片化和高密度特点的多元人工智能生成数据体系。如果大量零散的数据被赋予不同权力主体，会导致“权力与权利互相重合”，加大数据利用交易成本，以及“数字利维坦”的广泛发生，阻碍众多公共数据利益主体（包括公权力主体、软件设计者、投资者）协同行动困难而诱发“反公地悲剧”。

第一，碎片化的公共数据权力分配体系往往难以兼顾数据隐私保护与数据利用效率最大化，造成各种各样的数据壁垒，对检察类案监督案源与信息层级更新造成迟滞性影响。③ 一是一些检察机关的数据库等信息化平台是由外部的技术团队构建的，在此情境下，电子数据的安全性具有很大的不确定因素，由于检察机关对数据库的主动掌控能力不足，因此在数据的存放和使用等多个方面都会产生很多的安全风险。二是我国地方检察机关之间无论是纵向层面还是横向层面的技术能力差异较大，在依靠技术提升数据赋能效果的过程中有“强赋能”与“弱赋能”的差异，具体来说包括大数据技术的差异、技术应用落地能力的差异与数据支撑决策的差异，④导致无论内部数据传递抑或“检察—司法—行政—社会”间内外数据传递都会受到阻隔。

第二，公共数据权力运作体系的技术标准与生态依赖明显匮乏。如果仅把数据权力理解为一种数据的控制权，那么这一判断则没有超越多米尼

---

① 参见阳晓伟、杨春学：《“公地悲剧”与“反公地悲剧”的比较研究》，载《浙江社会科学》2019年第3期。

② 一般而言，公共数据类似空气和水，具有公共属性。对于公共数据的界定，目前学术界主要有三种分类：一是政务数据；二是政务数据+公共企事业单位数据；三是凡不涉及国家秘密、商业机密和个人隐私的，具有公共利益价值的数据，在前两者的基础上，也包括互联网平台企业等数据处理者的数据。参见唐建国：《新数据观下的数据权属制度实践与思考》，载《法学杂志》2022年第5期。

③ 参见赵龙、刘艳红：《司法大数据一体化共享的实践探微——以破除“数据孤岛”为切入点的逻辑证成》，载《安徽大学学报（哲学社会科学版）》2019年第6期。

④ 参见党燕妮：《政府数据协同治理：逻辑、困境与实现路径》，载《理论视野》2022年第9期。

克·迈尔和克里斯蒂安·布鲁姆关于权力是行动水平、社会资源，还是结构性组织的辩论。① 然而，数字治理的不确定性与自由裁量的必要性之间毫无疑问地会产生一定冲突，使得原本明晰的“权力—责任”机制模糊不清。在“数据铁笼”理论框架下，要充分利用大数据行业的优势，加快智慧政务、智慧检察等领域的发展，通过制定一体化数据技术标准对权力运行过程和处理环节进行细化并接受公众监督，实现权力运行全程数字化处处留痕。② 而实际中，由于当前数据权力运作技术标准的匮乏，行政机关具有超越其他主体的信息和技术优势，此类优势可转化为行政权对于司法权的“数据—算法—人工智能”层面结构性与系统性优势，使得证明结果被“权威”数据取代，说明理由的过程被算法决策代替。在这种情况下，检察机关的适度能动监督也会日渐消弭。③ 由此，明确的标准是“权力制约权力”的技术前提，技术标准匮乏的多维权力运作体系既可能造成数字形式主义治理倾向，亦增加社会治理与公众参与机制融入减弱风险。④

四、数字检察诉前类案监督精准化发展的协同优化路径

根据系统论中的“协同优化”机制可知，协同优化不能由一个子系统或要素完成，需要系统内部多个子系统、多个要素的协同协作，形成多种

---

① 在多米尼克·迈尔和克里斯蒂安·布鲁姆看来，数千年来，不同的学科围绕权力的争论集中体现为两个方面：第一，权力应该被理解为以目标为导向的行动能力即行动，还是应该被理解为管控他人的能力即控制权？第二，权力是一种能够被个人和集体所占有的资源，还是一种可以指导或决定个体行为的社会结构？参见［德］多米尼克·迈尔、克里斯蒂安·布鲁姆：《权力及其逻辑》，李希瑞译，社会科学文献出版2020年版，第12、21—28页。

② 参见姚尚建：《数字治理中的权力控制与权利破茧》，载《理论与改革》2022年第3期。

③ 参见王锡锌：《数治与法治：数字行政的法治约束》，载《中国人民大学学报》2022年第6期。

④ 参见徐敏宁、罗鹏：《人工智能嵌入基层治理的风险生成及规避》，载《行政管理改革》2022年第7期。

因果、链接、配合、合作等关系，以实现各子系统和要素的共同成长。[①]因此，若要实现数字检察诉前类案监督精准化发展，就要加强“规范—技术—权力”层面的协同制度设计，以“四大检察”权能体系为核心子系统，规划预设规则和战略导引，明确类案监督具体规范指引，最终回归“以人为本”的数字检察类案监督观，以实现核心子系统带动相关子系统的精准性协同优化路径。

（一）核心子系统：数字赋能“四大检察”的权能制度体系建构

在横向上，一是“四大检察”融合的诉前类案监督亟须同现行宪法、监察法、刑事诉讼法、民事诉讼法、行政诉讼法等法律相互呼应与衔接，注意防止实践中类案监督制度的数字化更迭可能带来的负面效应。二是应厘清数字检察监督的权力框架。如在行使检察监督权时要特别注意检察能动界限，遵循行政先行处理原则，恰当引导而非指导行政工作，[②] 同时应避免“四大检察”类案监督轻重不一的问题，例如，实践中过于重视刑事检察、行政检察类案而忽视公益诉讼检察类案的问题。又如，实践中存在检察机关提起环境民事公益诉讼、行政机关提起生态环境损害赔偿诉讼、刑事附带环境民事公益诉讼等多元环境公益诉讼格局问题。三是深化“四大检察”智能系统的融合与优化，可类型化为“四大检察”风险研判系统、辅助办案系统与决策分析系统，促进“四大检察”智能系统与相关政务办公系统的对接，统一各地不同系统间数据采集、数据质量、分类目录、交换接口、访问接口、数据开放、安全保密等关键节点的数据标准，加强在线搜集线索、调查核实、数据甄别等方面的合作互动。

在纵向上，构建上下级院一体化数字检察诉前类案监督“协调—沟通”办案机制。特别是针对涉及人员众多、可能对社会公共利益造成重大影响的案件，一是可由案件处理小组基于智慧检务系统类案线索与侦查方

---

① 关于法律系统与其他社会系统之间的相互影响以及协同演化关系，See Gunther Teubner. Law as an Autopoietic System. Blackwell, 1993, pp. 47-63.

② 参见姜明安：《论新时代中国特色行政检察》，载《国家检察官学院学报》2020年第4期。

向向检察官联席会议提出诉前类案监督动议，由案件处理小组负责人组织会同相关行政机关完成类案要素及检察建议研讨工作，明晰相关行政机关的具体办案动向并交流类案处理疑难问题。二是对于涉及技术性与专业性的类案问题，办案部门负责人有权组织召开由业务专家和相关利害关系人参与的听证会、论证会、研讨会、专题检警联席会议或成立检警协作办案组，完成包含监督意见的类案监督报告。①

（二）关联子系统：数字检察诉前类案监督的法律制度建构

相比于个案监督，数字检察诉前类案监督需要在诉前阶段针对特定类型案件开展更为复杂系统的办案工作，包括判断类案线索价值、协同行政机关统筹选择类案监督方案等重要环节，因此应在有效监督类案监督检察权行使范围的基础上，明确类案监督体系化的“实体—程序”规范指引，建立适用于全国范围内的《数字检察诉前类案监督实施细则》。

其一，明确诉前类案监督要素与一般规则及/特殊规则的提取。诉前类案监督要素不完全等同于法院类案检索，前者更具有调查与侦查属性，更倾向被调查对象与案由的范围确定。如在慈溪市人民检察院办理的“特殊人群指定法律援助权利保障类案监督”中，类案监督要素为“应通知指派而未通知”与“超过 3 日通知期限的超期指派”。因此，对于类案监督要素应先以案由为标准进行初步分类；在案由一致的情形下判断案件事实和争议焦点是否一致，以归纳类案特征，开展分类画像与建模。而证据、程序、政策等因素对类案监督过程的影响程度相对较低，可以作为消极认定因素，对类案监督发挥排除作用。在此基础上，提炼类案监督一般规则与特殊规则。一是应进行法律文义解释，并基于大数据样本法律事实基础以提炼类案最为基本的监督规则，如在何种情况下适用“检察—行政”线索移送与协同办案机制；二是需要借助体系化的解释，提炼类案监督中疑难案件特别监督规则，如检察融合监督的基础要素等，同时将上述监督规

---

① 参见李敏：《民事检察类案监督的界定及其实施路径》，载《中州学刊》2017 年第 7 期。

则根据类案的性质和层级（最高人民法院、最高人民检察院指导性案例或者地方法院案例）予以比对考察是否存在内生冲突。

其二，明晰诉前类案监督程序规程。在类案识别与认定的实体标准非常多元、难以完全统一甚至混淆的情况下，程序标准相对清晰明确，可操作性强，且能与个案监督程序相互融合，有效激发地方政府及利害关系人的参与主动性与积极性。各地检察机关应在个案办理中通过数据碰撞，比对、分析发现监督线索，确认“解析个案—梳理要素—构建模型—融合监督—类案治理”的大数据诉前类案监督程序路径。

其三，细化类案监督检察建议自动生成规则。2023年4月11日，根据网络安全法等法律法规，国家互联网信息办公室起草了《生成式人工智能服务管理办法（征求意见稿）》，以促进生成式人工智能技术健康发展和规范应用。就实践层面而言，由于难以对类案监督违法主体、违法事实中的关键要素和特征进行自动识别和关联性分析，检察建议生成机制的完成更要求智慧检务系统的设计者及使用者兼具信息技术及法律知识的双层次知识储备，当前应当根据案件处理的不同阶段、检察建议的不同类型和功能对检察建议自动生成机制的运用作出不同的处理。检察建议书正文生成的要点因素有提出检察建议的理由、建议所依据的违法违规事实、提出建议的依据和具体内容。从正文部分的三个核心要素来看，检察建议书自动生成应遵循法律依据全面（包括内部规章）、内容明确具体（建议内容须切中要害并具有可操作性）、逻辑严谨（得出行政机关违法行使职权或不作为导致公共利益受损或受损情形不断扩大的结论）三个基本规范要求。在此基础上得出检察建议书文本生成方法的选择策略：一是确定关键技术为“基于上下文词嵌入的法律法规自动推送方法”；二是结合文本需求，确定文本自动生成内容主体是从诉前审查报告中抽取生成，重点研究抽取式文本自动生成技术；三是鉴于检察建议书建议内容部分要求的可读性强，在抽取式文本自动生成基础上进一步探索将抽象式（生成式）文本自动生成技术与不同检察建议类型相结合的混合式文本自动生成的技术研究。

（三）融合优化：回归“以人为本”的数字检察类案监督观

在数字赋能检察监督中，和谐的状态应该是“以人为中心”，各类类案监督平台存在的意义即服务于数字检察工作的展开和效能的提升。倘若过度依赖数字化手段而导致工具理性的无限膨胀，可能导致对公民隐私的侵犯，在宏观上可能危及国家信息安全。①

第一，应确立人机互动的算法监督模式。2016 年，欧洲议会通过的《一般数据保护条例》（General Data Protection Regulation）第 22 条规定，在算法自动化决策活动中，最起码应保证个体获得人工干预、表达见解与挑战决策的权利。应始终明确的一点是，算法是而且始终应是客体化的工具。有学者提出涵盖“反馈—控制”机制的“交互式建模”概念，② 也就是让个体可以对算法进行仿真测试和试验，个体可以通过仿真板块来及时地预测不同的行为会获得什么样的结果。这就需要设计一种“调解系统”，为双方冲突性利益提供交流沟通与商谈的环境和条件，以在系统中形成动态性的一体化共识。③ 有鉴于此，一是要促进检察人员与程序创立者、具体应用场景的利益相关者的沟通，促使检察人员客观、准确地理解整个规则系统的基本功能与架构。④ 二是对于经过复议、信访等情况复杂、存在重大争议的疑难案件或涉及当事人人数较多的公共利益案件，应无一例外地接受检察人员的细致审查；对于涉及道德判断和价值衡量的案件以及具有极高证明标准和极大试错代价的刑事案件，须谨慎使用类案监督系统。

第二，搭建数字检察“法律—算法”共融平台，确立算法影响评估机制，以技术标准巩固算法的法律规制。2017 年《国务院关于印发新一代人

---

① 参见舒绍福、苏江涛：《数字赋能国家监察：特征、问题与推进》，载《电子政务》2022 年第 10 期。

② Danielle Keats Citron & Frank Pasquale, “The Scored Society: Due Process for Automated Predictions,” *Washington Law Review*, Vol. 89, No. 1 (March 2014), p. 28.

③ 参见［德］托马斯·F. 戈登：《诉答博弈——程序性公正的人工智能模型》，周志荣译，中国政法大学 2018 年版，第 310—311 页。

④ 参见赵泽睿：《算法论证程序的意义——对法律规制算法的另一种思考》，载《中国政法大学学报》2023 年第 1 期。

工智能发展规划的通知》提出，加强人工智能标准框架体系研究，并建立健全全过程公开透明的人工智能监督管理体系。数据、算法、人工二次筛查等因素，是数字检察监督相较于传统检察监督的关键技术变量。一方面，要从技术标准维度加强对算法及其运行过程的日常化与常态化监督，比如明确算法标准，由专门的监控算法来监督其他治理算法的运作。标准作为法律与技术的统合点，是国家部委及地方政府牵头制定的“硬法”与地方实践引导的“软法”的有机结合，能够根据算法技术的更新情况与发展动态予以及时修补。① 另一方面，要从法律规制角度促进算法规则的透明化。很多国家建立了数据保护法或算法合法性审查机制，《一般数据保护条例》第35条就规定了“数据保护影响评估”制度。算法影响评估需要设计和运行算法的主体详细解释算法的技术特点和实现目标，准确识别各种可能存在的风险类型与风险范围，并提出应对不同类别风险的具体可行措施，这是保证算法过程安全和结果客观的关键。

第三，建立针对数字赋能类案监督重大失职渎职行为的行政司法责任体系。当前应逐步健全数字赋能类案监督技术管理规定，明确各方公权力主体的具体责任和义务，为刑法介入作规范准备。同时，要以数字时代人工智能技术风险管控的行政规范为参照，明确人工智能辅助执法司法办案、自动生成检察建议等环节风险管控的职责配置，细化人工智能技术管控或监督重大失职渎职行为追责的基本条件、明确标准与程序步骤，优化类案监督考核指标，通过检察官业绩考评制度效果评价指标引导类案监督责任追究导向。②

结语

党的二十大以来，检察机关全面构建与“四大检察”相匹配的法律监

---

① 参见衣俊霖：《数字孪生时代的法律与问责——通过技术标准透视算法黑箱》，载《东方法学》2021年第4期。

② 参见高景峰：《数字检察的价值目标与实践路径》，载《中国法律评论》2022年第6期。

督体系，推进法治政府建设。于此之中，检察机关坚持以数字检察为牵引，以类案监督为核心，加强纵向的上下级检察院和横向的“四大检察”“十大业务”深度融合，将侦查思维、审查思维与大数据思维融合，结合人工智能和人类智慧，加强数字检察诉前类案监督的制度化建设，形成具有可复制性、可推广性的数字化办案应用系统，这将是检察机关推进新时代检察工作高质量发展、以更高质效监督办案满足人民期盼的最佳切入口。

（本文仅代表作者个人观点）

【法官论坛】

公司法定代表人涤除纠纷审理的现实困境与裁判规则完善
——以全国法院262份裁判文书为样本

曹文兵* 龙克琼**

一、问题的提出

2023年12月修订的《中华人民共和国公司法》（以下简称新公司法）第10条对法定代表人辞任新增了规定，虽未明确是否应准许法定代表人“涤除登记”，但对法定代表人涤除纠纷的审理提供了参考。法定代表人是对外代表公司意志的机关，是公司治理结构中的重要组成部分，登记的法定代表人具有公示效力，公示登记的背后是登记的公信力、市场交易秩序的维护及相对人信赖利益的保护。就公司内部而言，公司和法定代表人之间为委托法律关系，法定代表人享有代表人职权源于

* 湖北省武汉市洪山区人民法院党组成员、副院长，法学博士。

** 湖北省武汉市中级人民法院民三庭法官助理，法学硕士。

公司权力机关授权，终止授权则法定代表人对外代表公司从事民事活动的职权终止，负有登记义务的公司应当及时办理工商变更登记。当担任法定代表人的自然人基于个体意志辞去公司法定代表人职务，而公司怠于或因陷于治理僵局无法作出变更决议，不配合履行相关的变更登记程序，则已离职的法定代表人会因无法及时变更外部工商登记而承担额外的法律风险。如此，司法介入与公司治理的边界如何确定，公司正义价值与公司自治原则如何权衡，法定代表人的个体权益如何保障，亟待厘清裁判规则，统一裁判标准。

在最高人民法院2020年修改的《民事案件案由规定》（法〔2020〕347号）中，没有公司法定代表人涤除纠纷这一单独的民事案由。在司法实践中，法院将公司法定代表人涤除纠纷归属于一级案由“与公司有关的纠纷”中的二级案由“请求变更公司登记纠纷”。法定代表人的涤除登记，在广义说语境下属于变更登记范畴，在狭义说语境下特指删除登记信息。①法定代表人涤除纠纷近年来案件量呈上升趋势，笔者以“请求变更公司登记纠纷”为案由，以“法定代表人”“变更”“变更登记”为全文关键词，检索自2020年1月1日起至2022年12月31日止人民法院作出的裁判文书，共检索出644篇文书，文书类型包括判决书、裁定书。经对该644篇文书逐一筛选，摘选涉及公司法定代表人退出僵局情形下的案件，确定有效文书为262篇（判决书236篇、裁定书26篇），其中2020年共70件、2021年共87件、2022年共105件，呈数量逐年增加趋势。经统计262份样本案件，法院在处理法定代表人涤除纠纷时，主要有三种裁判方式：驳回起诉（19件，占比7.25%）；驳回原告诉讼请求（89件，占比33.97%）；支持原告诉讼请求（154件，占比58.78%）。涉及“原告有无诉权”共计24件，其中19件被驳回起诉，认定原告不享有诉权，占比79%。涉及“原告能否申请涤除法定代表人登记”共计243件，其中154

---

① 参见刘俊海：《公司法中四重制度失灵的破解之道——以董事辞职僵局为中心》，载《中国政法大学学报》2022年第6期。

件的原告诉请获最终支持，占比63.37%，其余89件未获支持。虽然支持原告诉讼请求的案件占比过半，但仍有近一半的案件未支持原告诉讼请求或未受理，各地法院裁判存在差异。

公司自治追求更加效率地配置社会资源，而司法介入利用国家公权力的干预，在于追求社会公平，实现公司正义。结合公司法第10条，笔者认为，在审理法定代表人涤除纠纷时，应寻求各方利益平衡，从公司正义切入，在满足限定条件时，准予涤除法定代表人登记。

二、法定代表人涤除纠纷审理的现实困境

（一）法定代表人涤除之法律规则缺失

法定代表人的任职条件既包含实质要件（内部任职资格），又包含形式要件（外部商事登记）。其中，内部任职资格确保了法定代表人与公司的实质关联性。一旦担任法定代表人的经理或者董事离职，便失去了担任法定代表人的身份基础，公司应当及时依据章程规定作出变更决议或者决定，并向公司登记机关提交由新任法定代表人签署的变更登记申请书等文件。法定代表人退出需具备三个必要条件：法定代表人退出意思、公司变更决议或者决定、公司变更登记申请。

公司法就前述三个环节作出了细化规定：第一，法定代表人退出意思方面，第10条第2款增加"担任法定代表人的董事或者经理辞任的，视为同时辞去法定代表人"，明确董事、经理辞任时法定代表人职务的解除机制；第10条第3款增设"法定代表人辞任的，公司应当在法定代表人辞任之日起三十日内确定新的法定代表人"，该款明确了继任法定代表人的法定选出时间。第二，公司变更决议或者决定方面，第46条和第95条将公司章程应当载明"公司法定代表人"变更为"公司法定代表人的产生、变更办法"，从法律层面规范了公司法定代表人制度，其产生和变更可以无须每次都修改公司章程，一定程度上简化了法定代表人变更决议或者决定的产生程序。第三，公司变更登记申请方面，第35条增设"公司申请变更登记，应当向公司登记机关提交公司法定代表人签署的变更登记申请

书、依法作出的变更决议或者决定等文件。”“公司变更法定代表人的，变更登记申请书由变更后的法定代表人签署”，为法定代表人变更登记的申请材料等提供了更加详细的规范指引。在实际运行中法定代表人退出的三个环节是彼此割裂的。法定代表人姓名属于公司法定登记事项，法定代表人辞任后，由公司自主作出变更决议或者决定并向公司登记机关提交申请，该制度重视公司生存发展权，但未充分虑及辞职董事诉求。[①] 如果公司滥用自治权、怠于或客观上无法履行变更登记义务，法定代表人登记将陷入变更“僵局”。例如，实践中部分实际控制人为了逃避责任拖延作出变更决议、决定，或者公司已经实际出现经营决策困难，无法作出有效决议选出继任法定代表人，那么已辞任的法定代表人就会因无法及时完成变更登记而难以解除与公司的法律关系。

公司法第 10 条关于法定代表人的辞任作出了重大增设，但在公司内部治理与外部登记的衔接尚无明确规定前，该条如何适用仍值得探讨。比如，辞任的意思表示如何作出方视为有效，是否还需要召开股东会或董事会对法定代表人的变更作出决议，在法定代表人辞任 30 日后仍未确定新的法定代表人时如何处理，该条是否可作为申请涤除登记的法律依据。

（二）法定代表人涤除登记机制不畅

公司登记机关在受理法定代表人变更登记时以《市场主体登记管理条例》[②] 和《市场主体登记管理条例实施细则》[③] 为依据，前述规定与公司法规定一致，即公司登记机关作出变更登记的前提是公司出具变更的决议并已选任出新任法定代表人，登记机关不能依据法定代表人的离职证明直

---

① 参见刘俊海：《公司法中四重制度失灵的破解之道——以董事辞职僵局为中心》，载《中国政法大学学报》2022 年第 6 期。

② 《市场主体登记管理条例》第 8 条第 1 款规定：“市场主体的一般登记事项包括：（一）名称；（二）主体类型；（三）经营范围；（四）住所或者主要经营场所；（五）注册资本或者出资额；（六）法定代表人、执行事务合伙人或者负责人姓名。”

③ 《市场主体登记管理条例实施细则》第 33 条规定：“市场主体更换法定代表人、执行事务合伙人（含委派代表）、负责人的变更登记申请由新任法定代表人、执行事务合伙人（含委派代表）、负责人签署。”

接办理涤除手续，且须公司申请，法定代表人不具有申请工商变更登记的主体资格。虽然《市场主体登记管理条例》规定了没有按照规定办理变更登记的法律责任①，但也仅限于公司在出具变更决议后30日内的情形，对于法定代表人主动辞任或任期届满不再继续担任的情形，由于没有变更决议和选出新任法定代表人，登记机关并不会介入，即法定代表人申请涤除登记也缺乏行政法规依据。

关于司法判决与行政执行的衔接，根据《市场主体登记管理条例实施细则》第79条的规定，登记机关应当按照人民法院的生效法律文书和协助执行通知书办理协助执行事项。由于法定代表人具有必设性、唯一性和固定性等特点,② 法定代表人这一登记事项不能缺失。在实际执行中，囿于现有的登记公示系统及行政规则，在没有选任出新任法定代表人的情形下，公司登记机关往往困于执行法院生效判决。法院面对这类纠纷即使认为应当支持原告涤除的请求，也会因实践中行政机关难于执行而陷入困境。

（三）裁判理念过度依赖公司自治原则

我国从1993年公司法重管制轻自治到2005年公司法鼓励自治，减少国家对公司的过度干预，再到2013年、2018年公司法将公司自治原则置于非常重要的位置，“司法者改变长期以来的管制主义裁判思维，做到裁判宽容，审理公司法相关案件时，要充分尊重公司自治和股东自治”③。经过理论界和实务界长期对公司自治理念的认可和追求，法院在审理与公司有关的案件时，已将尊重公司自治贯彻到审判实践中。董事、经理的辞

---

① 《市场主体登记管理条例》第46条规定：“市场主体未依照本条例办理变更登记的，由登记机关责令改正；拒不改正的，处1万元以上10万元以下的罚款；情节严重的，吊销营业执照。”

② 参见袁碧华：《法定代表人的制度困境与自治理念下的革新》，载《政法论丛》2020年第6期。

③ 蒋大兴：《公司自治与裁判宽容——新〈公司法〉视野下的裁判思维》，载《法学家》2006年第6期。

任、变更及法定代表人的选任、变更均属于公司自治范畴，产生的争议属于公司内部治理问题。裁判者认为司法不得干预公司内部经营，且其可能不擅长商业判断，稍有不当，可能面临司法过度干预导致损害公司效率甚至公司利益的问题。因此在涉及缺乏股东会决议、公司内部人员任免出现争议时，很多法院以尊重公司自治为由，不予支持法定代表人涤除之诉请，但对于当事人而言，公司自治失灵，寻求内部救济不能解决其诉请，寻求外部救济亦不能解决，其权利期待落空。

三、样本案件否定法定代表人涤除诉请的理由及评析

（一）否定原告涤除诉请的理由

在262份样本案件中，有101件否定原告诉求（包括驳回起诉及驳回原告诉讼请求），裁判的具体理由可分为七类。

1. 原告不享有诉权

法定代表人涤除之诉的法律依据不明确，导致法院在审理过程中认为原告并不享有诉权，在本次样本中有19件以此为由拒不受理，驳回原告起诉，常见理由表述如下："缺乏事实和法律依据"①；"原告在本案中主张变更公司法定代表人登记，不符合公司法（2018年修正）第32条关于请求变更公司登记纠纷处理的情形。"② 诉权是要求司法裁判的权利，法定代表人享有请求公司变更登记的诉的利益，原告在起诉阶段行使的诉权，法院仅进行形式审查，起诉符合民事诉讼法第122条规定的，理应受理，无论法定代表人请求变更公司登记的实体性权利能否得到支持。2020年4月29日，最高人民法院就王某某与某机械设备安装有限公司、曹某某请求变更公司登记纠纷一案作出再审裁定，在无公司变更决议的情形下，原告请求法院判令变更公司法定代表人工商登记的诉讼请求应受理，该纠纷是平

---

① 天津市第三中级人民法院（2020）津03民终104号民事裁定书。

② 天津市第三中级人民法院（2020）津03民终2064号民事裁定书。

等主体之间的民事争议，属于人民法院受理民事诉讼的范围。① 最高人民法院通过该案例明确了该类纠纷属于人民法院受理民事诉讼的范围。自此之后，在公开查询的裁判文书中，虽然2021年有4件、2022年有5件仍未被受理，但总体而言，在无法律明文规定的情形下该裁定可以作为参考。

2. 被告主体不适格

样本案件中有3件原告起诉的被告是公司股东而非公司，公司法第34条第1款规定“公司登记事项发生变更的，应当依法办理变更登记”，法院以“法律规定变更登记的主体是公司，而不是个人”② 为由驳回起诉，并无不当。此类案件处理结果并无争议，占比较少。

3. 未满足形式要件

样本案件中有57件以“未满足形式要件”为由对原告诉请持否定意见。法院根据公司法、公司章程中关于法定代表人变更的程序性规定，指出公司变更登记应满足变更登记的形式要件即提供股东会决议方可变更，若未提供变更决议则据此驳回原告诉请。例如，“在未经股东会决议更换公司法定代表人的情况下，原告仍为公司法定代表人。”③ “在公司内部未作出变更总经理、执行董事及法定代表人决议的前提下，法院不宜径行判决变更。”④

4. 公司自治原则

样本案件中有32件在“本院认为部分”提到法定代表人变更是公司自治范围，司法不宜介入。部分法院认为其聘用关系的延续或解除与否系公司重大事项，依法由公司权力机关决定，属其自治范畴，若向公司登记

---

① 参见最高人民法院（2020）最高法民再88号民事裁定书。

② 云南省昆明市五华区人民法院（2022）云0102民初4698号民事裁定书、山东省滨州市滨城区人民法院（2022）鲁1602民初1620号民事裁定书、北京市大兴区人民法院（2021）京0115民初5931号民事判决书。

③ 北京市海淀区人民法院（2019）京0108民初52305号民事判决书。

④ 北京市第一中级人民法院（2022）京01民终4126号民事判决书。

管理机关办理变更手续，需在公司作出决议后方可进行。否则，法院替代公司有权机关作出判决变更法定代表人则缺乏事实和法律依据，且有干涉公司有权机关决议之嫌，司法介入应当以尊重公司自治权利为前提，以此驳回起诉或驳回原告诉请。例如，“公司本身是具有独立人格的自治主体，尤其是有限责任公司具有较强的人合性、身份性和封闭性，公司法定代表人之选任、更换属公司自治管理范畴，司法权不宜介入干预”①。

5. 存在其他救济途径

样本案件中有8件以“存在其他救济途径”为由未支持原告诉请。根据公司法相关规定，对于作为股东的法定代表人或担任董事长/执行董事的法定代表人，可召集股东会重新确定法定代表人后再进行相应变更登记，而非直接向法院申请通过判决的方式涤除登记，否则存在司法过度干预之嫌。例如，“公司章程规定原告可行使的职权包括负责召集股东会，故原告有关公司股东怠于召开股东会的主张即便成立，并不能依此认定原告没有召集股东会的权利，亦不能认定在原告任职期间失去了救济途径”②。

6. 其他相关主体利益保护

样本案件中有8件在驳回原告诉讼请求中提及保护其他相关主体利益。根据商事登记公示主义原则或外观主义原理，公司涉诉涉执，公司变更登记不仅涉及内部关系，还涉及外部关系，涉及对外维护交易安全和经济秩序稳定问题，法定代表人是代表公司行使职权的负责人，在公司经营出现状况时，应当妥善处理公司善后相关事宜，工商登记的法定代表人对外具有公示效力，对债权人有信赖利益，法定代表人的涤除，既要平衡各方利益，也要有利于对公司债权人权益的保护。例如，“如允许公司在存续期间因其内部纠纷而发生法定代表人的缺位，一则有违公司登记的相关法律规定，二则极有可能导致执行缺位不利于保护债权人利益”③。

---

① 广东省佛山市中级人民法院（2021）粤06民终11440号民事判决书。

② 河南省商丘市中级人民法院（2020）豫14民终3578号民事判决书。

③ 北京市大兴区人民法院（2021）京0115民初2802号民事判决书。

7. 公司登记的完整性

样本案件中有11件以“将造成公司组织结构不完整”为由未支持原告讼请。该类案件普遍存在公司并未改选出新任法定代表人，若支持涤除现任法定代表人，则法定代表人会出现缺位，公司组织结构则不符合法律规定，现有公司登记规则中也没有相关规定。例如，“在没有继任法定代表人情况下涤除李某某的法定代表人登记，会导致案涉公司的组织结构不符合法律规定”①；“法定代表人为公司必须登记事项，不得空缺”②；“公司股东尚未就改选出新的法定代表人作出有效的股东决定，且目前在没有继任法定代表人情况下涤除法定代表人登记，会导致公司的组织结构不符合法律规定”③。

（二）从公司正义视角评析否定原告涤除之诉请

公司究其本质是多方参与者利益交汇的平台，是实现投资者利益最大化及各方利益平衡的商事主体。“公司自治是公司法的基本价值，但公司正义也是公司法的基本价值，与公司自治处于相同地位。”④ 从法院审理现状看，未满足形式要件、公司自治原则、存在其他救济途径成为最常见的否定理由，究其实质可归为法定代表人应通过公司自治实现自身权益救济。法律难以就各类情形全部穷尽，相较于社会经济发展具有滞后性，在法律制定、法律适用、发现法律缺失、修改完善法律的过程中，需要通过法律解释来适应司法裁判的法律需求，公司正义原则将发挥重要的指引功能与评价功能。该原则的内涵虽有模糊性，但也因此给司法适用带来一定灵活性，弥补了法律的滞后性。法院审理法定代表人涤除登记之诉也是探求公司正义在此类案件中的实现。

公司正义既包括程序正义，又包括实体正义。如果存在其他救济方

① 西藏自治区拉萨市中级人民法院（2022）藏01民终1005号民事判决书。

② 江苏省无锡市中级人民法院（2022）苏02民终5696号民事判决书。

③ 北京市朝阳区人民法院（2020）京0105民初4592号民事判决书。

④ 梁上上：《公司正义——以公司股东的权责配置为视角展开》，法律出版社2022年版，第35页。

式，以此驳回原告诉请符合公司自治原则的要求，但如果原告已穷尽公司内部救济，仍以未满足形式要件、公司自治原则否定原告诉请，实质是偏离了实体正义。从法定代表人的功能定位看，法定代表人是对外代表公司意思的表示机关，具有源于法律规定和章程赋予的特殊代表权利，固定且经公示的法定代表人有利于保护公司相对人的交易安全、降低双方的识别成本，法定代表人应与公司有实质关联，该实质关联主要表现在法定代表人参与公司的经营管理。同时，法定代表人利益与公司利益既具有同质性，又具有异质性。“异质性利益是导致公司法定代表人产生机会主义和道德风险的根本原因。”① 担任法定代表人的个人虽然担任了公司法定代表人的职务，但其作为个人的利己本性仍存在，最大化自己的利益必然会是其行为的首要动机。当法定代表人辞任时，双方相互信赖的基础已弱化，就法定代表人行使职权的合意已不存在，法定代表人已偏离其原有的功能定位，就担任法定代表人职务的个人而言，其异质化利益更加突出，难以保障公司的利益。若以公司自治否定原告诉请，反而不利于公司理性自治。

公司正义的核心在于利益平衡，法律在利益的选择上可能有所侧重，但不能失去其公平性。审理与公司有关的纠纷需要平衡公司与股东之间的利益、中小股东与控股股东之间的利益、公司与债权人之间的利益、公司与管理层包括法定代表人之间的利益，只有保持各方利益的相对平衡，才能有利于公司的长远发展。样本案件中以其他相关主体利益保护为由否定原告诉请，主要是认为债权人基于公司工商登记的公示性，有信赖利益。但是，一方面，原告与公司已无实质关联性，如果仍要求原告担任法定代表人，反而不利于公司的理性自治，从长远看也会影响债权人利益；另一方面，法定代表人代表公司实施行为的法律后果由公司承担，所以即使原告不再担任公司的法定代表人，债权人仍可以要求公司承担责任，债权人

① 赵万一、王鹏：《民法典时代公司法定代表人受托责任建构》，载《思想战线》2021 年第 2 期。

利益的保护路径并不会影响。相反，原告作为自然人的权利保护却易被忽视。样本案件中法院以保护公司登记的完整性驳回原告诉请通常基于法定代表人的必设性，根据公司法相关规定，营业执照、工商登记公示系统中均需有明确的法定代表人信息。但原告已失去与公司的实质关联性，是公司的过错导致未能选任出新任法定代表人。法定代表人除因自身直接过错可能需要对公司承担民事赔偿责任外，还有可能对非法定代表人直接过错承担行政责任、刑事责任及在判决执行程序中被采取强制措施。例如，税收征收管理法第 44 条规定，可对欠缴税款的公司法定代表人采取限制出境的措施；刑法第 31 条规定，单位犯罪的，可对法定代表人判处刑罚；《最高人民法院关于限制被执行人高消费及有关消费的若干规定》第 1 条规定，可对被执行人的法定代表人采取限制消费的措施。换言之，为了维护公司登记的完整性，使原告始终置于一种危险状态，其权利没有救济路径，很显然各方利益失衡。

四、样本案件支持法定代表人涤除诉请的理由及正当性探析

（一）支持原告涤除诉请的理由

在 262 份样本案件中，支持法定代表人涤除的裁判共 154 件，支持理由主要有三类。

1. 原告与公司已不存在实质关联

样本案件中有 92 件认为“原告与公司已无实质关联，不具备对外代表公司的基本条件和能力”，而支持原告诉讼请求。例如，“法定代表人与公司的实质关联性在于要参与公司的经营管理，原告被免除经理职务，已不参与公司经营管理，不可能也不应再作为公司的法定代表人”①；“原告被开除后，不再参与经营管理，已经失去了继续担任法定代表人的基础条件”②；“不支持涤除，除违背立法的初衷和本意之外，还可能损害公司的

---

① 陕西省西安市中级人民法院（2021）陕 01 民终 2958 号民事判决书。

② 河南省焦作市中级人民法院（2021）豫 08 民终 3448 号民事判决书。

权益"①。

2. 基于公平原则和自愿原则，保护自然人合法权益

样本案件中有 34 件以该理由支持原告诉讼请求。例如，"在权利义务的公平确定层面，原告离职至今已将近三年，却一直是公司名义上的法定代表人，依然要依法承担其作为法定代表人的相应责任，显然有失公允"②；"原告通过诉讼的方式作出不再继续担任公司法定代表人的意思表示，依照民法自愿原则，公司应就此及时作出决议，变更公司法定代表人的工商登记，但公司到目前仍未变更，有失公允，公司应尊重原告意思表示，及时决议"③；"在原告要求变更法定代表人的情况下，公司怠于办理变更法定代表人的相关手续，给原告权益造成影响"④；"从保护自然人合法权益的角度来看，公司在明知原告已经实际离开公司情况下，近四年未启动变更法定代表人的相关程序，原告对此已无其他救济途径，故应当保护原告作为普通公民的合法权益"⑤。

3. 保护交易安全，保障交易对象信赖利益

样本案件中有 18 件以该理由支持原告诉讼请求。例如："法定代表人作为重要的公司机关，其对外行为直接对公司产生相应的法律效力，亦对公司外部交易对象之信赖利益保护与交易安全维护至关重要"⑥；"由于登记公示产生权利外观，第三人存在信赖利益，进而亦可能损害公司债权人的利益"⑦。

（二）支持原告涤除诉请的正当性探析

支持原告涤除诉请是法定代表人功能定位的要求。原告担任法定代表

---

① 河南省洛阳市中级人民法院（2020）豫 03 民终 9714 号民事判决书。
② 河南省洛阳市中级人民法院（2020）豫 03 民终 9714 号民事判决书。
③ 广东省深圳前海合作区人民法院（2020）粤 0391 民初 2763 号民事判决书。
④ 辽宁省沈阳市和平区人民法院（2021）辽 0102 民初 9165 号民事判决书。
⑤ 上海市浦东新区人民法院（2021）沪 0115 民初 61823 号民事判决书。
⑥ 上海市浦东新区人民法院（2021）沪 0115 民初 61823 号民事判决书。
⑦ 上海市崇明区人民法院（2021）沪 0151 民初 8270 号民事判决书。

人的基础是二者具有实质关联性。“我国公司法定代表人的身份或地位经历了一个从公司意思决定和执行的‘集权者’到公司意思的‘表示者’的转型过程。”① 公司出资者构成的权力机关股东会和董事会（执行董事）作出公司经营决策的意思表示，法定代表人是对外代表公司意思的表示机关，代表公司开展民商事活动，法定代表人的意思表示与公司的实质意思表示可能是重合也可能出现分离。现有理论都认同法定代表人有两个关联特点：“一是法定代表人无须公司特别授权就自动享有代表公司实施法律行为的权利，是公司合法的对外行为主体；二是法定代表人是公司唯一合法的对外行为主体，未经法定代表人或公司授权，其他主体不能代理公司对外签订合同。”② 担任法定代表人的自然人与公司之间是一种基于互相信赖形成的委任合同关系。③ 法定代表人以公司名义从事的民事活动，其法律后果一概由公司承受，而不受登记信息真实性影响。若实际情况与登记信息发生偏移，法定代表人失去了与公司的实质关联性，滥用自身公司的代表权越权代表等出现将对商事交易安全产生严重的冲击，公司与相对人也将因此诉争不断。在公司自治不能解决的前提下，司法有必要介入以纠偏，从根源上解决法定代表人“名不符实”的实践困境，让法定代表人的身份回归既有的功能定位，实现公司意思自治与商事外部登记协调统一、公司团体意志与法定代表人个体意志协调统一。

支持原告涤除诉请是“有权利必有救济”原则的必然要求。“有权力必有责任，有权利必有救济，这是基本的法治原则。”④ 司法救济是民事权利能否获得最终实现的有效保障和最后依托，“与自力救济相对，司法救济权是人类文明进步的标志之一，体现在现代国家对公共生活的理性参

---

① 梁开银：《我国公司法定代表人规则的重塑》，载《法商研究》2023年第1期。

② 殷秋实：《法定代表人的内涵界定与制度定位》，载《法学》2017年第2期。

③ 参见李洪健：《论公司法定代表人的制度功能与定位修正》，载《中国矿业大学学报（社会科学版）》2019年第4期。

④ 汪习根：《论法治中国的科学含义》，载《中国法学》2014年第2期。

与”①。“有权利必有救济”是权利的核心要素。法定代表人个体有辞任的自由和卸责的自由，若必须以公司作出变更决议方式方能变更，其辞任自由事实上受到较大限制，忽视了法定代表人作为公司这一团体组织的成员及对其身份性权益的认可和保护。“权利保障依赖主体参与，个体利益如果得不到有效组织化则将失去有效参与的能力、信息、支持等资源；进而分散的个体的利益将在相互冲突和高成本游戏的过程中被吞噬和淹没。”②公司团体本质决定其始终为各种主体利益之交汇点，现行法定代表人辞任机制充分尊重公司意思自治，但对团体内部成员利益关系的多元性未予以体系化考量，致使公司与法定代表人之间利益保护失衡，其向公司内部寻求权利救济难以实现。在法定代表人自力救济和寻求公司内部救济都难以实现时，司法应为该请求权寻找司法救济路径。

支持原告涤除诉请也是公司正义的应有之义。公司究其本质是多方参与者利益交汇的平台，系实现投资者利益最大化及各方利益平衡的商事主体。“公司自治是公司法的基本价值，但公司正义也是公司法的基本价值，与公司自治处于相同地位。”③ 公司自治重在强调尊重公司以自己的名义享有自治权利，尊重股东意思自治，尊重公司内部治理机构自我调节、决定公司事务，他人一般无权干涉。“但司法介入是公司治理的外部调节机制，一定程度上可以克服公司内部自我调节的局限性，以协调公司顺畅运作。”④ 公司自治也需要边界，其边界通常由法律强制性规定作出，在法律没有明确规定的情形下，法院在法律适用中可对公司自治是否符合公司正义原则进行审查，公司正义是解释、补充公司法的重要准则。正义、安全、效率、自由是法的四大基本价值，而正义是法价值的终极目标。在法

---

① 张维：《权利的救济和获得救济的权利——救济权的法理阐释》，载《法律科学》2008 年第 3 期。

② 王锡锌：《利益组织化、公众参与和个体权利保障》，载《东方法学》2008 年第 4 期。

③ 梁上上：《公司正义——以公司股东的权责配置为视角展开》，法律出版社 2022 年版，第 35 页。

④ 刘桂清：《公司治理的司法保障——司法介入公司治理的法理分析》，载《现代法学》2005 年第 4 期。

定代表人涤除之诉中，要求原告先穷尽公司内部救济是公司自治原则的要求，而在其已穷尽公司内部救济后，支持其涤除之诉请则是公司正义原则的具体实现，是在公司利益与个人权益保护之间寻求的平衡点。

五、法定代表人涤除纠纷的裁判规范完善

总结2020年以来法定代表人涤除纠纷的裁判案例，各地法院裁判方式有一定差异。公司法的本质属性为团体法，传统民法解决了法定代表人对于法人外部的意义，而法定代表人对于法人内部的价值是由公司法完成的①，公司法尚未对法定代表人涤除作出明确规定，司法实践中已出现大量法定代表人涤除纠纷，法院需要承担起裁判权在自治权失灵时的责任，立足法定代表人的功能定位和公司正义，对法定代表人的个人权利救济赋予期待。本文结合对公司法第10条关于法定代表人的辞任规定如何适用的思考，通过类型化的案例研究及法理分析总结裁判经验，探讨此类案件的以下裁判规则体系，以助于裁判规范的完善。

（一）裁判理念统一

法律规则的制定常落后于经济发展的最新实践，有些现实困境难以依赖现有规则得以全部解决。在没有明文规定的情形下，统一裁判理念有利于保障裁判方向的统一。在审理法定代表人涤除纠纷时，尊重公司自治原则已被贯彻始终，一般情况下，不会将公司内部纠纷问题寻求司法救济。为保障该类纠纷处理的公正，应遵循统一的裁判理念。首先，充分认识司法介入公司治理的必要性。司法介入公司治理，既是公司法对人民法院民商事审判工作的法定要求，也是完善公司治理结构的内在需要。若裁判者过于依赖公司自治，对司法介入法定代表人涤除纠纷持保守态度，将此类案件拒于司法救济门外，应重新审视。其次，遵循公司正义原则，公司正义是理念到具体制度之间的桥梁，在缺乏明文规则的前提下，裁判者应探

---

① 参见钱玉林：《公司机关分化的法理逻辑》，载《扬州大学学报（人文社会科学版）》2012年第5期。

索公司正义在该类案件中的实现，发挥公司正义原则的指引功能与评价功能。最后，应注重法定代表人个人权利的保护，不应过度苛责法定代表人穷尽公司内部救济的证明责任。公司法第10条第3款规定法定代表人辞任的，公司应在其辞任之日起30日内确定新的法定代表人，对于没有确定新的法定代表人，现任法定代表人是否可直接向公司登记机关申请涤除或向法院提起涤除之诉并无规定。该条已明确通过公司自治解决纠纷的合理期限，在公司自治不能解决时，司法介入的合理性即成就，该条可视为对公司自治和司法介入在法定代表人涤除纠纷之诉中划分的边界指引，也是对公司利益和法定代表人的个人利益之间平衡的维护，是公司正义原则在公司法中的具体体现。

（二）适用要件统一

1. 法定代表人需要证明已与公司不存在实质关联

（1）法定代表人已向公司书面送达有效的辞任意思表示。法定代表人与公司之间是一种委任契约和代理的法律关系，法定代表人向公司辞任，应书面送达其不再担任法定代表人的意思表示，或者担任法定代表人的经理或者董事任期届满，公司未重新作出延长任期期限的决议，辞任意思表示已送达的举证责任在于法定代表人。因法定代表人本为代表公司的意思机关，如何认定法定代表人已向公司送达书面的有效辞任意思表示有其特殊性。公司法第10条第1款、第2款将担任法定代表人的职务范围从董事长（执行董事）和经理扩大到董事和经理，明确法定代表人由董事或者经理担任，董事、经理辞任的，视为同时辞去法定代表人。本文认为，在辞任的意思送达上，应根据法定代表人产生的不同机构进行相应送达。如果法定代表人是由股东会决定，法定代表人应向股东会成员送达；如果法定代表人是由董事会决定，则应向各位董事送达。从事公司实际经营管理的是董事会和经理，因此，还需要同时向董事会和经理送达，向董事会送达可向董事长送达，若法定代表人本人就是董事长，应向其他董事送达。若无法送达到个人，可通过登报的方式告知已向公司辞任法定代表人。在上述送达后，应视为法定代表人已向公司有效送达了辞任的意思表示。法院受理法定代表人涤除纠纷后，应主动审查法定代表人辞任送达的有效性。（2）法定代表人需要证明已不参与公司经营管理。比如，已就职于其他公司、已离职多年而公司未予变更等。对于消极事实的证明，证明难度一般较高，法院在裁判时不应对法定代表人要求过高。

2. 法定代表人已穷尽公司内部救济

以穷尽公司内部救济作为司法救济的前提条件，旨在明确公司自治和司法介入的边界，保证公司自治原则不被司法公权力破坏。“公力救济是最权威的救济方式”①，而公司内部救济是效率最高、救济成本最低的方式。公司法第10条第2款规定辞去董事、经理职务的视为同时辞去法定代表人是否意味着董事、经理可随时辞去职务，随时辞去法定代表人？本文认为，若给予董事、经理任意辞任权将不利于公司的经营管理，也不符合本条规定的本意。公司法第70条仍沿用之前关于董事任期届满超期履职的义务性规定，且董事、经理都是对外公示的必要登记事项，2018年公司法亦有董事、经理的产生、变更规定，因此，董事、经理的辞任应首先依据公司法或公司章程的规定进行变更，如果在合理期限内变更未果，董事、经理可以单方辞任。诉请涤除的法定代表人应先根据公司法第63条和第72条的规定请求有权召集股东会的股东、董事、监事会（监事）组织召开股东会或者董事会，针对担任法定代表人的董事或经理重新选任事项召开股东会或董事会并形成决议，没有股东会和董事会的，针对担任法定代表人的董事或经理重新选任事项形成股东决定或董事决定，并在合理期限内由公司根据决议内容向公司登记机关申请变更登记。对公司法第70条关于董事具有任期届满超期履职的义务性规定，法院在裁判时应进行目的解释，超期应以在合理期限内，不应无限期延长，否则，既不利于公司的稳定发展，又不利于个人自由选择权利的保护。公司法第10条第3款规定给予公司30日的合理期限由其在法定代表人辞任后选出新的法定代表人。若

① 赵雅坤：《论民事权利的私力救济》，载《中北大学学报（社会科学版）》2015年第3期。

公司在法定代表人请求变更之后，能在合理期限形成决议则法定代表人无须启动涤除之诉，此处的合理期限可参照公司法关于30日的规定。若公司消极懈怠，在30日期限届满后拒不召集会议形成决议或不能形成决议，则应认定法定代表人已穷尽公司内部救济。

同时，公司法第46条和第95条将公司章程应当载明“公司法定代表人”修改为“公司法定代表人的产生、变更办法”，明确公司章程应当更加关注法定代表人的产生和变更程序，以增加公司章程的适应性、保障法定代表人的流动性。在审查法定代表人是否已穷尽公司内部救济时，按照公司法规定，还应特别注意公司章程对公司法定代表人的产生和变更方法的规定。目前，大多数公司章程都是套用公司登记机关提供的模板，内容简单，具有格式化特点，并未针对公司进行个性化设定，在发生争议时，往往无法从章程中寻求到答案。按照公司法修订精神，公司登记时可根据治理需要设定条款，例如，关于法定代表人的辞任，公司在章程或另外达成的自治文件中可以约定法定代表人辞任，在限期内未选任出新的法定代表人的，由公司某职务（限定为董事、经理）所在任的个人担任，或约定执行董事、经理为同一人并担任法定代表人的个人辞任的，由大股东或公司股东的法定代表人担任法定代表人。如此，则将为法定代表人提供更多公司内部救济途径。法院在审理类案时，应注意结合公司的自治文件审查法定代表人是否穷尽公司内部救济途径。

3. 法定代表人已竭尽公司登记机关救济程序

虽然《市场主体登记管理条例》及其实施细则未明确规定涤除登记及其申请要求，但公司登记机关仍具有指导权、处罚权，法定代表人在申请司法救济时应先尝试向公司登记机关办理涤除手续或请求登记机关对公司变更行使指导权。由于各地公司登记机关受理登记申请是否出具文件或出具文件样式存在差异，法院对法定代表人此项证明责任不宜要求过高，法定代表人只需证明其已向登记机关寻求过救济即可。

4. 应以公司为被告，可将股东列为共同被告或第三人

在现有裁判样本中，存在原告仅将股东列为被告的案件。由于变更登

记的权利义务主体应为公司，仅将股东列为被告并要求其变更法定代表人登记，则诉讼主体不适格，原告将会面临被驳回起诉的风险。公司法定代表人的变更，需要股东参与作出决议时，应同时将股东列为共同被告或第三人，以便在执行裁判时保障原告的权利实现。

经审查原告诉请满足以上四个条件后，法院应支持法定代表人的涤除诉请。

（三）裁判方式统一

在现有司法实践中，各地裁判方式不一。如何支持原告诉请，是裁判的核心内容。在支持原告诉请的154份样本案件中，各地法院裁判方式主要有如下七种。

方式一：判令公司限期召开股东会，形成股东会决议，并为原告办理公司法定代表人变更登记。① 样本中仅有1件案件采用该种裁判方式。

方式二：判令公司限期10日至30日内到公司登记机关办理法定代表人变更登记，不支持股东协助义务的诉请。② 在被告为公司及股东（部分案件中原告将股东列为第三人）的174件样本案件中，支持原告诉请的有107件，其中，不支持股东协助义务的有35件。该类判决认为办理公司法定代表人变更登记的义务主体为公司而非他人，且确定、变更公司法定代表人等事项属公司内部自治范畴，法院对此不宜干预，原告要求股东予以配合的主张无事实及法律依据。

方式三：判令公司限期10日至30日内到公司登记机关办理法定代表人变更登记，股东予以协助配合。③ 样本案件中共有34件采用该种裁判方式。

方式四：判令公司限期10日至30日内到公司登记机关办理法定代表人变更登记，逾期未变更的，视为原告自判决生效之日起不再担任公司法

---

① 河南省三门峡市中级人民法院（2021）豫12民终379号民事判决书。
② 云南省昆明市呈贡区人民法院（2021）云0114民初6790号民事判决书。
③ 新疆维吾尔自治区昌吉回族自治州中级人民法院（2022）新23民终1176号民事判决书。

定代表人①。样本案件中共有 21 件采用该种裁判方式。

方式五：判令公司限期 10 日至 30 日内到公司登记机关办理法定代表人变更登记，逾期不能变更的，公司应在判决生效之日起 45 日内至公司登记机关办理法定代表人涤除登记。② 样本案件中共有 27 件采用该种裁判方式。

方式六：判令公司限期 10 日至 30 日内到公司登记机关办理法定代表人变更登记，逾期不能变更的，应在判决生效之日起 45 日内至公司登记机关将法定代表人变更为某股东③或持股比例最大的股东④。样本案件中共有 3 件采用该种裁判方式。

方式七：判令公司限期 10 日至 30 日内到公司登记机关办理法定代表人涤除登记。⑤ 样本案件中共有 33 件采用该种裁判方式。

从以上裁判方式可以看出，各地法院对法定代表人涤除纠纷裁判时主要存在以下方面的分歧：（1）是否支持直接判决公司限期召开股东会；（2）是否支持股东的协助义务；（3）是支持变更还是支持涤除；（4）是否可指定股东为新的法定代表人；（5）是否可确认原告自判决生效之日起不再担任公司法定代表人。为保证此类纠纷裁判结果的完整性、可执行性，本文认为判项内容应包含以下方面。

第一，应明确支持涤除登记。在支持公司限期变更公司法定代表人的同时，应明确在规定时间内若没有变更，公司应前往公司登记机关办理涤除登记，此处的“限期”可参考公司法第 10 条第 3 款关于“30”日的期限的规定。由于在现有公司登记规则下，法定代表人为必须登记事项，因此裁判者可在裁判主文中作出提示：在法院判决涤除原告作为法定代表人的情况下，被告如不及时变更新的人选，其登记事项将不符合《市场主体

① 山东省淄博市中级人民法院（2022）鲁 03 民再 26 号民事判决书。
② 上海市松江区人民法院（2021）沪 0117 民初 11564 号民事判决书。
③ 上海市浦东新区人民法院（2020）沪 0115 民初 84382 号民事判决书。
④ 山东省莱西市人民法院（2021）鲁 0285 民初 8123 号民事判决书。
⑤ 贵州省清镇市人民法院（2021）黔 0181 民初 1757 号民事判决书。

登记管理条例》的规定，可能存在被依法吊销公司营业执照或被处以行政处罚的风险。

第二，应支持股东的协助义务。由于公司申请变更法定代表人需要向登记机关提交股东会决议或股东决定，而股东怠于出具或未能形成股东决议是无法变更登记的直接原因，在现有规则下要从根本上解决法定代表人变更，需要股东协助履行，支持股东协助义务亦是尊重公司自治原则在执行阶段的实现。

第三，应明确原告自判决生效之日（或限定变更法定代表人期限届满之日）起不再担任公司法定代表人。“如果法院的判决或裁定得不到实现，国家、集体和公民个人的合法民事权益就得不到保护，法院的威信也会受到影响。”① 判决生效后，若公司不主动履行，或强制执行时由于公司登记机关基于现有规则难以协助执行，明确原告已不再担任公司法定代表人，实际是公示自某一时点起原告已不再是该公司的法定代表人，其将不再承担基于法定代表人身份产生的法律责任。

是否召开股东会是公司自治的范畴，法院裁判时不宜将限期召开股东会写入判项，同时，公司法定代表人应由谁担任也属于公司自治范畴，应充分尊重公司投资者的意见，不宜直接指定。换言之，在不能确定继任法定代表人时，判令限期涤除更为合理。总之，支持原告涤除诉请并非不尊重公司自治，相反是在给予公司充分自治权后，基于公司正义所作的必然选择。

（本文仅代表作者个人观点）

---

① 黄双全：《略论民事执行问题》，载《法学研究》1983年第4期。

【案例评析】

体育经纪合同高额违约金调减规则*

曹　磊**

合同约定违约金调整问题一直是司法实践中的一个疑难问题。无论是合同法还是民法典均对此仅作出了一般性、原则性的规定，虽然相关司法解释和最高人民法院的规范性文件对此问题进行了一定程度的细化，明确了约定违约金过高的判定标准、调减时应当考量的因素以及避免僵硬“一刀切”的裁量思路。但在实践操作中，因立法并未对补偿性违约金和惩罚性违约金的酌减规则进行区分，导致违约金的调减适用存在很大的分歧。这并非立法疏忽或不作为，而是因为此类问题本身涉及诸多不确定因素，导致相关标准不能且不宜具体化，而只能交由裁判者根据案情作出符合个案实际情况的裁量。体育经纪类合同有其特殊性，通常依照行业惯

* 本文为国家社科基金一般项目“裁判文书援引社会主义核心价值观的路径与方法研究”（21BFX164）的阶段性研究成果。

** 山东省济南市中级人民法院审判管理办公室副主任、四级高级法官。

例约定高额的违约金。当违约发生时，以何种标准判断约定违约金是否过高，以及如何考量各种影响违约金调整的因素进而酌定适当的违约金数额，相较于一般的民商事合同而言更为复杂，很是考验裁判者的司法能力。本文即以“国内法院审理的涉外体育经纪合同高额违约金第一案”为分析对象，深入探究此类案件中裁判者的裁量过程，提炼判决理由中的裁判规则，以期为类案裁判提供参照。

案情概要

W SPORTS SEVEN S. A.（以下简称W公司）注册地为葡萄牙，公司经营范围包括体育专业人士职业生涯中介、注册、代表权和管理以及体育赛事管理和组织等。2013年10月30日，W公司与黄某（时年16周岁）及其监护人共同签订《球员培养及代理协议》（以下简称培养及代理协议），协议载明：(1)黄某及其监护人同意，由W公司负责投资并安排黄某在欧洲足球培训的所有事宜。(2)培训期限：2013年10月30日至2017年9月30日。(3)培训期间在葡萄牙的所需费用由W公司提供……(7)黄某同意由W公司作为其唯一的经纪公司，自愿将职业代理权和商务开发权授予W公司。(8)黄某承认并认可W公司在足球领域和商业方面的能力和经验，赋予W公司作为球员的全权代表从事足球职业和商务谈判和签约的唯一代理权（范围是全球）。(9)W公司承诺培训期间且在黄某年满18岁后，如达到培训要求，W公司负责给黄某提供一份不低于每月500欧元的职业合约。(10)黄某同意将所获得的职业合同总收入的8%作为佣金、将因转会所获得签字费的30%支付给W公司。(11)黄某同意将其签署的广告代理、形象代言等商务合同总收入的30%作为佣金支付给W公司……(13)黄某同意如果签署职业合同必须征得W公司同意认可，任何不经W公司书面认可的签约都将被视为违约……(15)本协议自双方签字之日起生效，有效期至2020年9月20日（欧洲培训结束后3年内）……(17)任何有悖于此协议的事件发生，黄某应支付违约金，违反本协议一般条款的违约金为35万欧元，违反本协议第7项、第8项、第13项规定的违约金额为1000万欧元。

培养及代理协议签订后，黄某赴葡萄牙里斯本参加了W公司提供的培训活动，后于2015年3月离开，未再返回。双方对未能继续履行培养及代理协议的原因存有争议：W公司主张系因黄某擅自离开，黄某主张因W公司未能全面履行投资、培养义务，不能为其办理球员注册，导致其无法以正式身份参与比赛而被迫离开。

在案证据能够证实W公司部分履行了培养及代理协议，W公司提供的证据客观地反映了其在葡萄牙青少年留洋足球项目的真实情况，黄某赴葡萄牙里斯本参加了由W公司组织的培训和训练，直到2015年3月离开，其间，W公司为黄某提供了培养义务。培养及代理协议约定期限为7年，其中培训期限约为3年11个月，黄某实际参与培训时间约为1年5个月。黄某离开W公司后签约葡萄牙贡多马尔足球俱乐部，与该俱乐部解约后于2019年2月25日加盟泰山足球俱乐部。①

W公司以黄某违反约定为由诉至法院，请求判令：(1) 解除培养及代理协议；(2) 黄某赔偿W公司违约金1000万欧元。黄某辩称，W公司无权解除培养及代理协议，黄某不构成违约，不应承担违约责任。

裁判要旨

本案法院生效裁判认为：W公司与黄某及其监护人签署的培养及代理协议，不违反中华人民共和国法律法规的强制性规定，不违反社会公序良俗，合法有效。理由如下：其一，关于违约责任。W公司投入了黄某在葡萄牙培训期间的各种运营成本，黄某在培训期间擅自离开未再返回。对于离开的原因，黄某主张W公司未按承诺履行投资和培训义务，没有为其办理在葡萄牙共和国足球协会的球员注册，其无法以正式身份参加比赛，并且W公司提供的培训、生活条件恶劣，使其无奈离开。对此，即使黄某主张属实，黄某一方亦应积极与W公司沟通培训期间出现的问题，其可以对W公司的培训资质不够或提供的条件不优提出要求，而不是选择擅自离

---

① 参见山东省济南市中级人民法院（2020）鲁01民初2790号民事判决书、山东省高级人民法院（2022）鲁民终926号民事判决书，裁判理由亦来自该两份判决。

开，其行为构成违约。其二，关于黄某应承担违约金数额。违约金条款是合同主体契约自由的体现，除具有对违约行为的惩罚性和对守约方的补偿性功能外，还体现了预先确定性和效率原则。约定违约金降低了发生纠纷时的举证成本，使合同主体在订立合同时即明确违约后果，从而做到慎重订约、适当履约，人民法院对违约金的调整应审慎、适当。培养及代理协议约定了球员根本性违约将承担1000万欧元的违约金，该违约金在约定之时，双方对此均明知。对W公司而言，1000万欧元违约金的约定具有一定担保性质，其可担保球员认真履约，让W公司可以倾其投入、大胆施展培养规划，保持训练球队的相对稳定性；对球员黄某而言，1000万欧元的约定违约金向其明示了违约成本，可以督促其严格履约。案涉约定违约金不等同于一般商事合同中的违约金，其具有体育行业的特殊性，约定高额违约金系体育行业的一种行业惯例，不能仅从违约所导致的直接损失与违约金数额的关系进行考量，更应考虑体育行业的特殊性。W公司的实际损失难以确定，这里的实际损失除包括履行合同的成本以及培养及代理协议约定的可得利益损失外，还包括对球员将来价值及获益的期待利益。双方约定由W公司在培养及代理协议约定的培训期间主要负责对黄某的投资，即W公司对球员的投资阶段主要发生在培养及代理协议约定的培训期间，是付出培训成本的阶段，而培养及代理协议约定的代理期间主要发生于培训工作完成之后，是W公司通过其代理行为收回投资成本之阶段。在培养及代理协议约定的近4年培训期间，至黄某离开之时，W公司的培训义务实际履行部分并未过半，其实际投入的培训成本大大降低，故1000万欧元违约金应根据履行情况予以调整。结合约定的内容，综合考虑培养及代理协议履行的程度、违约过错、W公司对损失的证明情况、球员收入现状，以及在足球行业发现、培养一名具有专业潜质的球员未来可能获得的商业利益等因素，法院酌定黄某赔偿W公司违约金360万欧元。一审判决后，黄某提出上诉，二审法院经审理后判决维持原判。

评析

本案培养及代理协议的效力问题并非双方当事人的主要争议，不作为分析的重点。但培养及代理协议在履约程度与违约责任认定、违约损失与预期可得利益计算、违约金调减数额确定等方面的认定极为疑难复杂，且国内缺乏可供参照的权威案例。特别是，关于合同约定的巨额违约金调减裁量幅度的争议，需要寻找最佳的利益平衡点。诚如最高人民法院院长张军所言，自由裁量是法律赋予法官一种权力更是一种责任，其结果在于得出适当的判决和裁定。[①] 本案裁判在充分考量体育经纪合同性质及特殊性的基础上，对违约金是否调减及其数额如何确定的相关事实予以全面查明，同时，对双方诉辩理由所依据的合同条款及法律条文进行规范分析，在综合调查各项违约金数额计算应当考量的因素之后，依照现有规范酌定了黄某应当承担的违约金数额。值得理论探究的是，究竟有哪些因素以及各因素以何种角色参与违约金数额确定过程？本案中的违约金酌减规则可否构建为供类案参照的模型？下文旨在为以上两个问题寻找答案。

一、体育经纪合同的性质及其特殊性

体育经纪合同是经纪公司对运动员能够带来的现期和未来的收益进行投资处分的载体，体育经纪公司在运动员身上“凝聚”知识和技能，通过安排运动员进行比赛和商业活动获得利润，以此作为前期投资的回报。[②] 与一般合同相比，体育经纪合同作为非典型合同，在合同性质、具体合同约定及违约后果上均有着不同于一般合同的复杂性和特殊性。

（一）体育经纪合同的性质

我国民法典合同编规定了 19 种典型合同，这些典型合同涵盖了当前民商事领域主要的、常见的合同类型，但这并不可能穷尽所有典型合同。因此，民法典第 467 条第 1 款规定：“本法或其他法律没有明文规定的合同，适用本编通则的规定，并可以参照适用本编或者其他法律最相类似合同的

① 参见张军：《法官的自由裁量权与司法正义》，载《法律科学（西北政法大学学报）》2015 年第 4 期。

② 参见何世权：《论我国运动员人力资本的形成和特征》，载《北京体育大学学报》2004 年第 8 期。

规定。”该规定旨在解决非典型合同发生纠纷时的法律适用问题。体育经纪合同内容往往异常复杂，很难以一种法律关系进行界定，属于典型的非典型合同，其在实践中通常包含以下几方面内容：一是代理签约的经纪服务内容。对于体育运动员来说，经纪合同的主要目的之一便是获得参赛机会，为了保证对运动员的训练和比赛全面掌控和安排，合同中通常会约定由代理公司代表运动员进行谈判和签约的独家代理权。这些内容最接近于中介合同的内容，相关争议可以参照适用中介合同的相关规定进行处理。二是经理人服务内容。所谓经理人服务，主要是规划、设计运动员职业生涯，为运动员的事业发展方向、职业定位、远近期目标提供专业咨询和意见建议，量身定做发展方案。这些内容并不能被现有典型合同所包含，其纠纷解决（法律适用）更多依赖于合同条款的约定。三是权利许可与权利归属内容。出于长久经济利益考虑，体育经纪公司通常会在合同中约定由其使用、开发运动员的姓名、肖像、视听资料以及知识产权等权利。这些事项属于委托合同的内容，可以参照适用委托合同相关规定处理纠纷。四是公司管理、培训与纪律约束内容。① 为了使运动员取得更好的比赛成绩，提升运动员的价值，经纪公司通常要对其进行专业的培训，并承担相关的费用。同时，为了确保公司对运动员的支配权，使其听从公司指挥，合同中通常会有约束运动员人身自由、业余时间活动以及可能收益的分配规则等内容。这些内容具有较强的人身依附性，性质上接近于劳动合同。

从上述分析可知，体育经纪合同中涉及中介合同、委托合同、劳动合同以及非典型合同等诸多内容，并非某一类典型合同所能涵盖，在法律性质上当属混合合同。对于相关条款的定性，要本着实事求是和言行合一的原则，考察当事人合同条款约定和实际履行情况。② 依照合同呈现的利益状态、合同目的，斟酌交易习惯进行合同解释，对合同意图、目的以及内容等进行探析；只有了解当事人双方意在实现的合同目的才能理解合同各

---

① 参见刘承韪：《论演艺经纪合同的解除》，载《清华法学》2019年第4期。

② 参见王雷：《非典型合同和典型合同中的参照适用》，载《财经法学》2023年第3期。

要素之间的关系及其关联后的功能性内容，对合同的整体性、关联性进行把握，进而确定应当适用的法律规则。[①] 总而言之，混合合同的法律适用较为复杂，不能单纯适用某一类型合同的规定，而应根据具体争议事项和相应条款进行定性，然后选择最为类似的合同类型进而参照该类合同的规定，同时要注意对民法典合同编通则条款的组合适用；对于无法归入或参照现有合同类型的约定，则需要借助法律漏洞补充方法进行填补。

（二）体育经纪合同的特殊性

以本案中的体育经纪合同为观察对象，可以看出其在具体内容约定和履约中有以下四个方面的特点：一是合同义务复杂抽象；二是合同双方利益高度共生；三是约定违约金通常过高；四是违约损失难以计量。

1. 合同义务复杂抽象

合同关系即权利义务关系的约定。“合同关系为一种相对法律关系，一方当事人享有的权利即对方当事人所承担的义务，因此，一般对法律关系内容的描述多从义务方着眼。”[②] 在体育经纪合同中，运动员的履约义务相对简单，运动员主要接受体育经纪公司安排的培训、比赛及宣传活动，而体育经纪公司则承担多项给付义务。概括来说，主要是对运动员的竞技能力和商业能力进行投资开发。竞技能力的投资开发包括为运动员安排培训、营养、医疗以及之后为其安排比赛，包括选择比赛的场次、类型等；商业能力的开发主要包括为运动员的形象进行策划、改造、宣传、包装以及为运动员选择代言、出席的商业活动等。[③] 相较于普通民商事合同，体育经纪合同项下的合同义务复杂多样，且义务具有抽象性。一方面，运动员技能和商业培训具有人身性。其只能依附于运动员本身，而不能脱离运动员存在，当运动员感觉这些培训不符合自身的意志时，其可以拒绝接受

① 参见许中缘：《论混合合同适用的问题与方法》，载《法律科学（西北政法大学学报）》2023 年第 3 期。

② 王利明主编：《民法学》，复旦大学出版社 2011 年版，第 517 页。

③ 参见张若晨等：《体育经纪合同的“兼容”与“平衡”——对“邹市明案”的法学与经济学思考》，载《天津体育学院学报》2020 年第 5 期。

或怠于培训，因此双方义务履行与否及主观意思很难真实探查。另一方面，给付效果难以判断。体育经纪公司根据对市场的变化和趋势的专业判断为运动员安排专业技能和商业培训，因此，其只要依照合同约定为运动员安排了一定数量的培训，基本可以认为完成了给付，但在实际培训中，运动员会受天赋、机会成本等不可控因素影响。因此，培训的质量如何及是否达到行业标准，无法从培训效果上去评价，这也造成给付义务履行情况在认定上的困难。本案中，W公司与黄某签署培养及代理协议，互享权利互负义务。一方面，W公司负有投资并安排黄某到欧洲进行培训的义务，培训所需费用由W公司负担。同时，W公司全权享有黄某的职业代理权和商务开发权并有权抽取黄某的商业收入作为佣金。另一方面，黄某负有将其作为球员的职业代理权及商务开发权授予W公司，由此签署职业合同、转会签字费、广告代理、形象代言等商务合同的收入按照不同比例支付给W公司，签署职业合同必须征得W公司的同意认可等义务。同时，黄某享有接受W公司投资并参与培训、比赛的权利。培养及代理协议虽对约定事项予以列明，但由于体育经纪合同的履行受到上述多种因素影响，在合同中约定的对运动员的宣传、包装以及为运动员提供的比赛场次、类型往往是不够明确的，一旦双方发生纠纷，很难根据抽象的权利义务来确定具体履约程度。履约时间的长短与合同期限的比例关系则会成为重要的判断标准。

2. 合同双方利益高度共生

体育经纪公司在完成其经纪活动后有权得到合理的报酬，即佣金。不同的代理事务和运动项目，有不同的佣金支付方式和标准。一般情况下实行按比例收费，即体育经纪公司按照事先约定好的比例从运动员的收入中提成。① 运动员的价值主要来源于其自身的运动成绩，世界上知名的运动员大多运动成绩优异，获得诸多荣誉。当运动员成绩提高或者获得赛事奖

---

① 参见马铁主编：《新编体育经纪人》，中国经济出版社2007年版，第47-48页。

项后，其知名度会大大提高，随之而来的是运动员商业价值的迅速提高。[①] 体育经纪合同履行期间，运动员收入的提高，也会为体育经纪公司带来可观的收益，因此，在收益上体育经纪公司和运动员为一体关系，双方利益高度共生。另外，运动员的佣金给付义务对应体育经纪公司多项给付义务，可以把佣金看作体育经纪公司完成多项给付义务的汇总收入，通常不存在对完成某一项履约任务的单独给付，这种一体给付也将体育经纪公司和运动员紧密捆绑在一起，二者共同创造双赢。本案中，W 公司与黄某的利益是紧密捆绑的，W 公司为培养黄某而投入的成本会全部体现到黄某的商业价值中，而当黄某凭借其商业价值进行职业合同签署、广告代言、形象代言等商业活动时，W 公司可以按照合同约定根据收入性质抽取 8%或 30%的佣金，可谓一赢双赢，一损双损。

3. 约定违约金通常过高

（1）体育经纪合同约定高额违约金有其必然性。其一，体育经纪合同有着前期投资高、后期回报高的特点，合同中约定违约金具有一定的担保性质，其功能不仅仅限于预估损失。对体育经纪公司来说，高额违约金可担保运动员认真履约，自己也可以倾其投入、大胆施展培养规划，保持训练团队的高效性和稳定性。对运动员而言，高额违约金的约定向其事前明示了违约成本，督促其严格履约，亦从一定程度上表明了双方在签订合同之初对未来运动员价值的期待性。其二，运动员是一项依赖身体素质的职业，运动员的职业寿命非常短暂，体育经纪公司为了充分发挥运动员巅峰时期优势，防止运动员中途解约，需要约定高额违约金。[②] 其三，体育经纪合同中运动员处于劣势，通常无法参与合同条款的拟定，合同的范本被经纪公司单方垄断，合同中约定的高额违约金数额，普通运动员也无力通过谈判改变。在本案培养及代理中，W 公司与黄某约定违反一般条款的违

---

① 参见张志伟：《现阶段运动员形象商业开发和利益分配制度的完善》，载《西安体育学院学报》2019 年第 1 期。

② 参见刘玉莹：《体育经纪合同法律问题研究》，硕士学位论文，暨南大学法学院，2020，第 27 页。

约金是35万欧元，违反特别条款的违约金则高达1000万欧元。（2）体育经纪合同约定高额违约金具有合理性。其一，此类合同履约周期长、履约事项繁杂，违约风险明显高于普通合同。其二，运动员一方违约会给经纪公司造成多重、难以估量的损失。合同中约定高额违约金的目的主要是促进合同履行或者预估未来损失，提高确定性，降低交易成本以及诉讼和仲裁概率，排除复杂的举证责任。① 其三，高额违约金可以限制运动员擅自从事有损俱乐部利益的商业活动，防止运动员不尊重契约精神任意解除合同或违约，给运动员一定心理震慑，以保障运动员正常履约，减少不必要的培养投入和损失。其四，守约方救济成本异常高昂。跨国体育经纪合同当事人双方分属不同国家，适用不同的法律，使用不同语言，一旦发生纠纷，守约方为寻求法律救济，往往要支付高额的律师费、翻译费、人员往返差旅费等诸多成本，况且即使胜诉，也常常因违约方履行能力不足而使判决书成为空头支票。

4. 违约损失难以计量

因运动员违约给体育经纪公司带来的损失既有直接损失也有可得利益损失。实际损失包括体育经纪公司为运动员安排的培训、营养、医疗以及对运动员个人形象的包装、策划等投资成本。这些投资成本本身难以计算。在通常情况下，运动员是以小组形式参加培训，这些费用覆盖小组全部运动员，每个运动员的自身素质都不同，因此投资成本难以具体计算到个别运动员身上。特别是体育经纪公司为运动员付出的时间以及根据合同约定为运动员作出的全方位的、详尽的发展规划，其价值和成本更是无法估量。可得利益损失主要包括对运动员将来价值及获益的期待性，这些期待价值的实现会受到前期投入培养的效果、运动员自身素质、体育经纪公司拥有的职业发展资源、运动员自身的职业发展机遇等不可控因素影响，导致预期可得利益非常不确定。本案培养及代理协议签订后，黄某赴葡萄

---

① 参见孙良国、燕艳：《功能视野下约定违约金过高调整1.3倍规则的反思和改进——兼评〈合同法司法解释〉（二）第29条》，载《社会科学研究》2018年第6期。

牙里斯本参加了由W公司组织的培训和训练，直到2015年3月离开。在为期约1年5个月的培训期间里，W公司履行了培养义务，黄某擅自离开使W公司付出的时间以及金钱成本付之一炬，必然给W公司带来多重损失，但就W公司所遭受的实际损失以及可得利益损失，双方均无法提交有效证据证明，这也是酌定违约金数额所面临的最大难题。

二、体育经纪合同约定违约金的调减考量因素

违约金是当事人约定在一方违约时根据违约情况向另一方支付一定数额金钱或作出其他给付，是一种责任承担方式或一种损害赔偿方式，同时具有担保功能和赔偿功能。① 依照约定违约金的目的，理论上通常将约定违约金分为惩罚性违约金和赔偿性违约金。② 从我国现行法律规定看，惩罚性违约金或损害赔偿金的请求权，必须基于法律的明确规定，否则受损方只能主张与损失相当的违约金或损害赔偿金。《最高人民法院关于适用〈中华人民共和国合同法〉若干问题的解释（二）》（法释〔2009〕5号）③第29条规定："当事人主张约定的违约金过高请求予以适当减少的，人民法院应当以实际损失为基础，兼顾合同的履行情况、当事人的过错程度以及预期利益等综合因素，根据公平原则和诚实信用原则予以衡量，并作出裁决。当事人约定的违约金超过造成损失的百分之三十的，一般可以认定

① 参见邹旭、传伟：《以实际损失为基准酌减违约金的正当性考察——以违约金的功能与类型为中心》，载中国法院网，https://www.chinacourt.org/article/detail/2017/10/id/3022771.shtml，访问日期：2024年3月18日。

② 参见邓辉、王浩然：《〈民法典〉违约金制度的功能优化》，载《财经法学》2021年第2期。

③ 该司法解释于2009年5月实施，本案审理时有效。2023年12月，该司法解释被《最高人民法院关于适用〈中华人民共和国民法典〉合同编通则若干问题的解释》（法释〔2023〕13号）取代，原第二十九条第一款被修订为第六十五条第一款：当事人主张约定的违约金过分高于违约造成的损失，请求予以适当减少的，人民法院应当以民法典第五百八十四条规定的损失为基础，兼顾合同主体、交易类型、合同的履行情况、当事人的过错程度、履约背景等因素，遵循公平原则和诚信原则进行衡量，并作出裁判。

为合同法第一百一十四条第二款规定的‘过分高于造成的损失’。”《最高人民法院关于当前形势下审理民商事合同纠纷案件若干问题的指导意见》（法发〔2009〕40号）第7条规定：“人民法院根据合同法第一百一十四条第二款调整过高违约金时，应当根据案件的具体情形，以违约造成的损失为基准，综合衡量合同履行程度、当事人的过错、预期利益、当事人缔约地位强弱、是否适用格式合同或条款等多项因素，根据公平原则和诚实信用原则予以综合权衡，避免简单地采用固定比例等‘一刀切’的做法，防止机械司法而可能造成的实质不公平。”在初步判断违约金过高的情况下，合议庭认为黄某调减违约金的主张成立，但是对于如何调减产生了明显分歧。分歧点在于，如何综合考量各项影响违约金调减的因素并确定合理的违约金数额。综合上述规定，合议庭在该案中重点考量了如下四个因素。

（一）实际损失

实际损失是最具计量可能的损失。经纪公司在与运动员签订合同前需要付出一定的成本，主要包括合同履行的前期准备费用以及后期投入费用，如果运动员违反合同约定使得合同解除，那么所有已经支出的费用将全部损失。对于实际损失的认定，通常应根据“谁主张，谁举证”和“距离证据较近一方举证”规则分配举证责任，即由经纪公司承担举证责任。在本案中，W公司未能对其为培养黄某所投入的成本及因黄某违约致其遭受的实际损失数额进行举证，但结合培养及代理协议约定的内容，W公司对黄某提供培训并代理其作为球员的经纪公司。培养及代理协议约定的培训期间主要是W公司对黄某的付出培训成本的阶段，而协议约定的代理期间应主要发生于培训工作完成之后，是W公司通过其代理行为收回投资成本的阶段。故W公司的实际损失主要为其对黄某培训付出的成本。在培养及代理协议约定的近4年培训期间，黄某于2015年3月离开，自协议约定的培训期开始日起至其离开之日止，W公司的培训义务实际履行期限尚未过半。

（二）预期可得利益

我国现行法律规定，违约赔偿损失的范围应按完全赔偿原则赔偿全部损失，包括直接损失和预期可得利益。直接损失是违约方的违约行为实际造成守约方财产的减损、物的灭失或损毁；预期可得利益是违约方的违约行为导致守约方可能造成的损失，即可以预期取得的利益，是一种预期利益，现在不确定而发生在未来。因此，预期可得利益损失通常并不存在直接证据，而是由间接证据或现有证据进行推定。这也是预期可得利益在很多情况下难以获得法院支持的主要原因。德国学者认为，可得利益的性质导致其证明难度非常大，因此应该在证明的严格程度与举证困难之间寻求一种平衡，理论中通常认为根据具体情况中的具体因素，客观上“非常可能”产生的利益就是可得利益。① 我国法学界和实务界，对于预期可得利益的计算方法或证明标准也存在很大争议，根据最高人民法院第二巡回法庭的观点，法院可以采取差额法、类比法、估算法以及综合裁量法等方法确定守约方的可得利益。同时，还应适用合理预见规则、过失相抵规则、损益相抵规则等依法限制赔偿数额。② 有学者认为，应当允许当事人（守约方）选择具体计算方法或抽象计算方法。③ 本案双方当事人签订培养及代理协议后，W 公司将黄某送往欧洲进行专业培养。双方对于前 4 年培养、后 3 年由经纪公司收回投入成本均抱有一定的期待性，这种期待的实现取决于合同双方。不同的经纪公司对运动员的培养方式、投资方拥有的职业发展资源、投入程度等有很大不同；球员自身素质、职业发展机遇等也有很大差别。不同运动员即使与同一经纪公司合作，发展趋势也可能大相径庭，这就决定了预期可得利益的计算极为困难，只能是根据上述方法

---

① See Yzquierdo Tolsada, Mariano, La responsabilidad civil del profesional liberal. Reus, 1989, S. 190.

② 参见贺小荣主编：《最高人民法院第二巡回法庭法官会议纪要（第一辑）》，人民法院出版社 2019 年版，第 98 页。

③ 参见郝丽燕：《违约可得利益损失赔偿的确定标准》，载《环球法律评论》2016 年第 2 期。

估算的一种“非常可能”的数额。

（三）履约情况或违约程度

对于经纪公司而言，体育经纪合同的特点是前期投入高、后期收入高，履约情况与违约程度显然与损失的承担紧密联系。这决定了合同履行不能仅以期限长短来计算违约程度，而应考量具体的投入产出比。就本案而言，若合同正常履行，W公司对黄某的培养投入在合同履行的第四年末基本达到峰值，自第五年起W公司开始从黄某身上获取收益收回之前的成本，进而逐步实现预期可得利益。在不考虑四年后W公司继续对黄某培养的情况下，W公司在第四年末对黄某培养投入达到最大投资值，在第七年末实现最大预期可得利益。简言之，黄某若在前四年中违约，违约行为出现越晚，对W公司造成的实际损失越大，黄某的违约程度相对越高；黄某若在后三年中违约，违约行为出现越晚，W公司实现的预期可得利益越高，黄某的违约程度相对越低。

（四）当事人过错

当事人过错既包含了违约方的过错，也包含了守约方的过错。按照民法公平原则，责任承担应当与过错相适应。一方面，违约方恶意违约的，违约金调整应体现违约金的惩罚性功能，如果违约方系过失违约的，则违约金的调减就应当力度较大；另一方面，如果守约方采取积极措施促进合同的履行，降低违约损失，也应当作为违约金调整的考量因素。① 在本案中，在未经双方确认终止履行培养及代理协议的情况下，黄某擅自离开W公司在葡萄牙里斯本的培训地未再返回，未经W公司的书面认可加盟新俱乐部的行为已经构成根本违约、恶意违约，其主观过错状态应当纳入考量范围。

三、体育经纪合同约定违约金的调减规则

过高违约金调减需考量的因素较多，除“实际损失”外，各种要素基

---

① 参见石冠彬：《民法典合同编违约金调减制度的立法完善——以裁判立场的考察为基础》，载《法学论坛》2019年第6期。

本上都是主观性较强、难以量化的评价性事实。这也是这些要素无法以"要件化"形式写入法条的原因所在。① 特别是对于惩罚性违约金的调减，无法量化的评价要素决定了违约金调减规则难以呈现为可计算的公式，只能表述为相对具体的基准性、方向性裁量模型。

(一) 违约金"过高"的审查与认定:"附条件启动+超一般标准"

前已论及，约定高额违约金是体育经纪合同中的惯例，双方在签订合同时，对高额违约金的条款应当是明知的。而违约金调减规则的适用主要在于避免交易主体遭受毫无限制的惩罚和谈判力量不均等的情况，同时，缔约人在缔约时无法预测违反约定的危险有多大。② 如果法院动辄以公平原则、比例原则为依据，从宽掌握违约金"过高"的审查和认定标准，则是对违约金调减权力的滥用，会严重冲击意思自治的合同法基本原则。因此，对此类合同中违约金"过高"的审查启动和认定标准均应高于普通合同。

1. 违约金"过高"审查启动应达高度可能性的证明标准

对于"过高"的审查启动，违约方应当承担初步举证责任，以作为请求调减违约金的启动条件。这种初步的证明责任被称为"临时心证"，亦即只是暂时解除负有证明责任一方的举证责任，在具体把握上，至少应当是高度可能性以上，也就是说，法官至少要相信违约金过高的可能性高于违约金合理的可能性。③ 法院不因违约方提出主张或仅提供证据证明违约

---

① 参见吴泽勇:《违约金调减的证明责任问题》，载《法学评论》2022 年第 1 期。

② 王洪亮:《违约金酌减规则论》，载《法学家》2015 年第 3 期。

③ 参见吴泽勇:《违约金调减的证明责任问题》，载《法学评论》2022 年第 1 期。有学者认为，请求调减违约金属于违约方的主张，当然应当由违约方提供证据证实违约金过分高于实际损失，因此，如果违约方不能提供证据证实守约方的实际损失，则属于举证不能。该观点过于理想主义，不具有实际操作性，理由为：一是违约方不能全面掌握能够证实守约方损失的证据；二是即使违约方掌握能够证实守约方损失的证据，其也不会毫无保留地提供。因此，此处证明责任的分配，应当是先由违约方提供初步证据证实约定违约金存在过高的可能，然后举证责任转移到守约方，由守约方提供证实己方实际损失和预期可得利益的证据，违约方对证据提出质疑或反证。

金存在过高的可能即启动审查，而应达到高度可能性的证明标准再启动审查。

2. 违约金“过高”的认定标准应高于实际损失与预期可得利益之和的1.3倍

我国民法对于违约金定性为“补偿+惩罚”双重性质，以赔偿为主，以惩罚为辅。[①] 但鉴于体育经纪合同的特殊性，若强行以补偿性违约金作为判定惩罚性违约金的标准，必然抹杀两类违约金的本质差异，有悖商业实践中长期存在的适用惩罚性违约金的民商事习惯。违约损失的1.3倍不宜作为判定惩罚性违约金畸高的标准。[②] 此类合同中应当加重惩罚性违约金的比重，其违约金“过高”的标准应当明显高于普通合同，建议参照英国法上的“完全不成比例”原则进行判断。所谓完全不成比例是指，违约金条款是否合理，要综合各种因素予以判断，只有合同违约金与非违约方享有的正当利益相比极为不成比例的，才能对违约金进行调减。[③] 依照该原则，即使违约金超过实际损失的1.3倍，也不应当被认为过高，而应将预期可得利益也作为计算基数，同时，采用“完全不成比例”标准。简言之，计算基数应该包含预期可得利益，同时，采用高于传统1.3倍的标准。另外，如果在穷尽证明手段后，仍有难以被证实的损失，则应倾向于降低守约方对可能损失的证明标准。

（二）各因素参与违约金调减的角色：“准确定量+责任估量+综合衡量”

人民法院在调整体育经纪合同约定违约金时，需要在相关司法解释和指导意见的基础上调整策略并提高违约金“过高”的认定标准。建议参考

---

① 参见中国审判理论研究会民事审判理论专业委员会编著：《民法典合同编条文理解与司法适用》，法律出版社2020年版，第220页。

② 参见徐海燕：《惩罚性违约金例外酌减制度的解释与重构：契约自由与契约正义的平衡视角》，载《法学杂志》2023年第2期。

③ 参见张力、赵自轩：《英国罚金判断新标准在我国违约金调减中的运用》，载《河北法学》2017年第9期。

以下方法。

1. 准确定量：以实际损失和预期可得利益为基数

球员违约给经纪公司造成的损失应当包含实际损失和预期可得利益两部分。实际损失包括经纪公司为履行合同而投入的各项费用：签订合同之前为运动员作出的详尽职业测评费用；履约过程中为提高运动员影响力所策划的各项广告推广费用；其他各种活动的所需支出。预期可得利益则是经纪公司在充分完成合同履约义务时应当获得的经济回报，即合同正常履行为经纪公司带来的收益。①

2. 责任估量：以履约情况或违约程度、当事人过错大小为责任分担酌量因素

合同的履行情况、当事人的过错大小关系违约方的主观恶意和合同利益的实现情况，应作为酌定违约金责任分担比例的重要依据。

3. 综合衡量：考量合同特殊性、交易习惯和行业惯例、当事人地位强弱作出最终调整

体育经纪合同的特殊性、行业交易习惯和行业惯例，应当作为违约金调整参考。同时，体育经纪合同通常是格式合同，经纪公司一方处于优势地位，运动员通常被迫接受不公平条款，但具体到每一份合同中，双方地位的悬殊程度是不同的，因此，对该因素的衡量应当具体化到个案之中。

（三）调减金额可接受性预判："内在视角+外在视角"

1. 内在视角确保法律适用公正

此类纠纷属于疑难、重大、复杂案件，承办法官应提醒合议庭其他成员，尽早参与到案件的实质审理之中，深入交流合议。在合议之后，尽量依照法定程序将案件提交专业法官会议和审判委员会讨论决定，运用法官集体智慧最大限度追求裁判的专业性和公正性。

2. 外在视角探明行业赔偿标准

即使精准赋予了各项考量因素以权重并计算出违约金数额，也很难通

---

① 参见张景馨：《合同约定违约金过高的调整》，载《人民司法》2019年第34期。

过法官内在视角去验证数额的可接受性。还需要法官打通内外视角，分身从旁观者外在视角进行评价。既可以邀请专家提供行业惯例、行情等作参考，也可以进行类案检索，① 还可以进行国内外行业调查。经了解，本案法官为探明足球行业违约金的行业惯例，走访了部分足球行业专业人士，并至中国足球协会调取了相关运动员的工作合同，了解该行业职业合同中约定违约条款的现实状况。在诉讼过程中，W公司也提供了部分国内外足球运动员具有高薪酬职业合约，后因转会、违约等事宜承担高额违约金的相关证据，可以证明足球运动员基本年薪数及违约金数额的大致范围。这些信息都成为违约金数额合理性验证的外部参照。

四、结语

体育经纪公司根据合同约定为运动员的全方位发展作出详尽的规划，运动员得到了快速充分发展，运动员单方违约会给体育经纪公司带来难以估量的经济损失。高额违约金有行业必然性和合理性，可以有效维护交易稳定。但是运动员职业生涯十分短暂，根据“经济人理论”，运动员在巅峰状态时会充分关注自身的发展潜力和市场动向，尽可能在短暂的职业生涯中找到自身利益最大化的发展方向。因此，在审判实践中，无论是奉行意思自治原则严格适用约定违约金，还是一味追求公平而不顾体育经纪合同的特殊性随意调减违约金，都失之于偏颇。理性面对和妥当处理过高违约金，方可发挥其限制违约，保障守约方合法权益的功能，进而改善体育经纪市场环境，促进社会信用体系的建设。这就需要司法承认此类违约金的履约担保功能，正确认识违约金制度的功能定位，② 以现行法律规范为

---

① 经过国内类案检索，仅检索到北京万某足球俱乐部有限公司诉王某某违约加盟丹麦某俱乐部合同纠纷一案［案号：北京市朝阳区人民法院（2018）京0105民初63746号］，原告诉讼请求为：要求被告王某某支付违约金人民币1700万元。该案最终以调解方式结案，调解书未公开。未检索到其他同类案件，无法形成类案检索报告，法官意图通过类案检索获取主流裁判观点的方法难以实现。

② 参见张力、赵自轩：《英国罚金判断新标准在我国违约金调减中的运用》，载《河北法学》2017年第9期。

依据，“基于对公平、诚信、正义等核心价值观的信仰、对惩罚性违约金争议项下全部相关复杂变量作理性定量分析，审慎运用自由心证与自由裁量权”①，确定最具客观性和可接受性的违约金数额。综合本文分析，对于违约金数额的确定可适用如下模型：违约金数额=（实际损失+预期可得利益）×（>1.3 倍）×（1-守约方过错比例）±（合同特殊性、交易习惯和行业惯例、当事人地位强弱、是否为格式条款等因素）。当然，这只是一种为了更直观而抽象出的理想化模型，在现实操作中，合议庭每位法官对上述因素的赋值常有所不同，最终数额也往往不一致甚至悬殊，此时就需要对不同法官计算的结果进行衡量取舍并寻找最大公约数，或交由审判委员会进行集体多数决。

（本文仅代表作者个人观点）

① 徐海燕：《惩罚性违约金例外酌减制度的解释与重构：契约自由与契约正义的平衡视角》，载《法学杂志》2023 年第 2 期。

侵害作品信息网络传播权案件的裁判路径分析*

刘海洋**

案情概要

案外人G＊公司授权某美（天津）图像技术有限公司（以下简称某图像公司）在中国境内展示、销售和许可他人使用该公司的“getty Images”品牌图片，且某图像公司有权以自己的名义对侵权行为提起诉讼。某图像公司发现，河南某蜂业有限公司（以下简称某蜂业公司）未经许可使用了4张上述品牌图片。某图像公司遂以侵害著作权为由提起诉讼，请求判令某蜂业公司赔偿经济损失及维权合理开支。为支持其诉请，某图像公司提交了G＊公司出具的授权确认书、网站权利声明等证据。因涉案图片上有“getty Images®”内容的水印，某蜂业公司抗辩认为，涉案图片水印右上角为商标注册标记“®”，并不是表明创作者身份的作者署名，且水印

＊ 本文为西北政法大学教改项目“法学跨学科‘多师同堂’线上协同教学模式研究”（XJYB202014）的阶段性研究成果。

＊＊ 西北政法大学民商法学院讲师。

下方另有摄影师署名和其他品牌名称，显示图片著作权属于作者而不是某图像公司或 G＊公司。某蜂业公司还就涉案图片权属问题通过电子邮件询问 G＊公司，得到的答复是，涉案图片由摄影师投稿，该公司以自己的名义对外销售后向摄影师支付版税，但摄影师保留图片的著作权。某蜂业公司据此认为，因摄影师保留著作权，G＊公司、某图像公司均不享有涉案图片的著作权，某图像公司的诉讼请求应予驳回。

裁判要旨

最高人民法院认为，涉案图片除标注“getty Images®”水印外，还分别标注有摄影师署名和其他品牌名称，而且“getty Images”之后紧接商标注册标记“®”，仅以此水印不能认定涉案图片的著作权属于 G＊公司。此外，某图像公司还提交了 G＊公司出具的授权确认书、网站权利声明，但授权确认书只能证明 G＊公司向某图像公司进行授权的事实，并非 G＊公司对涉案图片享有著作权的证据。权利声明属于单方陈述，在缺乏其他证据印证的情况下，仅以权利声明不能确定著作权归属。在此情况下，某图像公司应进一步承担 G＊公司享有涉案图片著作权的举证证明责任，但其未能举证证明。相反，根据某蜂业公司提交的 G＊公司回复邮件等反驳证据，G＊公司确认投稿的摄影师仍然保留涉案图片的著作权。故某图像公司关于 G＊公司拥有涉案图片著作权的主张不能成立，其在本案中提出的相关诉讼请求不应予以支持。

一审判决后，被告某蜂业公司不服一审判决，提起上诉。二审法院经审查驳回上诉，维持原判。被告某蜂业公司不服，向最高人民法院申请再审。最高人民法院裁定提审本案，于 2021 年 12 月 20 日作出民事判决，撤销一审判决，驳回原告某图像公司的全部诉讼请求，本判决已发生法律效力。①

---

① 参见“某（天津）图像技术有限公司诉河南某蜂业有限公司侵害作品信息网络传播权纠纷案”，案例信息：一审判决的案号信息为天津市第三中级人民法院（2019）津 03 知民初 73 号民事判决、二审判决的案号信息为天津市高级人民法院（2020）津民终 311 号民事判决、再审判决的案号信息为最高人民法院（2021）最高法民再 355 号。本案入选最高人民法院指导性案例。

评析

本案是一起典型的关于著作权权属及其证明责任分配引发的侵害作品信息网络传播权纠纷案件。现就本案所涉及的法律问题逐一评析如下。

一、著作权人的判定是侵害作品信息网络传播权案件的裁判起点

在著作权纠纷案件中，判断著作权权利归属通常是需要解决的首要问题，但基于著作权的自动取得以及作品创作的多样方式，对于著作权主体的判断，既无法简单地通过分析证据材料确定，也不能通过法条检索得到答案。各种新技术改变了作品的产生以及传播方式，著作权案件的复杂性也随之骤升。这导致在实际的案件审理过程中，信息网络传播权纠纷中涉及的当事人数量众多，因此对于案涉著作权主体的判定更显重要。笔者认为，应从源头与过程两个层面判断著作权的取得与证明，其中著作权取得制度从源头上决定了著作权主体判定的基准，“权利人的证明”则是审理过程中判定著作权主体的关键。

（一）自动取得作为著作权取得制度的逻辑起点

著作权的取得是判定著作权主体的源头，著作权取得并非随意而为，而是存在相应的制度规范，其中的自动取得制度便是著作权取得制度的关键。从域外法视角分析，著作权取得制度经历了由登记取得制度到自动取得制度的转变。登记取得制度最早起源于世界上第一部具有现代意义的版权法——1710年英国安妮女王法令①，其明确规定只有登记了的作品才能得到保护。该法的规定影响了之后许多国家的法律规范，例如，1987年以前西班牙、阿根廷等国均规定作品必须登记才能取得著作权。诚然，登记

① 法案全称是鼓励知识法（An Act for the Encourage of Learning），又被称为安妮女王法令（Statute of Anne），是1710年英国颁布的第一条关于版权的法令，也是世界上第一部具有现代意义的版权法。该法案提出要保护出版者的版权不受侵犯，作品的最初所有者是作者，出版者不过是购买了作者创造的财产，作家与出版者的关系得到了更为清晰的确立，但较少涉及作者与出版者之间的权利关系。

取得制度能够为查明著作权归属提供权威途径，便于直观了解著作权的权属状况，但无法消除程序烦冗等弊端，在此背景下，自动取得制度得以产生与发展。著作权的自动取得制度不仅在《保护文学和艺术作品伯尔尼公约》（以下简称《伯尔尼公约》）中得以明确，[①] 也是目前绝大多数国家所采取的著作权取得方式。从国内法视角分析，我国著作权法第 2 条明确规定了著作权的取得所采取的是自动取得制度，即当作品创作完成后，只要符合法律上作品的条件，无论是否发表，著作权主体均享有著作权。我国采取该制度的原因有以下两点：一是遵守《伯尔尼公约》所确立的原则。鉴于我国于 1992 年加入《伯尔尼公约》时并未作任何保留，所以按照《伯尔尼公约》的规定，我国采取自动取得原则。二是自动取得原则具有自身优势，即著作权人可以在作品创作完成后即刻获得法律保护，这可以有效减少著作权被侵害的可能性，为作品及著作权人提供较高水平的保护。[②] 但随着时代的发展与进步，自动取得原则的弊端逐渐暴露，如产生纠纷时举证难、易混淆等问题。

也有学者指出，随着区块链以及人工智能等新技术的应用发展，“自动取得原则的缺陷放大了著作权纠纷风险，造成了著作权案件高发。”[③] 但从整体利弊分析来看，采取著作权自动取得原则利大于弊，且其弊端可以

---

① 《伯尔尼公约》最初也规定了程序性要求，但在修订之后采用了自动取得制度，著作权取得的形式要件在国际法领域逐渐消失。例如，《伯尔尼公约》第 3 条第 1 款规定：“作者为本联盟任何成员国国民的，其作品无论是否发表，都应受到保护。”第 5 条第 2 款规定：“享有和行使著作权不需要履行任何手续，也不论作品起源国是否存在保护。” See Berne Convention for the Protection of Literary and Artistic Works (As Amended on September 28, 1979) Article 3 (1), 5 (1).

② 我国于 1992 年 7 月 10 日向世界知识产权组织递交《伯尔尼公约》的加入书，《伯尔尼公约》于 1992 年 10 月 15 日对我国生效。2001 年我国修改著作权法时，主要目标是使著作权法达到《伯尔尼公约》和《与贸易有关的知识产权协定》的要求，以完成我国加入世界贸易组织的法律准备。参见王迁：《论我国摄影作品保护期与国际版权条约的衔接——兼评〈著作权法修正案（草案）〉第 62 条》，载《东方法学》2020 年第 6 期。

③ 邱润根：《新技术应用下著作权自动取得制度的反思与改进》，载《吉首大学学报（社会科学版）》2021 年第 6 期。

通过登记制度进行缓解。根据著作权法第12条规定的作者身份推定规则，作者可以向国家著作权主管部门认定的登记机构申请对作品著作权进行登记。

但值得注意的是，在我国，著作权的登记不是著作权取得的法定条件，作品登记时仅对作品的权属信息作形式审查。在存在相反证据的情况下，可以推翻作者认定。我国之所以未对登记制度予以严格规定，是因为该制度的设置目的是为明确著作权归属提供证明，以便解决著作权权属问题，而非为著作权人取得权利增加负担。作者完成创作后即在事实上获得其作品的著作权，在法律上通过自动取得原则获得保护。如前所述，自动取得原则也存在弊端，故著作权主体的判定仅依据取得制度尚存有欠缺，还需要依据其他证据为其补证。

（二）证明角度下著作权主体的质性分析

权利人的证明是庭审过程中明晰著作权主体的关键，也是对上述自动取得原则弊端的补足，而权利人应当如何证明其为著作权主体则需要进一步的探讨。笔者认为，可以利用署名推定等初步证据进行证明。

其一，从法律规范层面上讲，通过署名来推定当事人享有著作权在国内外法律规范中均具有依据。从国际条约规定来看，《伯尔尼公约》第15条第1款对署名推定制度进行了明确规定，我国在国际层面亦有相应表态，2020年11月15日我国与日本、韩国等15个国家签署的《区域全面经济伙伴关系协定》也规定了能够以署名推定作者；① 从国内规定来看，我国针对署名推定的规定存在于著作权法以及最高人民法院发布的著作权相关的司法解释中，② 这些规定明确了可以通过署名来推定证明著作权主体，作品上署名的人可以推定为作者，除非有相反证明予以推翻。

其二，从推定逻辑角度来看，严密的逻辑推定为著作权的明确提供有

---

① 参见《区域全面经济伙伴关系协定》第58条第5款。

② 参见著作权法第12条、《最高人民法院关于加强著作权和与著作权有关的权利保护的意见》第3条、《最高人民法院关于审理著作权民事纠纷案件适用法律若干问题的解释》第7条。

力支撑。有学者指出，“《最高人民法院关于审理著作权民事纠纷案件适用法律若干问题的解释》第7条规定可以直接基于署名推定著作权归属，但实际上推定逻辑是：第一步，由署名推定作者；第二步，由作者推定著作权归属。”[①] 也有学者从我国存在的三项与著作权署名有关的规定分析，认为三项规定的推定逻辑与前述学者两步走的方式不同，认为应当“先认定相关内容为作品，以及其中出现了著作权法意义上的署名，再以此推定署名所标注的自然人、法人或非法人组织为作者”。[②] 笔者认为，虽然关于署名推定的观点不一，但实质上均肯定了能够通过署名来推定作者，针对著作权主体的判定思路本质相似。

其三，从署名推定规则发挥的功能来看，署名推定规则最为直接的功能在于降低了权利人的证明标准，减轻了著作权人的举证责任，为权利人的证明提供了实质帮助。除了对私权主体有帮助外，对于公权主体署名推定规则也发挥了相应作用，有学者指出，“该规定对刑事司法保护可能产生较大影响，尤其是涉及著作权类型犯罪案件，在刑事调查和起诉过程中，公安机关和检察机关可以根据署名推定权利人身份。”[③]

与自动取得原则类似，署名推定规则的适用存在一定缺陷，如“条款表述和规则安排不科学”[④]“在实践中存在着署名认定混乱的现象，揭示出

---

① 张志弘、廖继博：《商标授权确权行政纠纷案件中主张在先著作权适格主体的证明》，载《人民司法》2018年第11期。

② 根据著作权法第12条第1款、《最高人民法院关于加强著作权和与著作权有关的权利保护的意见》第3条，《最高人民法院关于审理著作权民事纠纷案件适用法律若干问题的解释》第7条第2款的规定，学者指出由此形成以署名为基础的三项推定，即作者身份推定、权利存在推定和权利归属推定（简称三项署名推定）。参见王迁：《论〈著作权法〉中“署名推定”的适用》，载《法学》2023年第5期。

③ 王迁：《〈著作权法〉修改：关键条款的解读与分析（下）》，载《知识产权》2021年第2期。

④ 覃楚翔：《多维证成与解读：我国作品署名推定条款的变革》，载《科技与法律（中英文）》2023年第3期。

署名认定标准不明、认定模式不一的问题”。① 笔者认为，虽然自动取得制度存在一定不足，但结合目前我国知识产权领域发展的现实情况，署名推定规则依旧是最为合适的选择，不过从长远发展来看，署名推定规则仍需从规则构建、认定标准等多方面进行科学完善。

（三）当事人适格的权利构造与理论思辨

通过上述著作权取得制度与权利人证明完成著作权主体判定后，若著作权人选择诉讼的方式解决由著作权侵权引起的纠纷，还需要对当事人适格等相关问题予以关注。原因有以下两点：其一，从程序法规范角度来看，我国民事诉讼法第122条明确规定了起诉必须符合的条件，其中第1款规定了首要必备要件即原告是与本案有直接利害关系的公民、法人和其他组织，适格的当事人关系我国司法机关审判权力的运用是否具有合理性与正当性。根据传统民事诉讼理论，“对当事人适格的判断是法院行使裁判权，解决特定纠纷案件的前提条件，”② 当事人适格是诉讼的资格元素。在著作权纠纷案件中应当首先审查当事人是否为适格主体，只有先认定了著作权及其归属，才能进一步认定侵权行为是否存在。故需要通过初步证据及署名推定审查涉诉当事人是否为著作权主体，其中尤为重要的是审查原告是否适格。只有其享有著作权的主体，才有起诉的资格，才属于适格主体。其二，从价值取向角度分析，每一个法律规范均蕴含着相应的价值取向。当事人适格规定的价值取向可分别从公权主体与私权主体两个角度进行分析。从公权主体的角度来看，当事人适格的规定蕴含着维护司法权威与司法公正的价值取向，若判断当事人适格失误，将会给司法权威带来沉重打击。从私权主体的角度来看，依据诉权理论，民事主体享有请求法院通过行使审判权解决纠纷以及保护其合法权益的权利，权益保护是当事人行使诉权的关键目的。

但需要强调的是，当事人权益的保护不是仅针对作为起诉方的原告，

---

① 覃楚翔：《我国〈著作权法〉署名推定规则的适用：问题、归因与对策》，载《出版发行研究》2022年第11期。

② 汤维建：《当事人适格的判断机制》，载《法律适用》2021年第7期。

被诉方的权益也需得到保护，不可随意侵害。此时，当事人适格即为维护案件原告、被告双方合法权益的重要保障，只有当适格的主体请求维护权益、请求赔损时才能实现制止违法行为，维护起诉主体权益的目的，若主体不适格，审判行为的进行则是对被诉主体权益的侵害，与权益保护的价值相悖。因此，为维护私权主体的合法权益，应将对当事人适格的判断放在首位。

综上所述，无论从公权主体的角度出发维护司法公正与权威，还是从私权主体的角度出发维护双方当事人合法权益，当事人适格均是裁判起点，应予以明晰。值得注意的是，著作权纠纷中有时也会存在较多与著作权有关的法律关系，如信托关系、委托代理关系等，当事人可以通过合同明确著作权人的诉权归属。其中，值得注意的是，委托代理关系的存在并不必然导致著作权权属关系发生实质性变化，因此，依旧需要著作权当事人在合同中予以明确。

本案争议焦点为某图像公司是否拥有涉案图片的著作权。某图像公司主张其对涉案图片享有著作权是基于该公司拥有来自 G＊公司的授权，因此，G＊公司是否享有相应的著作权是本案中应当明确的基础和前提。但从案件相关证据来看，无论是从初步证据证明角度还是从署名推定角度分析，均无法判断 G＊公司享有涉案图片的著作权。首先，从初步证据证明的角度来看，根据某图像公司提出的证据仅能证明 G＊公司向其授权的事实，而授权代理关系的存在并未导致著作权权属关系发生实质改变，因此，不能证明 G＊公司对涉案图片享有著作权。与之对应，某蜂业公司提交的 G＊公司回复邮件等反驳证据，确认了涉案图片的著作权仍然由摄影师保留。同时，某图像公司也并未提交能够否定某蜂业公司的反驳证据，故 G＊公司对涉案图片享有著作权的主张难以成立。其次，从署名推定角度来看，尽管依据我国法律规范可以通过署名推定著作权人，但正如前文所述，署名推定规则中的署名实质上指的是能够通过署名推定作者，再由作者推定著作权人。在本案中，涉案图片标注“getty Images®”水印，此处代表 G＊公司的水印属于注册商标，并非作者署名，仅以此水印不能认定涉案图片的著作权属于G＊公司。其从源头上明确了G＊公司对涉案图片不享有著作权，某图像公司主张其通过与G＊公司的授权确认书取得涉案图片的著作权则不存在权利基础，故某图像公司不是该案适格主体，其提起诉讼并主张赔偿缺乏事实依据。综上所述，著作权权属的明晰即著作权主体的判定是裁判的关键，若缺乏此权属明晰的证成则后续诉讼行为便无存在基础。

二、商标水印不能单独作为判定著作权归属的依据

随着时代的发展，水印的内涵逐渐从一种古代印刷绘画作品的技艺，演化为对特定物品的标识，同时，随着市场化竞争程度的不断提高和数字网络时代的加速普及，经营者们希望通过一种更加便捷的方式，使自己提供的商品或服务显著区别于市场上其他的同类型竞争者，于是商标水印这一方法应运而生。可以说，商标水印已经成为业界经营者用来指示商品来源、保证商品质量的常用手段，且商品在传播时附带的权利声明与标记正是其常见的表现形式。但由此引申出的问题是，前述的权利声明与标记旁通常会载明相关自然人的姓名或法人、非法人组织的名称，而我国著作权法第12条第1款规定，“在作品上署名的自然人、法人或者非法人组织为作者，且该作品上存在相应权利，但有相反证明的除外”，那么此类姓名或名称能否构成著作权法意义上的“署名”？从而进一步要求享有著作权？

笔者认为，单纯的商标水印难以作为证明著作权归属的初步证据。从程序法的角度看，在著作权侵权案件中，原告必须证明其享有所主张的权利，才有可能进一步追究被告的侵权责任，但原告主张通过商标水印对作品进行了署名，继而成为著作权人，这一论证路径本身就存在诸多障碍。

首先，著作权法将署名权定义为“表明作者身份，在作品上署名的权利”。由此可见，署名在本质上是表明作者身份的行为，同时，署名推定规则规定，在作品上署名的人是作品的创作者，享有相应的著作权，除非存在相反证据证明。但作者和著作权人是两个不同的概念，一般来说，作品在创作完成之后，作者凭借作品的自动保护原则成为著作权人，此时，

其既是作者又是著作权人，因著作权具有著作人身权和著作财产权的权利二重性，若著作财产权根据相关的民事交易规则进行流转，继受取得著作财产权的权利人亦可称之为著作权人，故而“通过作品流转获得作品著作权的民事主体绝不是作者，亦不能适用署名推定相关条款”。[①] 但针对水印这一标记形式，我国现行著作权法和相关司法解释均未明确规定其法律地位，法律制度层面的欠缺导致商标水印存在不能单独作为权属判定的依据。当然，根据私法的自治原则，制度的缺失并不意味着水印一定不能成为作品署名的形式之一。

通常来说，作品的署名方式、习惯，会随着作品的形式样态、技术发展的变化而变化，伴随着互联网科技和传播方式的进步，作品的形式不断趋于多样化，作品的署名方式亦发生演变，水印逐渐成为权利人宣示权利的一种普遍形态，例如，摄影作品上摄影师、版权公司等其他相关权利人所添加的姓名、名称和特定图案等，这是社会市场交易活动发展对法律规定滞后性的一种超前，只不过这种超前已经得到了最高人民法院和各地法院的承认。[②] 2020 年 11 月，国家版权局印发相关通知，确认了作品的著作权人以及邻接权人有署名的合法性，[③] 水印作为证明著作权人对作品进行署名的其中一种方式被广泛接受。但需要注意的是，实务中，冒用他人水印，擅自在他人作品上加注自身水印的情况广泛存在，申言之，作品上附

---

① 黄莉萍、汪志强：《我国著作权法署名推定规则的研究》，载《太原理工大学学报（社会科学版）》2023 年第 6 期。

② 例如，最高人民法院（2010）民提字第 199 号民事判决书、最高人民法院（2014）民提字第 57 号民事判决书中均认可，水印能够作为证明著作权归属的证据形式，具有相应的证明力。同时，天津市高级人民法院（2018）津民终 33 号民事判决书、福建省厦门市中级人民法院（2017）闽 02 民终 5140 号民事判决书、吉林省高级人民法院（2018）吉民终 609 号民事判决书等地方法院的判决书中亦秉持同样的观点。

③《国家版权局关于进一步做好著作权行政执法证据审查和认定工作的通知》（国版发〔2020〕2 号）第 4 条规定：“如无相反证据，以通常方式署名的作者、出版者、表演者或录音制作者，著作权行政执法部门应当推定为该作品、表演或录音制品的著作权人或者与著作权有关的权利人。”

载水印的指向对象并不一定为真实权利人，水印的添加也不能成为确定著作权利归属的当然依据。

其次，从水印的性质和特点上看，水印依其使用形式可以分为可视性水印和非可视性水印，前者代指一类特定的透明或半透明图案，以引人注目的形式从文字和图案中显现出作者或权利人的基本信息；后者则是当作品完成数字化之后，隐藏在数字内容下的一段特殊代码，该代码仅凭肉眼无法识别，却可以通过与之相兼容的机器进行检测，以判断实际的真实权利人，[①] 其优势在于不影响原始文件的可观性和完整性。在作品创作完成时，作者为了兼顾作品信息网络传播权在网络空间的高效行使和标表作品上真实权利人的身份信息，多采取添加可视性水印的方式，载明著作权人的姓名或名称以行使署名权。例如，摄影作品中的水印多为可视性水印，“内容一般为发布者的姓名、名称或图片来源网址等，通常位于图片的中央或右下方，是添加在图片上可以被裸眼识别的透明图层”。[②]

可视性水印可以被网络用户直接感知，在添加方法上最为简单和易用，但这种标识方式有其自身的弊端：网络空间中的用户可以较为轻易地下载作品，获取作品的原始信息，在本地环境下对作品的本体及水印进行重新编辑，随后再通过服务器将修改后的作品重新上传至网络，那么此时完全可能出现同一件作品但标注有不同权利人水印的情况，造成著作权权属不明。此种情形既凸显了可视性水印易篡改、可伪造的不稳定性特征，也从侧面验证了水印标注在证明著作权归属过程中的可推翻性。水印和真实权利人之间不存在唯一的确定对应关系，意味着当著作权权属发生争议时，水印不能成为证明权利主体的直接证据，其证明力有待综合全案其他证据要素加以补强。最高人民法院第224号指导性案例（本案）所确立的裁判规则即为例证。

---

① Mike Godwin, “What Every Citizen Should Know about DRM,” *Public Knowledge*, 14 September 2014, pp. 12-13.

② QI W., YANG G., ZHANG T., et al. “Improved Reversible Visible Image Watermarking Based on HVS and ROI-selection,” *Multimedia Tools and Applications*, 2018.

此外，若将商标水印这一商标权表现形式认定为著作权的完全权属声明，容易造成论证过程中法理逻辑的不畅。商标水印本身即为商标权众多表现形式中的一种，而商标权和著作权分属于不同的权利类型，各自的权利内容和保护范围并不相同，在作品上标注商标标识不等同于对著作权利的声明。作品上商标水印的添加无法在署名和著作权权属之间搭建起稳固的逻辑推演桥梁，商标是经营者用来标识其提供的商品或服务，并使该商品或服务区别于其他经营者的标志，而“商标权是特定商业标识在指定商品或服务上专有使用的权利，其权利内容具有排他性”①；著作权以寻求社会公共利益和权利人合法权益的平衡为价值皈依，侧重保护的是作品内容本身的独创性，例如，“海尔”和“美的”这样的文字型商标因为表达量过少缺乏独创性的表达，很难将其认定为著作权所保护的作品。商标权的水印标识与著作权的署名标识存在本质上的区别，“署名的核心是表明作者身份，它有别于表明权利人身份而非表明作者身份的行为”。② 由此可见，作者是署名和著作权权属的连接点，虽然著作权法中规定了作者以外的其他自然人、法人或者非法人组织可以依据特殊规定原始取得著作财产权，但商标水印所属的权利人显然无法与作品的创作者进行简单的直接等同。

本案中，原告某图像公司论证其有权向被告方某蜂业公司请求著作权侵权赔偿的逻辑在于：第一步，案外人 G＊公司凭借涉案摄影作品上的商标水印，已经取得了作品的著作权；第二步，G＊公司通过授权确认书、网站权利声明等向某图像公司进行授权。自此，某图像公司具备了起诉侵权赔偿的请求权基础。但本案的摄影作品上除了标注有“getty Images®”外，还分别标注了摄影师与其他品牌的署名，且“getty Images”后紧跟了注册商标标志“®”。从摄影作品著作权取得的维度出发，权属证据的类型包含电子原图、著作权登记证书、发表证据、拍摄现场记录、连续拍摄的同组画面等证据，权利人应综合运用前述证据证明摄影作品的作者与作

---

① 魏丽丽：《我国商标权注册取得制度的检视与新塑》，载《政法论坛》2023 年第 3 期。

② 王迁：《论〈著作权法〉中“署名推定”的适用》，载《法学》2023 年第 5 期。

品署名之间存在确定的关联关系；从授权许可取得的维度出发，原告权属证据应当包含每一授权环节的合同、交易凭证等，证据链应全面完整地反映权利来源、权利期限、授权与被授权主体等必要的基本信息，单方陈述下的权利声明难以单独形成优势证据，使法官内心产生确信。综上所述，单纯的商标水印在著作权侵权案件中对权利来源和权利主体的证明尤显独木难支，不能形成完整的证据链条，有待其他证据的相互印证和补强。

三、著作权权属不明时应由主张享有著作权的一方承担证明责任

根据著作权侵权案件中侵权责任承担的基本原理，权利主张一方需要举证证明其享有涉案作品的著作权，被诉一方存在侵权行为，且二者之间具有因果关系。同时，由于著作权纠纷案件不具有民事诉讼法所规定的举证责任倒置之特殊情形，那么“谁主张，谁举证”这一民事诉讼法中的基本举证规则就成为侵害作品信息网络传播权案件在举证证明责任分配上所应当遵循的基准。因本文讨论的重心在于著作权权属的判定问题，故侵权行为与因果关系的认定并不在本文讨论范围内。从法院对类似案件的裁判中可以看出，由主张权利一方负担举证证明其享有著作权的责任已无争议。但笔者认为，至少还有以下三个疑问需要得到进一步解释：其一，著作权归属的举证责任分配应当以何为参照？其二，原告一方需要用初步证据将案件事实证明至何种程度？其三，被告一方针对著作权权属所提出的相反证据需要达到何种证明标准？笔者认为，对以上三个问题的回答都应当做到因地制宜，即基于著作权权利性质和著作权纠纷案件特点，正确分析和把握相关立法规定，合理界分证明责任的分配与证明标准的认定。

（一）著作权权属的举证责任分配应以署名推定规则为划分参照

举证责任项下包含行为意义上的举证责任和结果意义上的举证责任，前者意指当事人向法院提交证据的负担，后者意指案件事实真伪不明的败诉负担。若将举证责任比作民事证据制度的核心，那么举证责任的分配则是核心中的核心。我国民事诉讼法上关于证明责任的表述一直以来其实从

未改变，即当事人对自己提出的主张，有责任提供证据。[1] 当诉讼开始之后，即需要明确案件事实应由哪一方当事人举证证明，承担举证责任的一方没有证据或者证据不足以证明当事人事实主张的，由负有举证责任的当事人承担不利后果。举证责任实则是对诉讼风险的划分，是在案件事实真伪不明情况下的一种裁判推定，承担举证责任的一方负担了更大的诉讼风险。既然举证责任对于当事人来说是一种风险，为了保证诉讼的公平与便捷，则需将其在原告、被告之间进行合理分配。

（二）著作权人的判定是侵害作品信息网络传播权案件的裁判起点

我国著作权法第 12 条的规定为作品署名的法律后果确定了推定规则，作品上署名的主体应当被推定为作者，享有著作权。正如德国学者罗森贝克的规范说所主张，各方当事人对有利于自己的规范要件事实承担证明责任，但具体分配时要根据实体法规范结构之间的相互关系把握证明责任分配的规则，当著作权权属纠纷进入诉讼程序时，署名的推定规则也理应同时决定举证责任在实际个案中的具体分配。例如，在原告主张享有著作权而被告否认的情形中，探究作品上的署名能否直接适用实体法规范中的署名推定规则将成为举证责任分配的关键之一。若法院认为作品上的署名不符合推定规则，败诉风险自然由负担证明著作权权属的原告承担；反之若符合，举证证明作品非原告独立创作，原告权属不合法或存在其他抗辩事由的义务将转嫁至被告，举证不能的风险亦随之产生。法庭的庭审进程在双方当事人本证和反证的一攻一防中被推动。只有当案件事实在双方证明的佐证下仍呈现出模糊不清的状态时，主张享有著作权的一方才需要承担进一步的举证证明责任。此种情形背后的逻辑在于，被告提出的相反证据达到相应的证明标准，致使案件真伪不明，法官内心无法形成确信，构成了署名推定规则中的但书条款，署名推定规则前半段所载明的推定效果被推翻，原告所提交的证据没有达到优势证据要求，未能完成举证证明责

① 参见胡学军：《四十不惑：我国证明责任理论与规范的协同演进史综述》，载《河北法学》2022 年第 4 期。

任，进而面临继续举证，加以补强证据证明力或者败诉的法律后果。

（三）著作权纠纷中原告、被告双方的不同证明标准之诠释

证明标准的划分依据本证和反证的不同而有所偏重，具体而言，承担证明责任的当事人对利己要件事实的证明（本证），应当使法官内心达到确信其主张事实为真实的程度；不负证明责任的当事人为反驳对方事实主张所进行的证伪，只需使法官就对方所主张事实的真实性之心证发生动摇，导致该事实“真伪不明”即可。① 此外，目前我国已初步构建起民事诉讼多元化证明标准体系，证明标准按照所需证明力的大小由低到高又可分为优势证据标准、高度盖然性标准以及排除合理怀疑标准，② 分别对应不同的案件待证事实。在实际的诉讼进程中，法院会对原告、被告双方提出涉及著作权权属的初步证据与相反证据进行审核，以判断是否达到证明标准，著作权纠纷案件在举证责任分配的问题上需要考虑到著作权的权利属性与特征，从而合理地为纠纷双方确立不同的证明标准。著作权因其自动产生的特点，侵权行为往往发生于权利产生后的一段时间，要求主张权利一方完全还原作品的全部创作过程实属勉强，加之网络技术的发展使传统著作权的传播、复制、改编、演绎等方式发生较大变化，加重了权利人的举证困难。因此，从鼓励创作、传播文化以及维护著作权人权益的角度出发，主张权利一方只需提供能证明自己对涉案作品享有著作权的初步证据即可认定完成了举证责任，其证明标准不宜过高。原告对于能证明其与涉案作品有关且能体现所主张权利的初步证据，不论多少种类、多少数量，均应尽可能地提交，③ 例如，作品原件或底稿、著作权登记证书、著作权权属约定协议等证据，法院应结合权利人获取著作权的便利程度、署名情况、行业管理、个案事实等要素综合确定证明标准达成与否，采取优

① 参见邵明、李海尧：《我国民事诉讼多元化证明标准的适用》，载《法律适用》2021年第11期。

② 参见吴如巧：《我国民事诉讼证明标准体系的再检讨》，载《南大法学》2023年第1期。

③ 参见柴荻、高岸：《诉讼阶段著作权权属认定》，载《人民司法》2022年第35期。

势证据规则来认定主体适格。对于作品署名这一特定种类的证据而言，当署名的形式与作品本身所属的行业惯例一致时，例如，文字作品封面的作者名称、美术作品边角处的落款签章，可依据涉案作品类型较为通行的署名方式对该证据赋予较大的证明力。

原告举证责任的分配还应就不同类型的权利主体做到有所区别，专业从事作品出版业务的组织因更为熟悉著作权保护的相关规则，取得著作权较为便利，更有能力留存下证明作品创作过程的证据，所以其主张权利时的证明标准要高于一般的个体著作权人。而对被诉侵权的一方来说，其提供的证据的目的通常为否定对方的权利主体地位，证明真实权利人另有其人或侵权行为不成立。故而，被告提出的反证在证明力上无须完全推翻原告，只要相反证据达到可以平衡初步证据的程度，法官因事实真伪不明，无法产生内心确信即可。背后的原因在于，证据是对案件事实的尽力还原，证据证明的事实未必一定就是事实真相，二者之间可能存在出入，且原告方所提出的初步证据本身就可能存在瑕疵，要求被告方的证据证明力必须推翻原告是不合理的，被告的证据动摇推定的前提即可认为达到“相反证明”程度，不必提供相反的事实证明。

需要指出的是，在著作权权属纠纷的证明责任分配过程中，不应将上述对三个问题的回答割裂看待，在争讼双方证明责任和证明标准的划定上，责任与标准互为因果。因为证明责任分配的不同，导致分别负担相异的证明标准，又因证明标准的达成与否，确定是否需要实际承担证明责任。

在本案中，原告某图像公司向被告某蜂业公司提起著作权侵权诉讼的基础在于案外人 G＊公司是涉案图片的著作权人，而某图像公司得到 G＊公司授权可以展示、销售和许可他人使用涉案图片，因此，某图像公司有权以自己名义对侵权行为提起诉讼。根据“谁主张，谁举证”的证据规则，某图像公司需要提交证据证明涉案图片的著作权归案外人 G＊公司所有，但其提交的 G＊公司出具的授权确认书、网站权利声明等证据，仅能证明涉案图片有 G＊公司的商标水印以及 G＊公司向某图像公司进行授权的事实，且如前所述不能仅以商标水印作为论证著作权权属的证据，该证据证明力度仍有欠缺，尚未达到证明标准。反之，被告某蜂业公司主张原告某图像公司、案外人G＊公司均不享有涉案图片著作权，某蜂业公司提供了G＊公司的邮件答复明确摄影师保留图片的著作权，形成有力的反驳证据，达到了著作权权属明晰的证明标准，证明了涉案图片的著作权并不属于G＊公司。同时，依据举证规则，某图像公司应进一步举证，但其并未提供相应的相反证据，故由其承担不利的法律后果。

本案在经媒体报道广泛传播后，在社会上产生了广泛影响，并被最高人民法院收录至第39批指导性案例。在本案中，一审、二审法院通过初步证据审查，认定某图像公司为涉案图片著作权人进而支持了其诉请。在再审过程中，最高人民法院认为，再审期间的争议焦点为某图像公司是否拥有涉案摄影作品的著作权，因某图像公司基于G＊公司授权，故需审查G＊公司是否享有著作权，被告某蜂业公司提供了较为有力的反证，证明G＊公司并非涉案图片的著作权人，著作权仍由摄影者所有。综合考察上述证据，最高人民法院再审认为某图像公司不享有著作权，一审、二审法院事实认定有误，应予以纠正。本案的判决，体现了司法裁判对证据规则的严格遵守以及民事再审程序司法公正的实现，本案不仅对于依法维护涉案被告权益，合理保障著作权相关主体利益具有重大意义，而且有利于仅凭商标水印能否确认著作权归属等问题的解决。同时，最高人民法院对本案一审、二审判决的纠正为人民法院明晰著作权权属提供了有效指引，为人民法院审理相似案件树立了合理标杆，维护了司法裁判公正权威。

（本文仅代表作者个人观点）

论抚养权案件中未成年子女意见的表达与审酌

——李某某诉范某离婚纠纷案释评*

夏先华**

案情概要

李某某与范某于2004年登记结婚，婚后共育有两女即范某甲、范某乙。范某乙曾患癫痫、神经纤维瘤、蛛网膜囊肿等先天性疾病，长期由母亲李某某照顾。2018年6月，李某某起诉离婚并主张两个女儿的抚养权，范某则主张两个女儿均由其抚养，或者范某甲由李某某抚养，范某乙由其抚养。在本案中，范某甲已年满14周岁，范某乙也年满10周岁。一审、二审法院遂听取了范某甲和范某乙的主观意愿，二人均强烈要求一起随母亲李某某共同生活。尽管如此，但一审、二审法院在综合考虑双方当事人主张以及具体案情的基础上，最终仍判

---

* 本文为国家社科基金项目“中国式现代化视域下的诉源治理体系创新研究”（22VRC029）、湖南省教育厅科学研究项目“《民法典》背景下亲子关系诉讼的程序法理与规则构造”（21B0153）的阶段性研究成果。

** 湘潭大学法学院讲师。

决大女儿由李某某抚养，小女儿由范某抚养。由于范某乙不愿意接受与父亲范某一同生活，李某某遂申请再审，请求再审改判由其直接抚养两位女儿，由范某支付相应抚养费。

裁判要旨

再审法院认为，离婚案件中涉及未成年子女抚养事项，应当将子女利益最大化原则作为法院裁判的价值取向。第一，在主观意愿方面，当父母双方关于子女抚养问题存在较大分歧时，应当听取有表达意见能力的未成年子女的意见。在本案中，范某乙已年满10周岁，具备一定的认知与判断能力。范某乙明确提出要与母亲、姐姐一起生活且意愿强烈，法院应当尊重其真实意愿。第二，从子女需求与照顾情况来看，范某乙患有先天性疾病，且长期以来主要由母亲李某某照顾。故而，由李某某继续抚养范某乙，对其健康成长更为有利。第三，在个人情感方面，范某乙与范某甲从小一块长大，感情深厚，二人均表示不愿分离。综上所述，范某乙由其母亲李某某直接抚养更为契合子女利益最大化原则的要求，更有助于范某乙的身心健康成长。再审法院遂改判范某甲、范某乙均由母亲李某某直接抚养。①

评析

在离婚案件中，未成年子女抚养问题往往是双方当事人争议的核心焦点，也是法院审判的难点。随着现代亲子法立法理念由“父母本位”转向“子女本位”，未成年子女利益最大化原则已逐步成为处理涉子女利益事项的基本依循。未成年人保护法第107条第2款、民法典第1084条第3款均明确规定了“最有利于未成年子女的原则”，并要求法院在审理子女抚养问题时，应当尊重已满8周岁的未成年子女的真实意愿。在本案审理中，一审、二审法官均已认识到探知子女真实意愿的重要性，积极听取了范某甲和范某乙希望与母亲李某某共同生活的主观意愿，在形式上给予了未成年子女表达意见的程序机会。但在最终的裁判阶段，一审、二审并未继续

① 本案例为广东省高级人民法院发布的2022年未成年人司法保护典型案例。

坚守“子女本位”立场，尊重子女的主观意愿，而是更多地审酌“父母对于子女的情感需求与抚养主张”，将范某甲和范某乙的抚养权在李某某与范某之间进行分配。法院的这一做法在司法实践中并不鲜见。有学者曾作过不完全统计，在涉及多个子女的抚养权案件样本中，法院判决父母双方分别获得不同子女抚养权的案件占比高达82.35%。① 显然，法院简单机械地作出“父母双方各养一孩”的处理，更多基于“养儿防老”等父母立场，未成年子女的情感利益与主观意愿并未得到应有的重视。故而，本案中再审法院基于子女利益最大化原则的要求，在审酌范某乙愿与其母亲共同生活、不愿与其姐姐分离等主观意愿的基础上，最终改判范某乙由李某某直接抚养。本案例对于充分尊重未成年子女意见具有显著的示范意义，同时也反映出司法实践中部分法院并未充分听取或审酌未成年子女意见的现实问题。对此，如何从程序层面保障未成年子女享有充分表达意见的机会，并在实体维度确保其主观意见能够得到充分的尊重，强化子女意见对法院裁判的约束性，便成为当前学界极具研究价值的议题。

一、抚养权案件中听取与审酌未成年子女意见的现实困局

在涉子女抚养权案件的审理中，未成年子女的意见作为其基于利益关系以及自主意志所表达的主观期待，体现出子女内心深处的情感诉求与人际依恋，具有关涉子女成长、身心发展等主体核心利益的表征性，是法院审酌判断子女抚养权归属的重要因素。尽管民法典与未成年人保护法均确立了尊重未成年子女真实意愿的法律规则，但在司法实践中法官听取与审酌未成年子女意见存在诸多现实问题，影响了子女意见的程序表达与实体效力。

（一）听取未成年子女意见的案件占比较低

为深入探究司法实践中未成年子女意见表达的实际情况，笔者以中国

---

① 参见江钦辉：《离婚案件未成年子女直接抚养人酌定之考量因素检视——以H州S市法院近5年（2015—2019年）离婚纠纷判例为分析样本》，载《新疆社会科学》2020年第4期。

裁判文书网为检索平台，共统计获得民法典实施以来涉子女抚养事项的裁判文书62827份。① 其中涉及“子女意见或意愿”的裁判文书仅有196份，排除干扰项所获得的法院实际听取子女意见的裁判文书为115份，② 占比0.18%。尽管上述检索的文书并不能代表未成年子女表达意见的所有案件，且数量较多的判决驳回离婚诉讼请求的案件，因未进入子女抚养权的实质审理阶段，不存在子女表达意见的现实必要，但如此之低的比例仍然体现出抚养权案件中子女表达意见的情况不容乐观。通过对上述案例进一步考察分析，可以发现子女意见表达具体存在如下问题：第一，在以调解方式结案或者父母关于子女抚养权达成合意的案件中，未成年子女意见表达整体缺失。第二，对于不满8周岁的未成年子女，法院往往认为其缺乏表达意见的行为能力，较少以适当方式听取其主观意见。第三，即使对于已满8周岁的未成年子女，仍有部分法院基于其他因素而直接酌定子女抚养权的分配，忽视对子女意见的听取。③

（二）未成年子女意见的法律属性不明

子女意见的不同定性将影响法院对于子女意见的审核、认证与采纳。但现有的法律规范并未对子女意见的法律属性予以明确，在司法实践中对于子女意见的定性更是形态各异。通过对上述115份听取未成年子女意见的裁判文书进行分析，可以发现法院主要存在以下做法：第一，76.52%的样本文书并未明确子女意见的法律性质，多在“本院认为”的说理部分，将子女意见作为裁判子女抚养权的诉讼资料。第二，16.52%的样本文书肯

---

① 检索条件为“案件类型：民事案件”“案由：婚姻家庭、继承纠纷案”“全文：抚养”“裁判日期：2021年1月1日至2023年11月26日”。

② 在上述检索案例中，分别以“子女的意见”“子女意见”“子女的意愿”“子女意愿”为关键词进行全文检索，获得相应裁判文书77份、44份、54份、32份，剔除重复项后共获得相关裁判文书196份。对该196份文书进行人工筛查，排除不涉及子女抚养事项的裁判文书59份，以及法院未听取子女意见的裁判文书22份，仅得到法院实际听取子女意见的裁判文书115份。

③ 参见河南省商水县人民法院（2023）豫1623民初2983号民事判决书、吉林省榆树市人民法院（2022）吉0182民初5942号民事判决书等。

定了子女意见的证据属性，但未予以说明其所属的证据方法。在上述样本中，部分文书以“询问笔录”“谈话笔录”等明确子女意见的证据资格；[①] 也有部分文书仅将子女意见列为诉讼证据，并未明确其证据种类。[②] 第三，少量的样本文书指明或隐含子女意见所属的证据方法，但在具体的观点上存在较大分歧。部分文书将其认定为证人证言；[③] 也有部分文书基于子女意见的载体形式，将其界定为书证或电子数据。[④] 综上所述，实践中，法院多将未成年子女意见作为法院裁判的重要诉讼资料，但对于其证据性质以及所属的证据方法持回避态度。这导致法院在是否对子女意见展开质证、如何审查判断其证明力等方面做法不一，影响了子女意见的裁判约束力。

（三）听取未成年子女意见的程序运行失范

囿于未成年子女主体的特殊性以及家事案件的身份伦理性，听取未成年子女意见需满足特定的程序性要求。但立法规范的缺失使得司法实践中各法院的做法存在规范性不足、方式不具有妥适性等现实问题。第一，听取未成年子女意见的责任主体不明。在上述样本中，73.04%的样本文书采取法院征询的方式，由法官或合议庭依职权询问并听取子女意见；12.17%的样本文书则由作为当事人的父或母在庭外主动收集子女意见，并以录像录音、书面证言等方式向法庭提交，以支持其抚养权主张；还有少量的样本文书中，未成年子女为了表达其与父或母一方共同生活的意愿，主动向法庭提交书面意见或当庭陈述。[⑤] 由于立法未能确立听取未成年子女意见的责任主体，且司法实践中亦未达成共识，故而部分案件中尽管当事人未

---

① 参见辽宁省鞍山市中级人民法院（2021）辽03民终1573号民事判决书、陕西省泾阳县人民法院（2022）陕0423民初3716号民事判决书等。

② 参见河南省固始县人民法院（2022）豫1525民初954号民事判决书等。

③ 参见河南省鹿邑县人民法院（2022）豫1628民初4095号民事判决书等。

④ 参见重庆市第四中级人民法院（2021）渝04民终1486号民事判决书、甘肃省张掖市甘州区人民法院（2021）甘0702民初6077号民事判决书等。

⑤ 参见河南省沈丘县人民法院（2021）豫1624民初1626号民事判决书等。

提供子女意见证据，法院仍消极地征询子女意见，未成年子女丧失了表达意见的程序机会。第二，法院询问子女意见缺乏相应的程序规范，实践中的操作并不统一。在听取子女意见的场所方面，部分文书中表明法院在庭前或庭外询问子女意见，询问场所也不限于法庭；① 部分文书则表明法院通知子女到庭后，当庭询问其主观意愿。② 在询问过程中是否需要监护人在场或其他人员参与方面，有的案件中为避免监护人干扰子女的意见表达，采取单独询问的方式；有的在父母双方或一方在场的情形下进行询问；③ 还有的案件则由学校人员、村（居）民委员会人员陪同未成年子女接受询问。④ 可见，在缺乏明确规范指引的情形下，法院征询子女意见存在随意性、无序性等问题，容易引发当事人对征询程序合法性以及子女意见真实性的质疑。第三，法院询问子女意见的方式以直接询问为主，不具有契合未成年子女身心特点的妥适性，容易给未成年人的脆弱心灵造成二次伤害。

（四）子女意见的裁判约束力存在异化风险

民法典第1084条规定法院应当尊重子女真实意愿，但对于子女意见的裁判约束力缺乏进一步的规则指引。在司法实践中，子女意见对于法院裁判的影响存在效力绝对化与约束形式化的两极异化风险。第一，部分法院将子女意见作为裁量子女抚养权归属的唯一因素，子女意见对于判决结果具有决定性作用。实践中，部分法院认为对于子女意见的“尊重”，应理解为“依据子女意见进行裁判”。只要尊重子女关于抚养事项的意见与选择，便有利于未成年子女身心健康与成长利益，符合未成年子女利益最大化原则的要求。第二，部分法院在裁判过程中并未实际审酌子女意见，未

① 参见山西省稷山县人民法院（2022）晋0824民初574号民事判决书、辽宁省丹东市中级人民法院（2021）辽06民终2162号民事判决书等。

② 参见河南省鹿邑县人民法院（2022）豫1628民初4791号民事判决书、安徽省利辛县人民法院（2021）皖1623民初1010号民事判决书等。

③ 参见辽宁省黑山县人民法院（2022）辽0726民初2237号民事判决书等。

④ 参见贵州省铜仁市中级人民法院（2021）黔06民终2137号民事判决书等。

成年子女意见的裁判约束力流于形式。在这些案件中，法院尽管在程序上征询了未成年子女意见，但最终往往基于父母的情感需求、父母一方是否有其他子女等因素的考量，对未成年子女意见真实性进行简单否认，直接对未成年子女抚养权进行强制分配。前文李某某诉范某离婚纠纷案便是此种情形的典型案例。

二、基于程序主体定位的未成年子女意见属性思辨

如前所述，未成年子女意见的法律属性在实践中认识不统一，影响了法院对未成年子女意见的听取与审酌。而未成年子女意见作为主体的言辞表达，其法律属性与主体程序地位密切相关。有鉴于此，有必要在探讨未成年子女程序地位的基础上，厘清未成年子女意见的法律属性。

（一）未成年子女的程序表征：由保护客体向程序主体的演迁

在亲子法的发展历程中，未成年人权利保障理念的兴起，以及联合国《儿童权利宣言》《儿童权利公约》等国际性规范文件的签署，极大地推动了各国的亲子法理念由“父母本位”转向“子女本位”。实体法上未成年子女独立性的确立，在家事司法的程序空间中存在相应的映射。在传统的“父母本位”的理念下，父母扮演着未成年子女利益监护者的角色，其通过自身诉讼权利的行使，代替具有实际利害关系的未成年子女作出相应的程序表达。未成年子女则作为保护的对象与客体，其利益诉求只能交织在父母的诉讼主张之中，其意见表达也需要通过父母举证或者法院调查的被动方式传递到法院。然而，在抚养权案件的审理中，父母与子女的利益不再具有天然的共向性。一旦二者的利益存在冲突，作为子女利益守护者的父母极可能忽视、牺牲子女的利益，甚至是把子女的利益作为实现自己利益的手段与工具。① “子女本位”理念的发展转向，在一定程度上推动了未成年子女的定位向程序主体性嬗变，有效解决了保护客体定位下未成年子女利益“依附”实现模式的弊端。所谓的主体性是指“自我需要的满足、

① 参见王勇民：《儿童权利保护的国际法研究》，法律出版社2010年版，第19页。

实现以及个人对于某种资格、利益或主张在观念上的肯定和事实上的保障”①。在程序运行的法律空间中，这一主体性体现为当事人在权利的限度内，享有按照自己意志作出诉讼行为的自由，并对涉及自身利益的事项，拥有主张权利与表达意见的程序机会。② 未成年子女在脱离父母权利附庸的同时，也意味着其在诉讼中不再属于被控制、支配的客体，而具有独立于父母的程序地位。未成年子女可基于自身需求与个人利益，陈述意见、进行辩论、提出程序主张并作出相应的利益取舍。这无疑是程序主体性原则的题中应有之义。

（二）未成年子女的诉讼地位：无独立请求权的第三人

对于未成年子女程序主体性的证立，实际上驳斥了其作为依附于当事人或法院的其他诉讼参与人的角色定位。基于实体与程序维度的进一步分析，笔者认为，宜将未成年子女界定为无独立请求权的第三人。其一，享有受抚养请求权的未成年子女享有程序诉权。根据民法典第26条、第1058条、第1084条第2款的规定，父母对于未成年子女享有抚养的权利与义务。抚养权具有权利义务的双重属性。③ 根据权利义务的辩证统一关系，与父母的照顾抚养义务相对应的是未成年子女所享有的接受父母抚养的受抚养权，以及当抚养权发生争议或者父母拒绝履行抚养义务之时的私法请求权。如此一来，在抚养权案件中，应当赋予未成年子女以诉请司法保护的程序诉权以及相对应的当事人身份。其二，未成年子女与抚养权案件的审理存在利害关系。在抚养权法律关系中，未成年子女作为抚养照顾的对象，并非权利作用的客体，而是这一利他性的特殊权利所指向的利益主体。父母离婚或分居后的子女抚养安排，直接决定了未成年子女在后续

---

① 许尚豪：《论民事诉讼程序中的个人主体性——以程序利益与程序主体的关系为视角》，载《中南大学学报（社会科学版）》2014年第4期。

② 参见任凡：《论家事诉讼中未成年人的程序保障》，载《法律科学（西北政法大学学报）》2019年第2期。

③ 参见［德］卡尔·拉伦茨：《德国民法通论》，王晓晔等译，法律出版社2013年版，第283页。

成长阶段的照顾监护主体，影响到子女的日常生活、物质保障、情感需求以及人格塑造等成长利益。基于程序正义的内在要求，有必要将未成年子女认定为诉讼当事人，给予其程序参与的充分机会与权利。其三，抚养权事项判决的既判力主观范围扩张至未成年子女。毋庸置疑，抚养权案件裁判的效力可及于具有利害关系的未成年子女，子女需要服从法院的相应安排。显然，这一既判力扩张并不等同于身份判决的对世效力。后者是基于身份关系的统一确定要求，而一般性地将身份判决的效力扩张至任意的案外第三人，其扩张的对象具有泛在性。故而，可通过法院的职权探知或者检察机关作为公益代表参与诉讼，来实现对不特定第三人利益的保护；而前者的判决效力扩张具有明显的指向性，且未成年子女与裁判结果的利害关系也远超出普通案外人与裁判结果的利害关系的密切程度。因此，对于未成年子女的程序保障，并非适用法院职权探知主义所能实现的，而应赋予未成年子女当事人身份，使其通过行使辩论权等程序权利直接参与诉讼。其四，在当事人身份的具体界定上，宜将未成年子女认定为无独立请求权的第三人。① 一方面，离婚诉讼中的抚养权纠纷作为夫妻解除婚姻关系后的继发性争议，在诉讼中依附于离婚纠纷而存在。未成年子女显然并非离婚纠纷的当事人，不能以原告或被告的身份参与诉讼，且不享有独立的请求权，只能作为无独立请求权的第三人。另一方面，在抚养权的多方法律关系中，父母处于主导地位，未成年子女因其人身依附性而导致其抚养权主张具有非独立性，往往需要与父母一方的权利主张相耦合。且将未成年子女界定为无独立请求权第三人，可以减轻其提出独立主张或抗辩、进行辩论的诉讼负担，其仅需发表补充性意见或个人意见即可，无须承担过多的主张责任与证明责任。

（三）未成年子女意见的证据属性：作为当事人陈述的证立

在厘清未成年子女的诉讼地位之后，对于未成年子女意见作为当事人

---

① 参见李喜莲：《离婚抚养权纠纷中未成年子女意愿适用的司法考量及程序衔接》，载《法学评论》2023 年第 2 期。

陈述的证据属性，仍需从证据法的视域来进一步讨论与印证。其一，未成年子女意见具有证明价值。从证明对象来看，法院对于抚养权归属的裁判需以“最有利于未成年子女”作为要件事实，而未成年子女意见这一实体内容则是法院判断上述要件事实的间接事实。显而易见，未成年子女关于抚养权的意见陈述，能够直接证明未成年子女意见这一间接事实，并辅助判断“最有利于未成年子女”的要件事实，具有突出的证明价值。其二，未成年子女意见属于意见证据，应排除证人证言的证据方法。尽管未成年子女意见在司法实践中常以文书、录音录像等形式所展现，但其本质仍是未成年子女关于随父或随母共同生活所表达的意向与愿望，应属于意见证据的范畴。证据法上意见证据概念的提出以及相应的证据规则设置，意在限定证人作证的内容界限，不应侵犯裁判者对于事实评价的权力。① 同样，在我国证据法上，《最高人民法院关于民事诉讼证据的若干规定》（以下简称《民事证据规定》）第72条规定直接将证人的猜测、推断或者评论性证言内容排除在证据之外。有鉴于此，作为意见证据的未成年子女意见自然不能界定为证人证言。结合前述中对于未成年子女作为无独立请求权第三人的多维证立，宜将未成年子女意见认定为当事人陈述。其三，对于未成年子女意见作为当事人陈述可能存在的质疑的回应。由于当事人陈述具有明显的偏向性与较大的虚假可能性，裁判者往往对这一证据方法持以不信任的态度，虚置其证据价值。② 加之民事诉讼法第78条、《民事证据规定》第90条的规定，否定了当事人陈述的独立证明力，其需要其他证据予以补强，方可作为认定案件事实的根据。故将未成年子女意见界定为当事人陈述，可能招致弱化该证据证明力的疑虑。对此可作出如下回应：一方面，未成年子女意见所证明的事实为其受抚养真意，实质为未成年子女的内心意愿而非客观事实。当事人陈述证据方法的主观性，并不会影响法

---

① 参见李学军、朱梦妮等：《意见证据制度研究》，中国人民大学出版社2018年版，第3页。

② 参见占善刚、王超：《科学评价当事人陈述的证明力——基于民间借贷案件的分析》，载《烟台大学学报（哲学社会科学版）》2022年第3期。

院对未成年子女意见的证明力评价；另一方面，未成年子女意见应当作为法院酌定抚养权所考量的优先因素而非唯一因素，法院仍需结合具体情况作出综合判断。当事人陈述的非独立证明力与未成年子女意见的证据价值高度耦合，其准用民事诉讼法第 78 条等法律规定，与其他证据补强使用，恰好可解决实践中未成年子女意见裁判约束力过于绝对化的问题。

三、抚养权案件中未成年子女意见表达的程序架构

赋予未成年子女当事人地位并将其主观意见界定为当事人陈述，推动了未成年子女意见表达由被动听取向主动陈述的模式转换，在一定程度上解决了未成年子女意见听取不足的问题。但囿于抚养权案件审理的特殊法理以及未成年子女身心的独特性，未成年子女意见表达的程序不同于普通当事人的意见陈述程序，需要进行特别设计与规范调整。

（一）基于职权探知主义的法院征询责任

抚养权案件的审理涉及父母子女之间的身份关系以及子女成长利益，具有私益与公益交织、伦理与法律复合的特点。可见，抚养权案件并非当事人高度自治与自由处分的法域空间，而是需要法院的公权力介入与积极干预。有鉴于此，在诉讼资料的形成与事实调查方面，抚养权案件的审理不宜适用以当事人主张与辩论内容限制法院裁判的辩论主义，而应转向以法院职权主导诉讼资料获取的职权探知主义，法院可不受当事人主张与提供证据的约束。① 在职权探知主义模式下，对于未成年子女受抚养意愿等涉及身份关系以及未成年人利益的事实，应属于法院职权查明的范围。故而，在未成年子女意见表达的程序层面，应当明确法院作为征询未成年子女意见的责任主体。不过，强调法院的探知职责，并不排除当事人提供未成年子女意见的诉讼权利，以及未成年子女自主表达或拒绝表达意见的意思自由。事实上，法院探知职责更为注重法院对于未成年子女表达意见权的程序保障。当然，法院听取未成年子女意见并不具有绝对性，其应当综

---

① 参见张海燕：《家事诉讼证据规则的反思与重构》，载《政治与法律》2018 年第 11 期。

合子女年龄、认知能力、主观意愿等因素决定是否听取，以避免给子女身心造成不当伤害。需特别注意的是，如果未成年子女不愿意会见法官并表达意见，那么法官以任何形式听取未成年子女意见，都将背离子女的最佳利益。在具体操作上，鉴于未成年子女的诉讼地位为无独立请求权的第三人，法院应当通知有利害关系的未成年子女参加诉讼，并给予其表达意见的程序机会或者依职权询问。法院无正当理由未通知未成年子女参加诉讼，未听取或尊重未成年子女意见的，可作为当事人提起上诉或申请再审的事由。

（二）扩大未成年子女意见表达的主体与案件范围

民法典第1084条第3款明确规定了法院在“父母双方对抚养问题协议不成”且“子女已满八周岁”的情形下，应当尊重子女真实意愿。虽然该款并未对听取未成年子女意见的案件范围作出反向排除，但司法实践中大部分法院将上述条件作为听取未成年子女意见的必要条件。这一做法无疑极大地限缩了未成年子女意见表达的范围，不利于其程序主体性的彰显与最佳利益的保障。故而，有必要扩张未成年子女表达意见的年龄与案件范围。其一，不宜限定表达意见的未成年子女的年龄范围。具体而言，未成年人年龄、智力发育程度等因素更多地影响到主体的意思表达能力，但即使是年幼者也具备一定的形成和表达情感的能力，其与父母的互动也能提供与照顾、抚养事项高度相关的信息。另外，未成年人理解与认知能力并非全然与年龄因素相关，信息、经验、环境、社会和文化习俗以及智识水平都将影响未成年人的表达能力。整齐划一的年龄标准忽视了未成年人发育成长的个性特征，缺乏相应的合理性。从域外比较法来看，美国统一结婚离婚法和澳大利亚1975年家庭法赋予子女表达意见权利，并未限定子女的年龄。[①] 联合国儿童权利第12条明确指出“缔约国应确保有主见能力的儿童有权对影响到其本人的一切事项自由发表自己的意见，对儿童的意见

---

① 参见张莉蔚：《家事诉讼中未成年人参与权研究》，吉林大学出版社2021年版，第254页。

应按照其年龄和成熟程度给以适当的看待”。其二，赋予未成年子女在父母合意型抚养权纠纷案件中表达意见的机会。抚养权案件涉及父母、子女等多方利益主体，直接抚养关系的变更需要父母、子女的共同意思表示，父母不能单方面代替子女作出安排，有必要听取并尊重子女的意见。另外，抚养事项的涉公益性与身份伦理性，使得法院对于抚养权的裁判不受父母双方合意的约束，其可基于职权原则积极听取子女的受抚养意愿，作出契合子女最佳利益的安排。再者，在实体维度，父母关于子女抚养的合意安排，并不一定契合子女的最佳利益。实践中有可能出现父母一方以子女抚养权作为离婚或者财产分割的重要筹码，[①] 以牺牲子女利益为代价换取个人利益的情形。因此，有必要赋予未成年子女在父母合意型抚养权纠纷案件中表达意见的机会，以有效规制这一共谋行为。

（三）明确听取未成年子女意见的程序规则与方式

针对当前司法实践中法院听取未成年子女意见的程序运行失范等问题，亟须在规范层面予以明确与细化。其一，确定听取未成年子女意见的合适场所。不同场所以及环境布置给未成年子女带来的主观感受与心理情绪是不同的，对未成年子女表达意见的影响较大。澳大利亚的家庭法院专门设置了儿童咨询室，由有关人员在温馨的咨询室内倾听未成年子女意见。[②] 美国统一结婚离婚法也规定，法官可在法庭议事室、法官办公室等法庭之外的场所会见子女。[③] 有鉴于此，为营造温馨、和睦的交流环境，缓解未成年子女的紧张与恐慌情绪，法院征询未成年子女意见一般不宜在法庭上公开进行，可以在子女住所、学校等子女较为熟悉的场所进行，但子女确有必要出庭陈述的除外。另外，法院内部可以设置专门的会见室，并围绕未成年人的特点与喜好进行布置，配备儿童读物、玩具等物品。其

---

① 参见刘敏、陈爱武：《〈中华人民共和国家事诉讼法〉建议稿及立法理由书》，法律出版社 2018 年版，第 281 页。

② 参见陶建国：《家事诉讼比较研究——以子女利益保护为主要视角》，法律出版社 2017 年版，第 77 页。

③ 参见夏吟兰：《离婚自由与限制论》，中国政法大学出版社 2007 年版，第 307 页。

二，设立未成年子女接受询问的人员陪同制度。未成年子女在接受询问时，其所信任的成年人陪同在侧，将给予子女心灵上的支持与信心，而这种信心正是提供清晰、自信的证据所必需的。① 对于未成年子女表达意见的人员陪同制度，需要明确以下几个问题：一是法院是否可以单独询问未成年子女。显然，未成年子女与法官的独立交谈，会对其造成极大的心理压力，故而法院单独询问仅限于子女独立性较强、未成年子女意见表达易受干扰等必要情形。二是未成年子女的父母是否可以在场。父母陪同子女接受询问，所产生的影响存在两面性。其既可能给未成年子女带来心灵的慰藉，也可能干扰未成年子女意见的真实表达。一般而言，法院征询未成年子女意见，存在利害关系的父母不宜在场，但未成年子女对于父母一方到场具有强烈意愿的除外。三是陪同未成年子女接受询问的人员，应限于与子女存在亲密关系的人员，以及具备丰富的涉未成年人工作经验的主体。具体可包括子女的其他亲属、学校老师、村（居）民委员会等基层组织人员、妇联、未成年人保护组织等社会团体工作人员、社会工作者、心理咨询师等。其三，构建契合未成年子女身心特点的询问方式。法院应当综合未成年子女年龄、心智程度、情绪稳定性等因素，选择恰当的询问方式，避免给其身心造成不良影响。一般而言，对于年幼或者心智发育程度不高的未成年子女，不宜采取直接询问的方式，而应通过心理测试、亲子互动游戏等间接辅助方式，探知未成年子女与父母一方的亲密关系与真实意愿。另外，法官等询问主体探询未成年子女意见应避免单刀直入，需要通过前期的铺垫性交流，培养和塑造与未成年子女间的信赖关系。在询问过程中，询问主体也应采取开放式的询问模式，不宜划定回答的范围与边界，② 且不能变相强制未成年子女作出选择。

---

① Ronda Bessner, The Voice of the Child in Divorce Custody and Access Proceedings, Family, Children and Youth Section Department of Justice Canada, 2002, p. 50.

② 参见戴紫君：《国外未成年被害人询问方法比较研究及其启示》，载《中国青年社会科学》2022年第2期。

（四）引入家事调查员辅助调查未成年子女意见

在司法实践中，囿于法官的专业背景与职能角色，法官征询、探知未成年子女意见的过程存在专业性错位、信息获取单一、中立性被质疑等现实困局。对此，可通过立法引入家事审判改革试点中所探索的家事调查员制度，聘请具备专业知识与特殊技能的心理咨询师、社会工作者、基层工作人员、妇联组织人员等作为家事调查员，接受法院委托辅助调查未成年子女与父母的关系、受抚养意愿等案件信息。具体而言，家事调查员制度的引入具有如下优势：其一，契合探知未成年子女意见过程中的专业性要求。未成年子女具有脆弱性、敏感性等特征。与未成年子女的交流应注重语言艺术与沟通技巧，循序渐进地引导发现其内心的真实想法，并结合其肢体语言、互动关系等隐性信息作出综合评判。可见，对于未成年子女真实意愿的调查需要运用心理学、社会学等专业知识。家事调查员的介入有效弥补了法官在心理学、社会学等领域专业知识与技能的不足，有助于科学合理地探知未成年子女意见并进行心理疏导。其二，能够更为全面地调查、探知未成年子女真实意愿。家事调查员开展家事调查工作，不仅包括与未成年子女的互动交流，还包括实地走访、与关系主体进行访谈等其他方式。家事调查员所获取的信息涉及未成年子女的家庭成员关系、生活环境、教育环境、受抚养现状、个人性格等背景信息与生活事实。这使得法官能够更为全面、准确地判定未成年子女的真实意愿，审酌其最佳利益。其三，有助于修正法院调查的法律形式理性，满足案件审理的社会化要求。① 作为社会主体的家事调查员参与，有助于改变法院司法调查模式下僵化的法律形式理性，将社会与家庭生活中的常情事理、情感诉求、心理因素，导入法官听取与审酌未成年子女意见的过程，促使法官从情感与法律交织的维度来综合形成心证，确保最终的法院裁判能够满足关系主体依附于血缘亲情所形成的情感期待。其四，实现调查者与审判者的分离，减

① 参见陶建国：《我国家事审判中的家事调查员制度研究》，载《保定学院学报》2019 年第 2 期。

少对裁判中立性的质疑。法官了解未成年子女意见、开展事实调查的过程，不可避免要与当事人私下接触与交流，容易招致其他当事人的疑虑。由家事调查员负责事实调查，将法官对未成年子女意见等事实的庭外调查，转为对家事调查报告的法庭调查，在一定程度上消除了当事人的顾虑。

四、抚养权案件中未成年子女意见的实体酌定

对于未成年子女意见表达权的保障，不应仅停留在程序层面的参与和表达意见的机会，还应包括在实体层面对法院裁判结果的实质性影响。如前所述，司法实践中，法院裁判仅考虑未成年子女意见或者未考虑未成年子女意见的做法，均是对尊重子女真实意愿法律规范的异化适用。那么，在抚养权案件审理中，法院应当如何审酌并尊重未成年子女的真实意愿呢？对此，需着重解决两个问题：一是对于未成年子女受抚养意思表示真实性的判断；二是结合未成年子女真实意愿，对于其最佳利益的判断。

（一）未成年子女意见的双重性与真实意思的判断

根据民法典第1084条第3款的规定，法院尊重子女意愿的前提，在于子女受抚养的表意具有真实性。一般而言，对于成年主体意思表示真实的判断，关键在于主体表现于外部的意思与其内在意志是否一致。① 在司法场域内，法院判断的具体进路是基于理性人标准的共识进行认定。若表意人或其他适格主体主张该意思表示存在欺诈、胁迫、乘人之危、真意保留、重大误解等瑕疵情形，则需要对此承担证明责任。但在未成年子女的表意行为中，由于其心智的不成熟及非理性特征，子女对于其所处的环境、现状以及自身利益需求的分析、判断与选择，可能并非最为妥适，其外化的陈述与表示也并不一定是其内心真实所想。在抚养权案件中，未成年子女关于受抚养的意思表示具有明显的双重性。一方面，未成年子女作

---

① 参见解亘：《意思表示真实的神话可以休矣》，载《苏州大学学报（法学版）》2018年第2期。

为抚养关系的直接主体，其关于与父母一方共同生活的意愿，集中体现了内心的情感诉求与主观期待，具有可靠性；另一方面，未成年子女的意见表达很容易受到不正当的干预以及非理性因素的影响，存在易变性、模糊性、不稳定性等特征。基于未成年子女的主体特殊性，法院对于其表意真实性的探知，不应局限于理性人标准下外在事实与陈述的表示，而应更为偏重其内心真实意思的探寻，且适用法院职权原则。

从判断标准来看，影响未成年子女表意真实性的因素具有多元性，不限于子女的年龄。具体而言，法院应审酌如下因素：其一，未成年子女自身情况与能力，包括子女年龄、发育程度、认知能力等因素。其二，未成年子女意见形成的背景与原因，① 如子女与父母一方共同生活的情况、子女的主要照顾者、父母与子女的亲密关系、家庭经济实力等因素。一般而言，子女更倾向于选择共同生活的一方或者主要照顾者。其三，未成年子女意见表达的方式与具体情形。例如，法官当面询问或者通过家事调查员调查所获取的未成年子女意见真实性，一般高于由父母一方以书面或视频形式提交的未成年子女意见。另外，询问时父母一方是否在场、陪同人员是否具有利害关系、询问环境、询问内容、子女与父母的现场互动、子女的肢体语言、神态、语气以及意见是否反复等因素，也将影响对未成年子女意见的真实性的判断。其四，子女表达意见是否受到外界因素的干扰。例如，在王某与李某变更抚养关系纠纷案②中，二审法院并未采纳未成年子女要求变更抚养关系的意见。因为父亲王某拒不履行离婚判决，强行阻断子女与母亲的正常生活联络和情感交流，干扰了未成年子女意见的形成。

（二）未成年子女最佳利益的评估与法院裁量权的限缩

法院对未成年子女抚养权的处理以“最有利于未成年子女”为裁判标

---

① 参见刘杰晖：《抚养权争议中实现未成年人利益最大化之探讨》，载《法律适用》2021年第11期。

② 参见常晓华、汤英姿：《谈案说法：变更抚养关系，如何甄别未成年子女的“真实意愿”?》，载微信公众号“湖南高院”2023年7月5日。

准，未成年子女受抚养意愿是法院判断未成年子女最佳利益的关键性要素。但未成年子女利益最大化原则对于抚养事项的裁判指引是高度抽象的、不明确的，这给司法适用带来了困扰。法院无法适用规范法学所析出的构成要件来作出明确判断，只能依赖利益法学所适用的利益权衡方法来进行综合性的裁量。其所引发的后续问题便是对于抚养权的裁判过多地依赖法官个人的见解与意志，存在司法恣意的现实风险。评判未成年子女最佳利益所需衡量价值的开放性、复杂性以及价值序列的缺失，使得法律解释的客观性受到遮断。作为正当化过程的裁判论证不再具有可解释性，利益主体的反驳机会也在无形中被剥夺或限制。① 其具体表现为部分裁判文书在抚养权裁判说理部分，仅仅简单罗列该抚养权所涉及的影响因素，抑或是形式化地依据未成年子女利益最大化原则进行推导，缺乏具体的逻辑论证过程。如此一来，未成年子女意见对于法官内心确信的实质影响，因缺乏可视性而无从保障。

有鉴于此，有必要建构未成年子女最佳利益的评估准则，进一步限缩法院的自由裁量权，从而确保未成年子女意见等因素以可视、可论证的方式得到应有的尊重。其一，明确法院审酌未成年子女最佳利益的评估要素。鉴于抚养权案件中未成年子女利益具有多维性，对于未成年子女最佳利益的衡量与评估绝非单向度的，需要综合所有关联性要素作出判断。一般而言，这一评估要素具体包括父母抚养意愿、子女受抚养意愿、情感关系、经济条件、生活环境、健康情况、照顾时间、照顾或同住继续性、教育条件与方式、父母不良行为、子女年龄与性别等。其二，对于多维评估要素进行合理分类。为理顺多项要素的复合影响，明确利益比较与衡量的具体思路，需要将上述要素分为子女意愿等主观要素，经济条件等客观要素，以及父母不良行为等干扰要素。对于同类别的同质利益，因其具有可公度性，可通过易于接受的、明示性的方式进行量化比较，如父母双方经

---

① 参见解亘、班天可：《被误解和被高估的动态体系论》，载《法学研究》2017年第2期。

济实力的对比；而对于不同类别的异质利益，因其缺乏可公度性而面临着价值取舍的难题，需要更多依赖法官的主观能动性来解决。[①] 其三，在多重价值与利益的作用场域中，形成具体层面上的制度共识与抽象层面上的价值共识。对于缺乏可公度性的异质利益的衡量与价值选择并非毫无规律，其权衡的条件与规则是客观存在的。一方面，通过制定法律与司法解释等规范方式，对于制度研究与长期实践中所形成的相对稳定的制度共识予以确立，并对后续的司法适用进行约束。例如，现行立法关于未满 2 周岁的子女由母亲直接抚养的原则及例外的规定。此外，还可通过发布指导性案例等方式，凝聚司法适用中的制度共识。另外，对于制度共识所涵摄情形以外的利益衡量，仍是有规律可循的，其需要接受更高层面所形成的价值共识的宏观指导。例如，由于子女的生命、健康利益具有绝对的优位性，倘若父母一方存在家暴、赌博或患有久治不愈的传染性疾病等干扰要素，法院不宜支持其与子女共同生活的主张。[②] 其四，加强裁判文书说理以实现利益衡量的心证披露。在抚养权分配的利益衡量中，发挥法官的主观性与能动性是不可或缺的。为避免法院裁量的恣意，有必要通过文书说理机制，将利益衡量的过程披露出来。这一做法既可有力督促法院切实尊重未成年子女真实意愿，审慎酌定未成年子女最佳利益，又可以让当事人更为直观地了解法院的裁判思路，通过上诉等程序救济机制，实现对法院酌定未成年子女最佳利益的纠偏。

（本文仅代表作者个人观点）

① 参见梁上上：《利益衡量论》，北京大学出版社 2021 年版，第 74–75 页。

② 参见朱晓峰：《抚养纠纷中未成年人最大利益原则的评估准则》，载《法律科学（西北政法大学学报）》2020 年第 6 期。

嵌套型售后回租交易的定性研究

——兼评鑫某公司案*

李付雷**

嵌套型售后回租①是融资租赁领域新近出现的一种创新交易模式，其核心交易结构为：第一出租人A与承租人B签订第一层售后回租合同（以下简称合同一），A从B处受让租赁物的所有权，再将其回租给B占有使用。其后，第一出租人A再以承租人身份（转租人）就同一租赁物与第二出租人C签订第二层售后回租合同(以下简称合同二)，把租赁物所有权转让给C，再将其租回，上述交易不影响承租人的占有使用。嵌套型售后回租尚未获得充分认可，如何定性在司法实践中引发广

* 本文为国家社科基金青年项目“民法典视野下的非典型担保现代化研究”(21CFX032)的阶段性研究成果。

** 福建师范大学法学院、纪检监察学院副教授。

① 由于融资租赁实务中有诸多涉及“售后回租”“转租赁”的交易结构，本文所指的交易模式是两个或两个以上出租人之间开展的就同一租赁物进行多次所有权转移，并同时开展售后回租的业务形态，在实务中从业者大多直接称其为转租赁、反向转租赁、双租赁等。为便于表述并避免歧义，本文将此种交易模式简称为嵌套型售后回租。

泛争议，这给当事人的交易预期带来严重不确定性，业内人士普遍担忧其定性问题。合同定性旨在为司法裁判寻找合适的法律规范依据，[①] 不仅会在个案中决定当事人权利义务的分配，还关系整个交易模式的存在基础。本文尝试在反思现行定性方案的基础上，从法理角度对嵌套型售后回租的融物属性和担保功能进行辨析，进而提出相应的解决方案，以供批评讨论。

一、现行定性方案评析

根据相关案例显示，嵌套型售后回租法律纠纷主要表现为转租人无法按时向出租人支付租金，第二出租人起诉要求转租人依照合同二承担违约责任。在审判过程中，法院通常先对涉案合同进行定性，实践中出现两种截然对立的定性方案：一种是售后回租；另一种是借贷关系。

（一）方案一：售后回租

初期，当事人没有对合同二的法律属性发生争议，法院通常会根据当事人的主张默认其为售后回租，然后依据合同约定要求转租人承担违约责任。此时，司法裁判和交易实践的观点较为一致，嵌套型售后回租的定性问题尚未引起业内人士的担忧。以长某融资租赁有限公司（以下简称长某公司）与河某融投租赁有限公司（以下简称河某公司）融资租赁合同纠纷案为例，河某公司与长某公司签订售后回租合同之前，已就同一租赁物与三位承租人分别开展了售后回租交易，属于嵌套型售后回租，但是双方当事人均未否认涉案合同属于售后回租。法院认为，长某公司与河某公司对双方签订的《回租租赁合同》《回租买卖合同》的效力均无异议。依据《回租租赁合同》及《回租买卖合同》，长某公司与河某公司之间进行的是金融租赁公司融资租赁业务中的售后回租业务。[②]

---

① 参见于程远：《论法律行为定性中的“名”与“实”》，载《法学》2021 年第 7 期。

② 参见新疆维吾尔自治区高级人民法院（2017）新民初 68 号民事判决书；其他类似案例见新疆维吾尔自治区乌鲁木齐市中级人民法院（2019）新 01 民初 581 号民事判决书、上海市浦东新区人民法院（2019）沪 0115 民初 90832 号民事判决书、北京市东城区人民法院（2019）京 0101 民初 2112 号民事判决书。

究其原因，合同二常常是以“某某售后回租合同”来命名的，例如，回租租赁合同及回租买卖合同①、融资租赁售后回租合同②、售后回租赁合同③。合同名称是当事人对合同内容和交易目的进行高度提炼概括的结果，体现了当事人对标的合同的理想认识，也是法院对合同进行定性过程中首先会考虑的因素。法院直接依据合同名称将涉案合同定性为售后回租，简便易行且符合交易预期。尤其是在当事人对合同属性没有争议的情况下，如果法院越过合同名称将其认定为其他合同类型，反而会过度干涉合同自由，导致交易目的落空。但是，相对于嵌套型售后回租整个交易模式来说，售后回租的合同名称不能全面、准确地表征合同内容，法院仅仅依据合同名称对其进行定性的合理性就会产生疑问。

第一，售后回租的合同名称与嵌套型售后回租的合同内容不一致，具有以偏概全的缺点。虽然法律纠纷主要发生在合同二中，但其不是孤立存在的，而是以合同一为前提条件，并以同一租赁物再次开展售后回租交易，二者共同构成嵌套型售后回租交易关系。售后回租方案仅仅依据合同二进行定性，没有考虑到合同一给其带来的特殊影响，实质上割裂了两层售后回租合同的密切关联，具有片面性。具体来说，合同二与普通售后回租的合同内容存在如下差异：其一，在占有使用租赁物的方式上，普通售后回租的承租人会直接占有使用租赁物，而合同二的承租人需要依据合同一保障第三人继续占有使用租赁物，其自身并未直接占有使用租赁物；其二，在租赁物所有权的权能方面，普通售后回租的租赁物所有权享有完满的各项权能，合同二的租赁物所有权已经被担保化，不再是完满的所有权。可见，售后回租的名称并不能准确描述嵌套型售后回租的合同内容，如果法院继续依据合同名称对其进行定性无法准确反映当事人之间的法律关系。

第二，法院把合同二定性为售后回租可能会损害承租人的利益。根据

① 参见新疆维吾尔自治区高级人民法院（2017）新民初68号民事判决书。

② 参见北京市东城区人民法院（2019）京0101民初2112号民事判决书。

③ 参见上海市浦东新区人民法院（2019）沪0115民初90832号民事判决书。

合同一，承租人对租赁物享有占有使用权利。售后回租方案片面地依据合同二作出定性结论，没有考虑合同一的影响，也就导致其不问承租人是否已经授权转租人处分租赁物，就不加区分地把第二层售后回租认定为售后回租。这意味着，即使承租人事实上并未作出授权，法院也将承认转租人处分租赁物的法律效力。一旦发生转租人没有按时支付租金的情形，出租人对租赁物行使变价受偿权，就会造成未经承租人许可就剥夺其占有使用租赁物权利的结果。

（二）现行方案二：借贷关系

在2021年的鑫某公司案中，转租人不再认可合同二的法律属性为售后回租，提出抗辩称，“资租赁法律关系需同时具有融资和融物属性，但本案所涉融资租赁合同仅以融资为目的”，应当认定为借贷关系。上海金融法院认为，合同一和合同二是“两层独立的售后回租业务的嵌套”，然后穿透式地把合同二认定为借款关系：原告金某与被告中某公司签订上述合同，意在以售后回租为名进行资金融通，依法应认定为借款关系。① 为论证借贷关系的定性结论，法院作出两项裁判说理：一是涉案售后回租缺乏融物属性；二是租赁物不具有担保债权实现的功能。

从定性方法上看，借贷关系方案是依据合同目的进行定性的方法，合同目的是指当事人意图通过合同实现的经济效果。这种方法与司法裁判的实践倾向相符，法院跳过合同名称和合同内容直接依据合同目的对合同进行定性，具体表现为大量运用“明为……，实为……”的说理方式进行裁判的案例。其优点在于，嵌套型售后回租的定性过程不再受到纷繁复杂的合同内容和具有误导性的合同名称的限制，可以直接依据当事人所欲实现的融资效果来适用相应的法律规范，防范规避关于借贷关系的强制性规定。不过，这种超越手段直抵目的的定性方式可能会强烈侵蚀合同自由基本原则，过度干预当事人交易安排，导致当事人的交易目的落空。其后果就是很容易压制市场经济活动中主体的能动性和创造力，因为人们

---

① 参见上海金融法院（2021）沪74民终323号民事判决书。

不知道自己所创造出的新的交易形式是否会被强行“对号入座”到既有的法律模型之中，从而在法律上彻底扼杀新的交易形式存在的价值和意义。①

具体来说，借贷关系方案实质否定了嵌套型售后回租交易模式的存在基础，可能带来如下后果。其一，《融资租赁公司监督管理暂行办法》第8条②规定明确禁止融资租赁企业开展含有借贷性质的业务或活动，再次明晰借贷关系超出了融资租赁公司的业务范围。该规定是监管机关制定颁布的部门规章，若当事人违反规定从事借贷交易，属于违反《融资租赁公司监督管理暂行办法》的违规经营行为，特别是当融资租赁公司之间大面积、频繁地通过相互借贷的方式实现融资时，那么此种方式也就大概率会受到监管者的关注，甚至带来行政处罚的负面效果，对于从事金融业务的融资租赁公司来说影响甚巨。其二，出租人的租金债权失去担保。在嵌套型售后回租交易中，当事人转移租赁物“所有权”旨在担保租金债权的实现，这是出租人同意融出资金的重要前提。但在法院否定其融资租赁属性以后，嵌套型售后回租也将失去担保功能，无法保障租金债权的实现。其三，根据《最高人民法院关于审理民间借贷案件适用法律若干问题的规定》的规定，借贷关系的利率不得超过一年期贷款市场报价利率的四倍，融资收益受到法定利率的限制。在鑫某公司案中，转租人便提出抗辩称：“原合同约定的利息、罚息、违约损失赔偿金等严重过高”，超出部分不应予以支持。

---

① 参见于程远：《论法律行为定性中的“名”与“实”》，载《法学》2021年第7期。

② 《融资租赁公司监督管理暂行办法》（银保监发〔2020〕22号）第8条规定：“融资租赁公司不得有下列业务或活动：（一）非法集资、吸收或变相吸收存款；（二）发放或受托发放贷款；（三）与其他融资租赁公司拆借或变相拆借资金；（四）通过网络借贷信息中介机构、私募投资基金融资或转让资产；（五）法律法规、银保监会和省、自治区、直辖市（以下简称省级）地方金融监管部门禁止开展的其他业务或活动。”

（三）对现行方案的反思

对比两种定性方案可知，虽然它们处于截然对立的立场，但是也存在相通之处，那就是都未立足于合同内容进行定性：售后回租方案直接依据当事人设置的合同名称对合同二进行定性，没有关注到合同一与合同二的嵌套关系，对合同内容的认识具有片面性；借贷关系认识到了合同一和合同二的整体关联，却穿透合同内容直接依据交易目的进行定性，否定了合同内容对定性的价值。从司法裁判看，穿透式审判理念的“最大弊病是易于将合同类型的认定流于形式化，而忽略当事人的真实缔约意图，合同类型认定可能就此沦为对法律概念的机械操作”①。这是因为，当事人订立合同“并非简单地表达某种愿望或对某个行为进行宣告，而是一种表述行为，它是语言行为的一种，此种语言行为所产生的效力恰是其所表达的内容”②。如果法院脱离合同内容进行定性，便无法准确解释当事人意图构建的权利义务框架，也就无法适用正确的法律规制方式对其进行规范评价，最终会导致定性任务的失败。

有鉴于此，法院原则上应当坚持内容决定论的立场，根据合同内容确定的权利义务构造来定性，合同名称和目的通常不能决定定性结果。最高人民法院亦在判决中明确：“对于合同性质，应综合考虑当事人的整体意思表示，根据当事人约定的主要权利义务的性质进行判定，而不能只审查合同名称，不应受个别条款的影响，亦不能仅根据当事人在诉讼中的主张进行确认。”③ 需要说明的是，内容决定论并不是要完全排除合同名称和目的对定性结论的影响，而是要在定性过程中突出合同内容的优先价值。法院应当首先依据合同内容来确定当事人意图构建的合同类型，只有据此不能得出妥当定性结论的情况下，才能例外引入合同名称和目的因素进行定性：其一，当无法依据合同内容定性或者不能得出唯一结论时，合同名称

---

① 宁红丽：《论合同类型的认定》，载《法商研究》2011 年第 6 期。

② 于程远：《论法律行为定性中的“名”与“实”》，载《法学》2021 年第 7 期。

③ 参见最高人民法院（2018）最高法民再 304 号民事判决书。

就可以作为定性依据，① 因为这时“合同所使用的概念才是当事人真实意思的流露”②。其二，依据合同内容进行定性构成脱法行为，导致法律规范的立法目的落空的，才能依据合同目的进行定性。

就嵌套型售后回租交易来说，存在争议的合同内容主要包括以下两个方面：一是合同二的融物属性；二是租赁物的担保功能。在定性过程中，法院应当从法理角度对二者进行解释辨析，方能准确认定当事人所欲构建的合同类型，得出妥当定性结论。

二、融物属性辨析

融资租赁具有融物属性，已经被理论和实践所一致认可。尽管融物是一个耳熟能详的学理概念，但法律并未对其含义作出规定，导致融物概念存在分歧。关于嵌套型售后回租是否具有融物属性的问题，需要事先澄清融物概念的内涵，避免对融物概念的误读，然后才能作出正确辨析。

（一）融物概念的澄清

观诸现有研究成果，学者对融物概念的理解较为混乱，梳理后大体可以区分为如下三层含义。

第一，相对于融资目的而言，融物泛指融资租赁的交易形式体现为租赁。融资性租赁契约非纯粹租赁契约，乃以租赁契约的法律形式意图实现融资的经济本质，法律性质上应理解为有租赁和融资双重性质之新契约类

---

① 最高人民法院在《最高人民法院关于经济合同的名称与内容不一致如何确定管辖权问题的批复》（已废止）中明确了合同名称在合同定性中的价值：“二、合同的名称与合同约定的权利义务内容不一致，而且根据该合同约定的权利义务内容难以区分合同性质的，以及合同的名称与该合同约定的部分权利义务内容相符的，则以合同的名称确定合同的履行地和法院的管辖权。”

② 最高人民法院民法典贯彻实施工作领导小组主编：《中华人民共和国民法典合同编理解与适用》，人民法院出版社2020年版，第1806页。

型。[①] 简言之，“融物是表象和形式，融资是内在和根本”[②]。在此语境下，融物的含义较为宽泛，代指融资租赁与一般租赁的相似之处以及法律按照一般租赁对融资租赁加以调整的规则，诸如租赁期限结束后租赁物所有权归属于出租人，租金是租赁物的使用对价等。

第二，融物特指承租人通过融资租赁交易获得一个新物，而售后回租是对现存物所做的交易。三方主体的融资租赁合同的融物特性更加明显，因为承租人得到了一个所需要的新物。而在售后回租交易中，只存在融资租赁公司和承租人两方主体，虽然也存在买卖合同和融资租赁合同，但这一交易仅具有融资特性，而不具有融物特性，因为在交易之前，该物也是存在的。[③] 承租人所支付的租金完全是租赁物价值的分摊，而非其使用对价。欠缺融物属性的后果则是，售后回租的“交易本质是在融资的目标下以租赁物让与的方式设定担保”[④]，不能认定为典型的融资租赁，也就不能适用有关租赁内容的法律规定。比如，欧洲示范民法典草案便将售后回租和融资租赁区别对待：售后回租应当适用担保物权的规定，[⑤] 不能适用租赁合同的规定；融资租赁合同可以适用租赁合同的规定。[⑥]

第三，融物是在存在真实且适格的租赁物意义上提出的。租赁物作为

---

① 参见梁慧星：《融资性租赁若干法律问题》，载《法学研究》1993年第2期。

② 冯辉：《金融法视野下融资租赁中的承租人利益返还请求权》，载《法商研究》2022年第2期。

③ 参见云晋升：《民商二元视角下“售后回租”之分析》，载《社会科学》2020年第8期。类似观点参见张家勇：《论融资租赁的担保交易化及其限度》，载《社会科学辑刊》2022年第2期。

④ 杨姗：《新型商事合同效力认定的裁判思维——以融资合同为中心》，载《法学》2017年第8期。

⑤ 参见［德］克里斯蒂安·冯·巴尔、［德］埃里克·克莱夫主编：《欧洲私法的原则、定义与示范规则：欧洲示范民法典草案》（第九卷），徐强胜等译，法律出版社2014年版，第5页。

⑥ 参见［德］克里斯蒂安·冯·巴尔、［德］埃里克·克莱夫主编：《欧洲私法的原则、定义与示范规则：欧洲示范民法典草案》（第四卷），于庆生等译，法律出版社2014年版，第193-194页。

融资租赁产品架构的核心，其创造性就是通过所有权的保留实现担保功能，从而可以相对降低因承租人信用风险导致的业务亏损，对控制行业金融风险具有关键作用。① 但是，部分急于获取资金和急于投放资金的融资租赁公司选择忽略融物属性，致使租赁物虚化问题越来越严重，由“合规租赁物”到仅保留“形式租赁物”再到“虚构租赁物”转化，部分融资租赁业务甚至成了变相贷款的通道。② 这一缺乏融物属性的民法效果就是没有真实存在的、特定的“融物”行为，该行为仅具有民间借贷的行为特征，而非融资租赁交易行为。③

（二）缺乏何种融物属性

鉴于融物概念的多义性，究竟嵌套型售后回租欠缺何种融物属性并不是很明确，但是应当予以厘清。这是准确评价定性结论妥当与否的前提和基础。具体言之，嵌套型售后回租是在两个层面缺乏融物属性的，兹分述如下。

第一层面是指整个交易都没有产生新物。嵌套型售后回租是前后两个售后回租合同嵌套形成的，自然也就带有售后回租本身的特征，属于单纯地利用现存租赁物进行融资担保的交易结构，转租人和承租人都没有从交易中获得对新物的利用。不过，在国内现行法的视野下，是否产生新物并不影响融资租赁的性质界定，这已经被《最高人民法院关于审理融资租赁合同纠纷案件适用法律问题的解释》第2条④规定所明确认可。无论是肯

---

① 参见王剑：《融资租赁物范畴厘定及其规制进路的体系化重思》，载《交大法学》2021年第2期。

② 参见李伟群、尤冰宁：《从“融资”走向“融物”——新监管体系下融资租赁合规展业的实现路径》，载《华侨大学学报（哲学社会科学版）》2021年第5期。

③ 参见张文：《融资租赁出租人与承租人的利益再平衡——基于实证分析的视角》，载《金融理论与实践》2020年第4期。

④《最高人民法院关于审理融资租赁合同纠纷案件适用法律问题的解释》第2条规定：“承租人将其自有物出卖给出租人，再通过融资租赁合同将租赁物从出租人处租回的，人民法院不应仅以承租人和出卖人系同一人为由认定不构成融资租赁法律关系。”

定嵌套型售后回租属于融资租赁的售后回租定性方案，还是持否定观点的借贷关系定性方案，都没有对之质疑，本文亦在解释论层面表示认可。

第二层面是指转租人没有直接占有使用租赁物，而是通过合同一将其租赁给承租人占有使用。鑫某公司案的判决书指出："承租人对原资产的继续使用是售后回租的目的和主要特点之一"；"中某公司作为融资租赁企业，本身并不从事码头业务，其回租码头的目的也不在于继续使用"；"中某公司作为从事融资租赁业务的金融机构，如其确有融资需求，固然可以将自有的办公设施设备等作为租赁物，与其他融资租赁公司开展售后回租业务，并租回上述办公室设施设备继续使用"。由此可知，借贷关系方案所说的融物属性与学理概念并不相同，具有特殊含义，是指转租人直接占有使用租赁物进行生产并获取价值，而不能包括非生产意义上的租赁方式，否则无法充分彰显融物性质。

不过，学理概念对于分析鑫某公司案的裁判思路仍有价值，借贷关系方案所说的融物混合了两种不同的学理含义。在事实层面，占有、使用租赁物实质上属于租赁的重要特征，属于融资租赁所具有的交易形式，可以解释为上文中融物的第一种含义。在法律效果层面，借贷关系的定性结论是租赁物不适格或者不真实的结果，与融物的第三种含义相符。一定程度上可以说，借贷关系方案对融物概念的使用既没有脱离学理，也没有拘泥于此，而是独创性地嫁接两种学理概念的事实要件和法律效果。但是，这种创新能否成立，法律没有直接规定，还需要经过法理的检验。

（三）不宜基于转租人没有直接使用租赁物否定融物属性

由于法律法规以及监管规定都没有对融物作出明确定义，所以，目前在实务中，争议较大的就是租赁给他人占有使用是否符合融物属性。笔者认为，法院不宜基于转租把租赁物租赁给承租人占有使用，就否定嵌套型售后回租的融物属性，原因如下。

第一，现行法对融物属性的要求不是直接占有使用租赁物，而是"能够产生收益"。为矫正融资租赁行业脱实就虚的倾向，监管部门开始强调融资租赁业务的融物属性，《融资租赁公司监督管理暂行办法》第7条第2

款规定："融资租赁公司开展融资租赁业务应当以权属清晰、真实存在且能够产生收益的租赁物为载体……"就嵌套型售后回租交易的租赁物来说，鑫某公司案判决书明确指出："本案租赁物真实存在，本案系争码头系经交通运输管理部门批准建设并实际运营，真实合法"，符合"权属清晰、真实存在"的要求。问题在于，应当如何理解产生收益的标准。从文义来看，产生收益具有结果导向，其关注的是通过租赁物获取经济利益，至于具体方式则并无要求。因此，其内涵较为宽泛，"并不是单指将租赁物作为生产工具、直接用于生产经营所带来的经济效益，而应扩张至租赁物本身具有的经济价值"①。其中，承租人通过租赁方式利用租赁物可以获取相应的租金收益，同样能够满足产生收益的要求。

第二，在嵌套型售后回租交易中，把融物理解为租赁方式符合融资租赁公司的主体属性和业务特征。在经济实践中，融物的含义不是固定不变的，而是会随着主体、标的物、场景的不同发生变化。究竟应当如何理解融物，同样应当结合具体案件来作出判断，不应脱离使用主体、标的物、交易场景等因素，否则就会与经济现实相冲突。鑫某公司案裁判把融物局限于直接占有使用租赁物，僵化地理解与适用了融物的概念，过于狭隘。在大多数情形下，承租人是实体企业，其签订融资租赁合同的目的是获取机器设备满足自身生产制造需要，将融物理解为直接占有使用符合承租人的主体属性和业务特征。但是，这种理解不具有绝对普遍适用的价值，因为其他类型企业对租赁物的使用方式与实体企业可能截然不同。对于不同的使用方式，相互之间并无绝对的优劣之分，关键在于选择适于企业主体属性和业务特征的使用方式。在嵌套型售后回租交易中，转租人的主体属性是融资租赁公司，其主营业务是将租赁物出租给承租人来获利，并不直接占有使用租赁物从事实际的生产经营活动。因此，适于转租人的融物属性为租赁方式，将其限定为直接占有使用违背了融资租赁公司的主体属性

---

① 李伟群、尤冰宁：《从"融资"走向"融物"——新监管体系下融资租赁合规展业的实现路径》，载《华侨大学学报（哲学社会科学版）》2021年第5期。

和业务特征。

第三，如果基于转租人没有直接占有使用租赁物否定融物属性，就会违背法律的内在体系。内在体系是指民法内在论证关联的根本价值取向体系，集中体现为法的基本原则的价值网络，① 其功能之一便是对相似规则作出统一的价值评价。在融资租赁领域，转租赁与嵌套型售后回租交易具有相似性，转租人均未直接占有、使用租赁物。《融资租赁公司监督管理暂行办法》第21条明确认可融资租赁公司可以从事转租赁交易，实质上认可转租赁属于融资租赁交易，这对法院认定嵌套型售后回租是否具有融物属性具有借鉴作用。

转租赁概念最早出现在中国人民银行2000年6月30日颁布的《金融租赁公司管理办法》中，其第48条规定："本办法中所称转租赁业务是指以同一物件为标的物的多次融资租赁业务。在转租赁业务中，上一租赁合同的承租人同时又是下一租赁合同的出租人，称为转租人。转租人从其他出租人处租入租赁物件再转租给第三人，转租人以收取租金差为目的的租赁形式。租赁物品的所有权归第一出租人。"但是，上述条款在2014年3月13日发布的《金融租赁公司管理办法》中已被删除。至今，虽然商务部、国家金融监督管理总局以及财务部甚至是国际公约都提及了转租赁概念，却都没有对其业务结构作出具体规定。现行法中，与转租赁最为接近的概念应属于民法典第716条②规定的转租行为，但其并不能作为解释转租赁的依据。一方面，转租行为和转租赁的法律属性不同，前者属于民事交易，后者属于金融交易，交易目的和法律适用都截然不同，不具有借鉴价值；另一方面，司法机关普遍拒绝依据转租行为来解释转租赁。

具体来说，司法机关认为转租赁存在两种表现方式：第一种表现方式

① 参见朱岩：《社会基础变迁与民法双重体系建构》，载《中国社会科学》2010年第6期。

② 民法典第716条规定："承租人经出租人同意，可以将租赁物转租给第三人。承租人转租的，承租人与出租人之间的租赁合同继续有效；第三人造成租赁物损失的，承租人应当赔偿损失。承租人未经出租人同意转租的，出租人可以解除合同。"

是融资租赁的出租人将租赁物租给第一承租人，承租人经出租人同意，又以转租人的身份与第二承租人签订融资租赁合同，把租赁物出租给第二承租人占有使用；第二种表现方式是出租人把购买租赁物的买卖合同转让给第三人，由第三人作为买受人及出租人履行买卖合同，出租人再从第三人手中租回租赁物，并转租给最终承租人。① "此两种'转租赁'模式，均符合我国民法典及合同法中规定的'出租人根据承租人对出卖人、租赁物的选择，向出卖人购买租赁物，提供给承租人使用，承租人支付租金'的融资租赁交易模式。"② 在第一种转租赁交易中，转租人没有直接使用租赁物，而是以收取租金为目的出租给承租人占有使用，法律并未因此而否定转租赁所具有的融物属性。同理，在交易中，如果法院因嵌套型售后回租的转租人没有直接占有使用租赁物而否定其融物属性，将会与法律在转租赁中作出的价值评价相冲突，违背法律内在体系的一致性。

三、担保功能辨析

融资租赁属于非典型担保，售后回租的出租人通过从承租人处受让租赁物的所有权，能够担保租金债权的实现，又被称为所有权担保化。但在嵌套型售后回租交易中，租赁物在合同一中已经具有担保功能，能否再次在合同二中发挥担保功能存在疑问。

（一）民法典对所有权但保化的态度

分析鑫某公司案判决书可知，法院之所以认为租赁物在合同二中不具有担保功能，是因为租赁物的所有权已经被合同一担保化。"被告中某公司虽通过001号《租赁合同》，以出租人的身份，通过售后回租的方式从案外人润某公司处取得了案涉码头的所有权，但如前所述，该所有权仅具担保功能。"

---

① 最高人民法院民事审判第二庭编著：《最高人民法院关于融资租赁合同司法解释理解与适用》，人民法院出版社2016年版，第35页。

② 参见北京市高级人民法院（2021）京民终804号民事判决书。

这一论断是以担保构成论为理论基础的，该理论秉持功能主义的立法理念，认为出租人保留租赁物所有权的功能仅在于担保租金的实现，租赁物所有权成为担保物权的一种特殊形态，融资租赁被定位成动产担保交易，应当适用担保物权的一般规则。相应地，出租人对租赁物仅能行使变价后的优先受偿权，不具有将其再次移转给他人的处分权，这正是鑫某公司案裁判的法理基础。在一定程度上，民法典引入了担保构成论，表现如下：首先，担保物权分编第 388 条规定的“其他具有担保功能的合同”和第 414 条确立的具有登记能力的担保物权竞存时的一般优序规则明确了功能主义的一般规则；其次，融资租赁合同章删除了合同法第 242 条“租赁物不属于破产财产”的规定，为将出租人对标的物的权利解释为担保物权提供了可能性；最后，融资租赁合同章第 745 条赋予租赁物所有权以登记能力，为其准用第 414 条规定提供了制度基础。

但是，民法典并没有完全贯彻担保构成论，而是同时在融资租赁合同中坚持了所有权构成论。该理论与担保构成论相对应，它是以形式主义为基础的，讲求法理概念体系的关联统一，即出租人对租赁物享有的所有权与通常意义上的所有权相一致，同样具有占有、使用、收益、处分等完整权能。民法典把融资租赁合同章规定在租赁合同章之后，是因为融资租赁合同借用租赁合同的交易形式，二者具有相似的法律构造：出租人享有租赁物的所有权，承租人有偿获取租赁物的使用权。可见，融资租赁并未被彻底重构为担保物权。

由于民法典采取了形式主义和功能主义相结合的立法方法，① 故而所有权担保化就兼具担保构成论和所有权构成论的特点：出租人拥有的租赁物所有权既不是纯粹的、完全功能化的担保物权，也不同于普通意义上的所有权。其结果就是，无论法院是认为租赁物所有权仅具有担保功能，还是与通常意义上的所有权相一致，都能够找到相应的法律基础，但是都不

① 参见高圣平：《民法典视野下所有权保留交易的法律构成》，载《中州学刊》2020 年第 6 期。

具有充分的说服力，因为任何一种观点都无法完全否定相反观点，也就会出现所谓的“二律背反”现象。这是通过三段论式的演绎逻辑适用法律的固有缺点造成的，它只能保证小前提和大前提相符时得出确定的法律后果，却不能决定小前提应否被归类为大前提之中，尤其是在小前提可以同时被归属于多个大前提的情况下。除非，我们引入一定的功能性目标，就特定问题作实质判断，才有可能形成相对比较确定的、有可能被证明或者被证伪的答案。[①] 因此，需要回归到售后回租的法律构造本身，根据当事人的交易目的来考虑何种特性起决定性作用，以说明租赁物能否在合同二中发挥担保功能。

（二）转租人对租赁物的处分权

鑫某公司案否定合同二具有担保功能的一个重要原因便是转租人无权处分租赁物所有权。在合同一订立以后，承租人的交易目的是继续占有使用租赁物，如果法律允许转租人通过合同二把租赁物所有权转移给出租人，势必会损害承租人的权利，原因如下。第一，一旦出现转租人不能向出租人支付租金的情形，出租人有权折价、拍卖、变卖租赁物，承租人将无法继续占有使用租赁物。第二，在通常情况下，承租人在租赁期满后仅需向转租人支付象征性价款便可获得租赁物所有权，这一权利预期也会随之落空。据此，法院在鑫某公司案中，法院认为转租人无权处分租赁物的所有权：“在双方正常履约的情况下，中某公司并不具有任意处分租赁物的权利。其应当保障承租人润某公司对租赁物的占有和使用权，不得任意收回租赁物，亦不得任意对租赁物进行折价、拍卖、变卖。”

1. 转租人无权处分租赁物所有权

笔者赞同转租人无权处分租赁物所有权，但不认可转租人负有保障承租人占有和使用租赁物的义务不足以否定其对租赁物享有处分权。依据所有权构成理论，转租人同样负有保障承租人占有和使用租赁物的义务，却

---

① 参见熊丙万：《法律的形式与功能 以“知假买假”案为分析范例》，载《中外法学》2017年第2期。

不能因此而否定转租人拥有处分租赁物的权利。因为转租人对租赁物拥有完整的所有权，只是通过合同把租赁物的占有和使用权让渡给承租人，这种让渡仅仅具有债权相对效力，不能对抗转租人的处分行为，出租人可以取得租赁物的所有权，转租人只需向承租人承担违约责任即可。反之，担保构成论认为转租人对租赁物仅仅享有优先受偿的担保物权，而租赁物所有权中的占有和使用权能则分配给了承租人，因此，承租人对租赁物享有物权效力，可以对抗转租人的处分行为，出租人无法取得租赁物的所有权。对比所有权构成论和担保权构成论可知，真正能够否定转租人处分租赁物的关键乃是承租人占有和使用租赁物的权利属性，究竟是物权绝对权还是债权相对权。对此，笔者认为，法律应当采用担保权构成论，认定承租人占有和使用租赁物的权利属性为物权绝对权，转租人无权将租赁物所有权转让给出租人。

首先，在交易结构方面，售后回租的承租人将原本属于自己的财产转让给出租人，再依据融资租赁合同将标的物租回，其中的所有权转让，则相当于为出租人设立了让与担保。① 售后回租本质上是借贷担保行为，租赁物所有权更多地体现为优先变价受偿的担保效力，丧失了所有权的归属和利用功能。此消彼长，承租人持续占有和使用租赁物，应当属于物权绝对权。其次，民法典融资租赁合同章删除合同法第 242 条中“承租人破产的，租赁物不属于破产财产”的规定，为承租人对租赁物占有和使用的权利解释为物权绝对权提供了可能性。按照所有权构成论，承租人仅对租赁物享有债权性的占有和使用权，租赁物在承租人破产后不属于破产财产，转租人有权行使取回权。反之，如果承租人对租赁物享有物权性的占有和使用权，租赁物就属于承租人的破产财产，转租人只能行使别除权。最后，在比较法中，即使采纳所有权构成的大陆法系往往也会加强对承租人的保护，赋予承租人对标的物以超越债权的效力更强的权利。② 承租人在

① 刘保玉：《民法典担保物权制度新规释评》，载《法商研究》2020 年第 5 期。

② 参见谢鸿飞：《〈民法典〉实质担保观的规则适用与冲突化解》，载《法学》2020 年第 9 期。

支付部分价金的同时，也在融资租赁物上获得相应的权益，德国法上称之为“期待权”，它的重要作用在于使权利人获得了所有权地位的占有权，具有一定的物权绝对权属性。①

2.《融资租赁合同相关事项确认函》授权转租人处分租赁物

在出租人与转租人签订合同二之前，承租人润某公司提交了《融资租赁合同相关事项确认函》（以下简称《确认函》），载明其“同意中某公司与鑫某公司就同一租赁物开展融资租赁业务，但该同意仅在不影响润某公司对租赁物的合理占有和使用的前提下方能成立”。由于转租人处分租赁物所有权有可能损害承租人占有和使用权利，《确认函》同意转租人就同一租赁物开展融资租赁业务却又要求不影响承租人对租赁物的占有使用，存在歧义。具体来说，《确认函》存在两种对立的解释方案：一种是否定论，“该函是润某公司对自身在融资租赁合同项下所享有合法权益的重申，被告中某公司缺失的所有权能并未得到补足”，处分行为不能发生物权变动效力，这也是鑫某公司案的观点；另一种是肯定论，《确认函》表明承租人同意转租人对租赁物行使处分权，则相应的处分行为能够发生物权变动效力，笔者赞同这一观点。

首先，从文义上看，否定论明显违背《确认函》的文义，肯定论则可以通过解释来消除与文义的冲突。根据民法典第142条第1款规定，有相对人的意思表示的解释，应当按照所使用的词句确定意思表示的含义，明确把意思表示的文义放在首要位置，要求意思表示的解释不得超出文义范围。《确认函》是承租人向转租人和出租人出具的，属于有相对人的意思表示，对其所作的解释同样不得违背文义范围。《确认函》载明：“同意转租人就同一租赁物开展融资租赁业务”，承租人作为已经从事售后回租业务的当事人，对融资租赁业务的具体内容包括处分租赁物所有权是明知的，如果《确认函》“不能视为润某公司已同意被告中某公司在租期内可

---

① 参见云晋升：《民商二元视角下“售后回租”之分析》，载《社会科学》2020年第8期。

对租赁物任意行使变价处分权”将与其文义明显冲突。反之，《确认函》被解释为承租人对转租人处分租赁物的授权，就能够与其文义相符。至于“该同意仅在不影响润某公司对租赁物的合理占有和使用的前提下方能成立”，并不是否定承租人的授权行为，而是重申转租人“就同一租赁物开展融资租赁业务”之后继续负有保障承租人占有和使用权利的合同义务，否则应当承担相应的违约责任。

其次，根据鼓励交易的原则，对意思表示的解释应当“推定每一条款具有意思和目的”①，法院应当朝着这一方向来解释《确认函》。详言之，如果一个合同或合同条款可能具有两种合理的推定解释，其中之一会使它充满意思，而另一种解释则使它无实际意义，那么使合同或条款充满意思的推定解释必须优先采纳。② 反观《确认函》的两种解释方案，否定论的解释结果无非重申承租人在合同一中原本就享有的合法权益，不会对当事人的利益状态产生任何实质影响，《确认函》也将成为毫无意义的具文；肯定论则相反，通过授权转租人处分租赁物所有权，能够促进租赁物的二次利用，出租人和转租人得以完成第二层的售后回租交易，承租人亦能基于授权行为获得相应的对价补偿，三方当事人都能各得其所。对比可知，肯定论更加能够赋予《确认函》相应的目的和意义，促进鼓励交易原则的实现。

最后，意思表示的解释不只是对客观事实的发现过程，其中还伴随着法律评价，《确认函》的解释结论应当受到公平正义的检视。在经济实践尤其是商事交易中，当事人作为一个理性的市场主体，绝不会平白无故地作出一个经营决策，其市场行为背后都会存在相应的价值交换，也就是所谓的“天下没有免费的午餐”。承租人出具《确认函》亦是如此，通常是以出租人给付相应的对价为基础的，承租人能够因此而获取其他报偿。不过，这种对价的表现形式并不是固定不变的，有可能表现为多种形态，既

---

① 崔建远：《合同解释规则及其中国化》，载《中国法律评论》2019 年第 1 期。

② See Harris v. Rome, 593 S. W. 2d 303, 306 (Tex. 1979) .

可以是货币、利率折扣等直接经济回报，也可能是维护合作关系带来的交易机会等间接未来收益。事后，如果法院否定《确认函》的授权效力，将会导致出租人的交易目的落空，无法收回为获得《确认函》而支出的交易成本。反之，承租人将在不受任何损失的前提下获得“免费的午餐”，造成双方利益的失衡，违背公平正义的要求。

（三）出租人对租赁物的变价受偿权

鑫某公司案否定嵌套型售后回租具有担保功能的另一个原因便是出租人对租赁物不享有变价受偿权，理由如下：一是出租人继受取得租赁物所有权，“其取得的所有权范围不能大于被告中某公司原有的权利范围。因此，原告取得的所有权亦不完整，欠缺变价处分权。”二是合同二的租期早于合同一的租期结束：“004号《租赁合同》约定的租赁期限为1年，自2018年6月5日起至2019年6月5日止，此后虽经展期，但至2020年6月5日也已期满。而此时，001号《租赁合同》的租赁期限尚未届至。原告无权直接收回租赁物，对其变价。”

其实，出租人的变价受偿权与转租人的处分权是租赁物是否能够发挥担保功能问题的一体两面，“一荣俱荣、一损俱损”。由于《确认函》已经授权转租人处分租赁物，转租人对租赁物的处分权已经补足，因此，转租人已经取得租赁物的处分权，出租人便得以继受取得租赁物所有权。同理，出租人受让的租赁物所有权具有担保化的特点，其主要功能在于担保合同二约定的租金债权，在转租人不能按时偿还租金时有权变卖、拍卖租赁物以优先受偿自己的债权。虽然合同一的租期长于合同二的租期，但是出租人并不是合同一的当事人，根据合同相对性的要求并不会受到租期的拘束。一旦出现转租人没有支付租金的情形，出租人有权变卖租赁物以优先受偿，由此导致承租人无法占有使用租赁物而遭受的损失，则应由转租人根据合同一来承担相应的违约责任。因此，出租人对租赁物享有变价受偿权。

四、何去何从：转租赁方案

鉴于既有方案均未妥善定性嵌套型售后回租，业内人士提出应当把嵌套型售后回租定性为转租赁形式的融资租赁关系，但这一观点被司法裁判所明确拒绝。在合同定性过程中，司法裁判应当运用开放性的类型方法把嵌套型售后回租定性为转租赁，不但可以满足监管要求，发挥金融创新的优点，还能抑制不诚信行为，避免损害承租人利益的缺点。

（一）事实基础：合同内容的相似性

分析鑫某公司案判决书可知，法院明确拒绝将嵌套型售后回租认定为转租赁，其裁判说理严格遵循了三段论式的演绎逻辑：第一步是寻找法律规范，参考已经废止的2000年6月30日发布的《金融租赁公司管理办法》第48条关于转租赁的定义，原租赁合同的效力不受影响，租赁标的物的所有权亦不发生移转，承租人只是在征得出租人同意后，在原租赁合同的期限内，将租赁物转租给第三人使用。第二步是查清案件事实，嵌套型售后回租的“两层融资租赁关系互相独立，租赁物所有权发生两次转移”。第三步是得出判决结果，由于嵌套型售后回租租赁物所有权发生两次转移与转租赁定义不符，故而案件事实不能被法律规范所完全涵摄，应当得出否定结论。归根结底，这是一种概念思维的体现：概念所包含之特征已经被穷尽地列举，而且它所列举的特征属于在该概念之涵摄上所不可缺少、不可替代的特征，这些特征是将一个具体事项涵摄于某一概念下的充要条件。① 只要案件事实与法理概念之间有任何一个特征不相符合，都会导致非此即彼的否定判断，也就无法将案件事实涵摄于特定概念之下。

概念思维固属重要，但其不能适用于所有情形，合同定性就是著例之一。因为通过定性所欲获得的有名合同结论，本身就不是法律概念，而是类型思维的产物。相比于法律概念，合同类型具有如下特点：一是法律特征具有流动性，功能目的仅仅是为了描述合同类型，属于“有弹性的复数

① 参见黄茂荣：《法学方法与现代民法》，中国政法大学出版社2001年版，第39页。

因素之组织”。① 民法典以及特别法规定了多种有名合同，它们之间并无泾渭分明的界限，仅仅存在“或多或少”的相对差异，共同构成一个渐变的谱系。在不同的个案中，至少其中若干要素可以变更，甚至可以欠缺，却不致影响其合同类型。② 二是类型认定具有整体性，其法律特征具有不同的强度且是相互补充的，所表现的是一种整体图像。某一对象是否应被归类到该类型中，应视其典型的重要特征是否以某种数目及强度存在，从而使该对象在整体上符合类型的外在图像。③ 因此，合同类型的判断标准并非可依三段论程序单纯涵摄的，毋宁是一些可变动的，由典型的行为中解得的，适用于待判个案时须一再重新具体化的标准。④

具体来说，合同定性的关键不是逐一对比个别特征是否吻合，而是必须留意契约的整体特征，并对其重要性予以适当评价。⑤ 在此意义上，虽然嵌套型售后回租与转租赁中两层融资租赁合同的订立顺序不同，导致租赁物所有权转移的次数不同，但是二者殊途同归，在整体上形成了相似的交易图像，故而可以认定为同一合同类型。第一，在交易目的方面，两种交易之所以能够达成，都是源于转租人为了获取两层融资租赁合同之间租金差的利益驱动。第二，在利益结构方面，两种交易的当事人各自承担的权利义务相同：出租人拥有租赁物所有权以担保租金债权的实现；转租人并不直接占有使用租赁物，有权从承租人处收取租金，同时承担向出租人支付租金的义务；承租人直接占有使用租赁物，但应向转租人支付租金。第三，在风险负担方面，两种交易的风险源头主要都是转租人不能按时向出租人支付租金，导致出租人对租赁物行使变价受偿权，最终损害承租人

① 参见［德］卡尔·拉伦茨：《法学方法论》，陈爱娥译，商务印书馆2003年版，第344页。

② ［德］卡尔·拉伦茨：《法学方法论》，陈爱娥译，商务印书馆2003年版，第344页。

③ 参见宁红丽：《论合同类型的认定》，载《法商研究》2011年第6期。

④ 参见［德］卡尔·拉伦茨：《法学方法论》，陈爱娥译，商务印书馆2003年版，第340页。

⑤ 参见［德］卡尔·拉伦茨：《法学方法论》，陈爱娥译，商务印书馆2003年版，第344页。

占有使用租赁物的权利。

(二) 价值评价：保障金融创新

嵌套型售后回租是一项金融创新，法律原则上应当给予积极的价值评价，这是由金融市场本身的特点决定的。金融市场是最具活力的领域之一，具有瞬息万变的特点，这对市场主体安排金融交易提出了严峻挑战。因为环境的每一处变化都可能导致资源利用、人类活动方式与倾向以及习惯等单方面的变化，并进一步给社会造成新的问题，人的理性既无法预见谁将率先结合知识和技能、个人态度与外部环境以正确应对，也无法知悉通过何种途径传播给要效仿的其他人。① 为了尽快打破信息孤岛的困境，法律应当尊重和鼓励人们利用自身知识之外的更多资源的行为，重要途径就是对金融创新持有开放和包容的态度。因为金融创新是“这个社会就秩序安排所进行的持续不断的尝试所产生的成果”，“经过长期和持续的适用，不断得以优化和再优化，它集中了那些最杰出人士的智慧”②。通过把嵌套型售后回租定性为转租赁，能够保障金融创新的传播和利用，发挥其制度优势。

第一，承认合法性。嵌套型售后回租的定性本质上属于合同解释的任务，这是法秩序在合同解释理论框架下对其作出的法律评价，应当遵循推定合法的解释方法。如果一个合同或一个条款可能存在两种合理的解释，其中一种解释与制定法、行政法规或普通法相一致，而另一种解释相反，法院将采用使之合法的方式解释该合同或其条款。③ 这一解释方法具有重要的实践价值，能够尽可能地赋予当事人预期的法律效力，促进合同目的的实现，符合鼓励交易原则。《融资租赁公司监督管理暂行办法》第21条规定：“融资租赁公司对转租赁等形式的融资租赁资产应当分别管理，单独建账”，明确承认转租赁属于融资租赁公司的业务范围。据此，将嵌套

---

① 参见［英］弗里德里希·奥古斯特、冯·哈耶克：《自由宪章》，杨玉生等译，中国社会科学出版社2012年版，第51页。

② 高鸿均主编：《英美法原论》，北京大学出版社2013年版，第56页。

③ 参见崔建远：《合同解释规则及其中国化》，载《中国法律评论》2019年第1期。

型售后回租定性为转租赁，能够避免融资租赁公司因违反不得从事同业拆借强制性规定而承担行政责任，为其从事相关交易提供合法性基础。

第二，抑制不诚信行为。在司法实践中，“名为融资租赁，实为借贷关系”的主张通常是由转租人最先提出的，以抗辩出租人要求其依照合同二支付租金的诉讼请求。这一抗辩实质上构成以自身违法事实主张融资租赁关系无效。在合同缔约之际，转租人尚未取得融资，处于弱势地位，可以先行承认涉案合同属于融资租赁关系，以促成出租人同意缔约。待出租人向转租人融出资金以后，转租人开始获得优势地位，可以根据利益结构、市场需求等因素来决定是否主张融资租赁关系，若是于己有利就继续主张融资租赁关系，否则便主张无效。这种根据自己的利益状态决定是守约还是毁约，毫不顾及相对方利益的行为，被评价为违背诚信应无问题。①借贷关系方案支持转租人的抗辩会造成反向激励的后果，即当事人可以通过选择主张合同效力的方法，从自身违法行为中获得利益，这是司法实践所不能接受的结果。而转租赁方案继续把嵌套型售后回租认定为融资租赁关系，要求转租人依照合同约定履行合同，出租人的租金债权不但可以继续获得租赁物所有权的担保，还能避免转租人的背信行为。

第三，提升交易效率。任何事物生成和发展都不会是无源之水，无本之木，嵌套型售后回租之所以能够被业界迅速接受，是因为其解决了融资租赁交易在实践中存在的难题。其一，适格租赁物资源具有稀缺性。为防控金融风险，监管部门对融资租赁物施加了层层限制，② 融资租赁物匮乏

① 于飞：《诚信原则修正功能的个案应用——以最高人民法院“华诚案”判决为分析对象》，载《法学研究》2022年第2期。

② 《融资租赁企业监督管理办法》第10条第1款规定：“融资租赁企业开展融资租赁业务应当以权属清晰、真实存在且能够产生收益权的租赁物为载体。”《融资租赁公司监督管理暂行办法》第7条规定：“适用于融资租赁交易的租赁物为固定资产，另有规定的除外。融资租赁公司开展融资租赁业务应当以权属清晰、真实存在且能够产生收益的租赁物为载体。融资租赁公司不得接受已设置抵押、权属存在争议、已被司法机关查封、扣押的财产或所有权存在瑕疵的财产作为租赁物。”

的产业实际成为其发展的核心阻滞因素。① 嵌套型售后回租就同一租赁物进行两次融资租赁交易，能够更大限度地利用有限的租赁物资源，促进物尽其用原则的实现。其二，融资租赁的交易成本高昂。为了保障将来的租金债权能够安全实现，出租人在进行交易之前往往需要进行全面细致的尽职调查，其核心对象便是租赁物的真实性、权属关系、未来收益等问题，这需要耗费大量的时间成本、金钱成本和人力成本。但在嵌套型售后回租交易中，由于转租人在签订合同一之前便已经对租赁物做过尽职调查，出租人在签订合同二时就可以直接利用第一次的交易资料，极大地节约了交易成本。

（三）监管合规：控制金融风险

作为一项金融工具，嵌套型售后回租的定性分析不应局限于民法基础理论，它还具有金融监管介入市场交易的鲜明色彩。通过转租赁方案，嵌套型售后回租能够积极地满足金融监管要求，去芜存菁，防控交易风险。

第一，承租人授权。转租赁存在两层融资租赁合同，时间在后的合同通常会对在先合同的权利义务施加一定的限制，这就需要获得在先合同当事人的授权同意。因为两层合同当事人均为地位平等的民事主体，在后合同并无限制在先合同的权利，需要事先补足相关授权。因此，对于通常情形的转租赁，《融资租赁公司监督管理暂行办法》第 21 条便明确规定："转租赁应当经出租人同意。"同理，嵌套型售后回租的合同二也可能限制合同一的权利义务，这主要表现为出租人对租赁物进行变价受偿时会损害承租人的占有使用和预期取得所有权的权利。为此，监管机关应当要求转租人取得承租人的授权同意，如此，不但能够补足租赁物所有权所欠缺的处分权能，避免合同二因缺乏担保功能而被认定为借贷关系，还能规范当事人的交易行为，事前预防纠纷的发生。

---

① 参见王剑：《融资租赁物范畴厘定及其规制进路的体系化重思》，载《交大法学》2021 年第 2 期。

第二，合理管控租金水平。融资租赁是以租赁的形式达到融资的目的，① 虽与一般意义上的民间借贷有所不同，但是依然具有突出的融资及借贷属性。② 尤其是在嵌套型售后回租交易中，转租人把租赁物所有权移转给出租人旨在取得融资，融资已然成为整个交易的核心。尽管融资租赁关系无须适用借贷关系中法定利率的限制规定，③ 但并不意味着当事人可以随意确定租金，仍然应当受到严格管制。《融资租赁公司监督管理暂行办法》第17条规定："融资租赁公司应当建立健全租赁物价值评估和定价体系，根据租赁物的价值、其他成本和合理利润等确定租金水平。"根据民法典第746条规定，租金"应当根据购买租赁物的大部分或者全部成本以及出租人的合理利润确定"。可见，合理的租金水平是嵌套型售后回租必需予以遵循的原则，当事人设置的租金超出合理限度的，不但无法获得承认和保护，还会招致违反监管的负面评价。

第三，账户分离。融资租赁公司的内部关联往来处于金融监管的薄弱区域，导致其容易虚构融资租赁交易，没有实质开展业务或偏离主业，最终演变为变相进行资金拆借的通道，造成融资租赁公司的主体信用风险和流动性风险。尤其是在转租赁交易中，通道化现象更为严重，转租人可能并未形成真实的转让和受让租赁物的交易，仅仅作为承租人和出租人进行资金拆借的通道。为此，《融资租赁公司监督管理暂行办法》第21条规定，"融资租赁公司对转租赁等形式的融资租赁资产应当分别管理，单独

---

① 参见高圣平、王思源：《论融资租赁交易的法律构造》，载《法律科学（西北政法大学学报）》2013年第1期。

② 参见冯辉：《金融法视野下融资租赁中的承租人利益返还请求权》，载《法商研究》2022年第2期。

③《最高人民法院关于新民间借贷司法解释适用范围问题的批复》（法释〔2020〕27号）规定："一、关于适用范围问题。经征求金融监管部门意见，由地方金融监管部门监管的小额贷款公司、融资担保公司、区域性股权市场、典当行、融资租赁公司、商业保理公司、地方资产管理公司等七类地方金融组织，属于经金融监管部门批准设立的金融机构，其因从事相关金融业务引发的纠纷，不适用新民间借贷司法解释。"

建账”，以加强对转租赁交易的监管。在转租赁方案下，嵌套型售后回租同样应当适用这一规定，对合同一和合同二两项交易的账目进行分别管理，以保障交易真实性，防范通道化风险。

五、结语

嵌套型售后回租是一项金融创新，但其并不是凭空而来，而是综合改造现有售后回租、转租赁等交易模式的结果，具有夹新带旧的特征。这给法院的定性工作带来了困难。无论是完全接受的售后回租方案，还是全盘否定的借贷关系方案，恐都不能妥善评价嵌套型售后回租的法律属性。因为金融创新都具有两面性，它在解决现有问题的同时，也会带来新的问题，任何“一刀切”的绝对思维都无法兼顾整体。可行方案则是回归到合同内容本身，采用开放性的类型思维把嵌套型售后回租定性为转租赁，在保障金融创新的基础上将其纳入金融监管范围，以防范金融风险的发生。

（本文仅代表作者个人观点）

——编辑后语——

岁至仲冬，寒意渐浓，伴随着秋冬交替的厚重气息，《判解研究》总第106辑如约而至。在这个万物蛰伏、静待复苏的季节，法学研究的星火却从未熄灭。本辑各篇文章，或溯本清源、探讨法律基础理论，或直面现实、回应司法实践难题，既有基础理论的深耕细作，又有司法实践的精准剖析，但共通之处在于以独特视角和缜密思维，为读者奉献一场智识的盛宴。

基础理论是法学研究的灵魂，如深埋于大地的坚韧根系，稳固而深邃，支撑法治大厦巍然耸立；司法实践则是法治前行的动力，如奔流不息的江河，激荡而绵延，为法治发展传递薪火相承的力量。理论与实践的交融，恰如天地间的风云际会，激荡出恢弘的律动，为法治事业的繁荣注入源源不断的生机与活力。房绍坤教授与毛俊龙博士以《遗赠扶养协议司法适用的省察：性质、形式与识别》为题，审视遗赠扶养协议在司法适用中的诸多争议，通过对其法律性质、形式标准与识别规则的梳理，提出了兼顾理论深度和实践性的分析框架。在人口老龄化日益加剧的今天，对遗赠扶养协议这一具有时代特色的法律制度进行理论澄清和实践指引，无疑具有重要意义。屈茂辉教授与桂颖琦则从安全保障义务出发，撰写了《违反安全保障义务按份责任司法现象之审视与展开》一文，基于大量生效判决的分析，总结出按份责任规则在安全保障义务纠纷中的适用症结。文章不仅回溯了实践问题的理论成因，更在司法操作层面为裁判规则的统一提供思路，为违反安全保障义务按份责任的司法适用描绘了一幅较为清晰的裁判图景。

数字经济时代的浪潮势不可挡，数据要素的价值日益凸显。焦富民教授与徐皓撰写的《数据保护视域下数据信托的适用逻辑与制度展开》一文，针对现实中存在的数据泄露现象，立足数据信托这一创新性制度安排，聚焦数据权利保护与流通之间的张力，对数据信托制度的法理基础、适用逻辑和制度构建进行了系统性研究，探讨了如何在保护数据权益的同时实现数据的有序流通与价值释放，为完善我国数据治理体系提供了有益启示。贺娇博士、李学军教授和许明老师则以《文书形成时间鉴定的传统模式与新进路——以电子病历综合鉴定切入》为题，从司法鉴定视角切入，探讨了电子病历在时间鉴定方面的法律适用问题，在对传统鉴定模式的局限进行反思的基础上，提出结合新技术优化鉴定路径的可能性。两篇文章均深刻揭示了数字化时代背景下法律规制的复杂性与前瞻性。

司法实践不仅是法学研究的沃土，也是理论创新的试验场。本辑“案例评析”栏目中的几篇文章，从不同视角解析了热点案件所折射的法律问题，既体现了司法实践的复杂性，也展示了理论研究对实践的回应。夏先华老师撰写的《论抚养权案件中未成年子女意见的表达与审酌——李某某诉范某离婚纠纷案释评》一文，关注抚养权案件中未成年子女意见表达的重要性，从儿童利益最大化的原则出发，为未成年子女在司法程序中的权利保护提供了有益指引。李付雷副教授撰写的《嵌套型售后回租交易的定性研究——兼评鑫某公司案》一文，聚焦金融创新领域的典型难题，以嵌套型售后回租为研究对象，深入剖析了其法律属性认定中的争议与困境，提倡采用开放性的类型化思维，将其定性为转租赁，既确保金融创新的活力不被扼杀，又能将其纳入规范化的监管轨道。这种立足实践、探索平衡的研究路径，为金融创新与风险防控的协调发展提供了富有启发性的思路。

本辑文章还涉及遗嘱效力、数字检察、体育合同、著作权侵权等诸多领域，涵盖了民法、商法、知识产权法等学科的热点议题，体现了《判解研究》一贯的学术视野与社会担当。无论是基础理论的深耕，还是司法实践的回应，无论是传统领域的再审视，还是新兴议题的探索，本辑文章均以多元化的学术旨趣和创新性的研究方法，力求为中国法学研究贡献新的智慧与力量。

星光不问赶路人，岁月不负有心人。在法治现代化的浪潮中，《判解研究》始终以沟通理论与实践为己任，以推动中国自主法学知识体系建设为目标。每一位读者的关注与支持，赋予了我们前行的动力。未来，我们将继续坚守学术初心，为中国法治建设贡献更多的智慧。

——征稿启事——

《判解研究》系由教育部人文社会科学重点研究基地——中国人民大学民商事法律科学研究中心主办、《判解研究》编辑部编辑、人民法院出版社出版，面向海内外公开发行的全国性法律专业连续性出版物。本丛书秉持“加强判解研究，推进司法改革”的宗旨，以裁判实践以及相关法律、司法解释的研究为基本关注，设有法学专论、司法解释之窗、法官论坛、判例评析、公报案例评析、焦点笔谈、调查与研究、海外判例选介等多个栏目，力图多视角、全方位地追踪和展示中国的案例、司法解释及相关研究之全貌，总结司法经验，探求法治精神，积极推动国家法制建设与法学研究的发展。

本丛书恪守求实、严谨、公正的理念，弘扬兼容并蓄的学术传统，诚邀法学理论及实务工作者惠赐佳作。来稿要求：

1. 来稿应属未以任何形式公开发表过的作品。本丛书不接受一稿多投，因此类行为给本丛书造成不良影响和损失的，将予以严肃追究。

2. 本丛书对来稿的篇幅原则上不作限定，但对于全文低于八千字或超过二万字（含注释部分文字）的稿件，适用更为谨慎的编审程序。

3. 来稿应遵守本丛书注释体例，注释以必要和合理为原则，不使用尾注；标点符号、数字的使用应遵守国家有关规定。

4. 案件评析的稿件应包含案情概要、裁判要旨以及学理评析三部分，且前两部分所占篇幅应限制在全文的五分之一以内；所评须为真实案例，并附注裁判文书文号。

5. 本丛书用稿实行匿名评审制度，请作者将姓名、出生年月、性别、工作单位、职称、学位、职务、通信地址、联系电话、电子邮箱等个人信息，单独放在首页，稿件正文不要体现上述信息。

6. 本丛书不退来稿，稿件采用后，编辑部会及时与作者联系；稿件寄出后两个月未收到用稿通知的，作者可另作处理。

7. 凡本丛书所发表的文章，自发表之日起一年内，由本丛书享有专有版权和使用权，任何转载、摘登、翻译或结集出版等事宜，均须事先得到本丛书编辑部的书面许可。

8. 来稿请寄：北京市海淀区中关村大街59号中国人民大学明德法学楼1015室《判解研究》编辑部（100872），或发送邮箱：panjieyanjiu@163.com。

《判解研究》编辑部

附：《判解研究》注释体例

1. 无摘要、关键词及相应英文；标题为黑体加粗，三号；正文为宋体，小四号，行间距为固定值20磅；作者信息的标注方式为：一作者＊，二作者＊＊。

2. 文中注释一律采用页下脚注，每页独立注码，引注符号使用带圆圈的阿拉伯数字；如文章受到基金资助，以脚注形式标注于文章标题后。

3. 引注符号的位置。对全句的引用，引注符号置于句号、问号等标点之后。对句子部分内容的引用，引注符号置于该部分之后；对句中字词的直接引用，引注符号应当紧接引号，置于其他标点之前。例如：

在《行政诉讼法》起草过程中，关于受案范围问题曾有热烈的讨论。① 尽管多数学者主张概括规定法院应当受理的案件范围，以使受案范围尽量宽泛，② 立法最终采取了逐项列举的方式。比起此前各个单行法，《行政诉讼法》规定的受案范围“有所扩大”③ 但与概括规定的主张还相距很远。

4. 引领词使用，非直接引用原文时，注释前使用“参见”引领；直接引用原文时，不加“参见”及任何引领词；引用非原始资料时，即并未找到原初文献并予以核实，只是转引他人的，请注明“转引自”；文章来源于期刊、报纸、网络以及来源于独立作品组成的文集，文献来源前标注“载”。

5. 请规范数字用法，包括正文在内非直接引用法条的序号用阿拉伯数字。

6. 鉴于网络信息易失效、来源真实性不易查证等特点，建议慎重引用网络资料。

7. 注释及参考文献范例

（1）专著

中文示例1：《马克思恩格斯选集》（第4卷），人民出版社1972年版，第24页。

中文示例2：龙卫球：《网络信息法：基础与前沿问题》，中国法制出版社2022年版，第3-4页。

英文示例：Lon L. Fuller, *The Morality of Law*,（New York：Yale University Press, 1969）, p. 143.

（2）编著作品

中文示例 1：佟柔主编：《中国民法》，法律出版社 1990 年版，第 67 页。

中文示例 2：王利明主编：《民法》（第 8 版上册），中国人民大学出版社 2020 年版，第 20 页。

英文示例：Robert J. Beck, Anthony Clark Arend and Robert D. Vander Lugt (eds.), *International Rules: Approaches from International Law and International Relations*(New York: Oxford University Press, 1996).

（3）期刊

中文示例：王利明：《数据的民法保护》，载《数字法治》2023 年第 1 期。

英文示例：Charles A. Reich, " The New Property," *Yale Law Journal* 733, No. 73(1964): 737-738.

（4）章、节或者文集中的文章

中文示例：龚祥瑞：《比较宪法学的研究方法》，载《比较宪法研究论文集》第 1 集，南京大学出版社 1993 年版，第 3 页。

英文示例：Glenn Gould, "Streisand as Schwarzkopf," in *The Glenn Gould Reader*, ed. Tim Page (New York: Vintage, 1984), p. 310.

（5）译作

中文示例 1：［古希腊］亚里士多德：《政治学》，吴寿彭译，商务印书馆 1983 年版，第 54 页。

中文示例 2：［英］科林·斯科特：《规制、治理与法律：前沿问题研究》，安永康译，宋华琳校，清华大学出版社 2018 年版，第 79-80 页。

英文示例：Richmond Lattimore trans/eds., *The Iliad of Homer* (Chicago: University of Chicago Press, 1951).

（6）报纸和大众杂志中的文章

中文示例：龙飞：《大数据时代纠纷解决模式之变革》，载《人民法院报》2016 年 11 月 2 日第 8 版。

英文示例：Daniel Mendelsohn, "But Enough about Me," *New Yorker*, January 25, 2010, p. 68.

（7）数字出版物、网页文章等

中文示例1：郑成思：《“入世”、知识产权保护与民商法的现代化》，载中国法学网，http://www.iolaw.org.cn/showNews.asp?id=243，访问日期：2017年4月29日。

中文示例2：任容庆：《借名买房执行异议诉讼中的价值衡量与规范选择》，载微信公众号“判解研究编辑部”，2021年2月27日上传。

英文示例：Stephen McDonell, “When China Began Streaming Trials Online,” *BBC NEWS*, September 30, 2016, accessed February 2, 2020, https://www.bbc.com./news/blogs-china-blog-37515399.

（8）学位论文

中文示例：徐周鹏：《论无权代理人对相对人赔偿责任的范围》，博士学位论文，吉林大学法学院，2023，第13页。

英文示例：Mihwa Choi, “Contesting Imaginaires in Death Rituals during the Northern Song Dynasty” (PhD diss., University of Chicago, 2008).

（9）会议论文

中文示例：姜明安：《新时代中国行政法学的转型与使命》，中国法学会行政法学研究会2018年年会论文，西安，第16页。

英文示例：Rachel Adelman, “‘Such Stuff as Dreams Are Made On’: God's Footstool in the Aramaic Targumim and Midrashic Tradition” (paper presented at the annual meeting for the Society of Biblical Literature, New Orleans, Louisiana, November 21-24, 2009).

（10）英文以外的外文文种

西文体例比照英文，日文体例比照中文。